中国地方政府创新与治理转型的浙江经验研究丛书

浙江省哲学社会科学重点研究基地重大课题研究成果

本书获杭州师范大学人文振兴计划之人文社科优秀作品
资助和社会学学科建设出版经费资助

丛书主编：陈剩勇

GOVERNMENT REFORM:
INSTITUTIONAL INNOVATION
AND PARTICIPATORY GOVERNANCE
A Case Study on Governnance Transition in Hangzhou

政府改革:
制度创新与参与式治理

——地方政府治道变革的杭州经验研究

■ 赵光勇 著

ZHEJIANG UNIVERSITY PRESS
浙江大学出版社

总　序

一、"浙江模式"：政府"无为"与"有为"

　　"浙江模式"，又称"浙江现象"，指的是改革开放以来中国浙江形成的以市场化为取向、以民营经济为主体的经济发展模式。作为中国大陆地区市场发育最早、民营经济最发达的地区之一，浙江在短短30多年间创造了经济社会持续高速增长的奇迹：截至2008年年底，浙江的GDP为21486.9亿元，其中非公经济占到全省生产总值的70%以上；人均GDP从1978年的331元增加到42214元，按同期汇率计算，2008年人均GDP为6078美元。全省财政收入3730亿元，其中地方本级财政收入1933亿元；城市化水平达到57.6%。"浙江模式"发轫于温州、扩展到整个浙江，并在最近十余年间红遍整个中国，成为当今中国中西部地区大多数省（区）从计划经济向市场经济转型的学习典范。

　　为什么浙江这样一个物质资源贫乏、交通和工业基础在改革初期也缺乏优势的东南沿海省份，能够在中国的工业化、市场化和城市化进程中"先行一步"，在短短的30多年间实现现代化的起飞？关于"浙江模式"或"浙江现象"的研究，从20世纪80年代中期围绕"温州模式"的争论开始，就一直受到国内外学者的高度重视，围绕着"浙江模式"或"浙江现象"而展开的争论成为中国学术界的持续热点。相关的学术会议多得堪称"会海"，出版的论著更是如汗牛充栋。然而，不无遗憾的是，迄今为止的"浙江模式"研究，学者们多偏向于对浙江经济社会发展内在动因的经济学、文化学或社会学解读，尤其关注浙江发展的经济和社会变量,而较少注意到经济增长背后的政治变量。

众所周知,中国社会是个政府主导型的社会,政府掌控着汲取、动员和调配大量社会资源的权力。因此,政府的管理体制与治理模式,在很大程度上决定着社会经济发展的走向。通观浙江 30 多年改革开放的历程,我们发现,今天称之为"浙江现象"的每一个"现象",无论是"温州模式"、"台州现象"的出现,还是义乌国际小商品市场的兴起,其背后都有地方政府的因素,是浙江各级党委和政府通过管理创新和治理方式转变,为民营企业家阶层的自主创业和民营经济发展创造出了远比其他地区优越的投资创业的软环境,为社会自主治理腾出了远比其他省份广阔的制度空间。可以说,浙江经济市场化进程与地方政府管理方式的创新无论在实践上还是逻辑上都具有极强的内在关联。正是浙江民间的创造力、市场经济的活力与政府制度创新的齐头并进,锻造了浙江经济社会在全国"先行一步"的体制优势,成就了浙江社会经济 30 多年的高速发展,并实现了现代化起飞的"浙江奇迹"。

我们认为,"浙江模式"或"浙江现象"实质上是中国社会主义现代化进程中一场具有历史性意义的社会结构转型和秩序变革,而不仅仅是所谓民间力量、民营经济和市场大省的单一经济现象。与区域经济发展相契合的政府管理体制改革和社会治理结构转型,同样构成了"浙江模式"的重要内容。因此,从政治学的维度,运用治理和地方治理理论对浙江民营经济高速发展的过程和"浙江模式"的内在动因进行一次全面的审视,不仅有助于深化对"浙江模式"的认识,而且具有重大的理论价值和现实意义。

二、关于治理与地方治理理论

关于治理,全球治理委员会 1995 年发表的一份题为《我们的全球伙伴关系》的研究报告有如下界定:治理是各种公共的或私人的个人和机构管理其共同事务的诸多方式的总和。它是使相互冲突的或不同的利益得以调和并且采取联合行动的持续的过程。它既包括有权迫使人们服从的正式制度和规则,也包括各种人们同意或以为符合其利益的非正式的制度安排。一般来说,治理有以下几个方面的特征:治理不是一整套规则,也不是一种活动,而是一个过程;治理过程的基础不是控制，而是协调；治理既涉及公共部门，也包括私人部门；治理不是一种正式的制度，而是持续的互动。直言之，治理发生在不同的管理层次上，从全球到国家，再到地方以及社区，更重要的是在治理过程中会由于问题和领域的不同牵涉到多个主体，政府、私人部门以及公民社会不过是对众多主体的类别划分而已。我们认为，这样一个包括多主体和多层次的分析框架有利于分析地方政府的实际运行。

地方治理是当今整个治理思想和多层治理结构中重要的、不可或缺的组成部分。与治理概念一样，"地方治理"同样呈现出多样复杂的概念体系。寻求一个公认的"地方治理"定义可能是困难的，但我们仍可以从中梳理出其中的核心内涵，即地方治理是在一定的贴近公民生活的多层次复合的地理空间内，依托于政府组织、民营组织、社会组织和民间的公民组织等各种组织的网络体系，共同完成和实现公共服务和社会事务管理的过程，以达成以公民发展为中心的、面向公民需要服务的、积极回应环境变化的、使地方富有发展活力的新型社会管理体系。（孙柏瑛：《当代地方治理——面向 21 世纪的挑战》，中国人民大学出版社2004 年版）按照地方治理的定义，地方公共事务的有效治理绝不能仅仅依赖于地方政府，而要将治理主体的视野扩展到地方政府与其横向和纵向的政府间关系、地方政府与私人部门、志愿部门和市民之间的关系。政府组织已经不是唯一的治理主体，治理承担者从政府以外扩展到非政府公共机构和私人机构，在这一网络体系中，他们共同应对地方的公共问题，共同完成和实现公共服务和社会管理事务。地方治理的实践推动了地方政府治理模式的一系列转变，这些转变主要表现在："从国家角度转到国家和市场社会两个方面；从公共部门角度转到公共部门、私营部门和志愿（第三）部门共同参与的角度；从静态的制度转向动态的过程；从组织结构角度转到政策和结构角度；从'划桨'、直接提供服务到'掌舵'和让其他部门或个人来提供服务；从命令、控制和指挥转向领导、推动、合作和讨价还价；从等级和权威关系转向网络和伙伴关系。"（万鹏飞：《地方政府与地方治理总序》，载《治理地方公共经济》，北京大学出版社 2005 年版）

地方治理框架是对过去几十年来发展中国家面临的"缺乏治理能力"和发达国家的"治理能力超负荷运行"经验的总结，具有很强的包容性和综合性。这不仅体现为"治理"概念在不同学科领域中得到广泛应用，更体现为国家—市场—公民社会"三位一体"的治理模式,是一种可以适合多种社会情景的解释框架。这三者是现代社会治理必需的制度要素,它们之间的平衡和互补关系是实现良好治理或善治的制度基础。(杨雪冬:《近 30 年来中国地方政府的改革与变化:治理的视角》,载《社会科学》,2008 年第 12 期)因此,运用地方治理的理论分析框架,来考察和分析以民营经济为主体、以市场化为取向、以公民社会发育和地方政府"顺势而为"为核心内涵的"浙江模式"或"浙江现象",是一个恰当而又全新的维度。

三、政府创新与治理转型:浙江的实践

在中国现有的制度安排中,地方政府是地方治理最重要的主体。中国作为一个现代化的"后发"国家,政府在现代化过程中一直发挥着主导作用。可以说,中国地方治理是以政府为中心的权力主导型治理格局,不同层级的地方政府之间、地方政府与外部主体之间围绕着一个权力中心形成了上下隶属关系,从而在地方治理中出现了地方政府围绕中央转、下级地方政府围绕上级地方政府转、非政府组织和私营部门围绕地方政府转的单中心、集中化的治理体制。因此,政府自身的治理转型直接决定了地方治理的深度、方式和绩效。改革开放 30 多年来,浙江各级地方政府顺应经济社会发展的内在要求,积极推进政府创新和行政管理体制改革,为民营经济的发展创造了优越的软环境。

(一)地方政府角色的调适

地方政府职能转变或角色调适,不是一个单纯的角色认知演变过程,在很大程度上是一个权力和利益的多元博弈过程。市场化进程中制度环境的深刻演变,为地方政府的行为选择构建了特定的约束条件和激励机制,规定了地方政府行为选择的不同策略,塑造出了市场化进程中不同时期的政府角色模式。(何显明:《政府与市场:互动中的地方政府角色变迁——基于浙江现象的个案分析》,载《浙江社会科学》,2008 年第 6 期)改革开放以来,浙江各级党委和政府根据不同时期经济社会发展需求和中央制度结构及意识形态环境的变化,从浙江经济发展的实际出发,创造性地不断调适自身的角色定位,从而推动了浙江的市场化进程。

"无为而治"是各界对改革开放初期浙江地方政府角色的普遍阐释。浙江是

典型的资源小省,缺乏发展重工业的原材料,又地处海防前线,是新中国成立以来国家工业投资最少的省份。中共十一届三中全会以后,广大浙江农民纷纷进入非农领域,浙北农村发展乡镇集体经济,浙南地区涌现出一大批个体私营企业,并且因地制宜地创造了联户经营、挂户经营、合伙经营、合股经营、股份合作等多种所有制形式。浙江的市场化就是以这样一种原始的方式起步的。

　　但浙江的市场化进程并非一帆风顺。改革初期,来自民间的许多制度创新并没有得到中央的认可,传统意识形态的压力很大,像"温州模式"就长期处于激烈争论的漩涡之中。在这一阶段,对民间的创新活动,浙江各级政府大多先予以默认,"允许看","不争论",在时机成熟之时再加以总结、概括和修正,使非正式制度创新最终成为正式的制度安排。在这一过程中,基层政府的主动支持以及省一级政府层面的保护性默许,成为在意识形态和政策制度跟不上实践发展的情况下促进市场主体和市场体系发育的一种策略选择。

　　20世纪90年代中期以后,随着市场经济制度环境的改善和民营经济合法性的进一步确立,浙江各级地方政府的角色普遍呈现出了从"无为"到积极"有为"的转变趋势,更多地担当起对市场和民营经济的规范和引导作用。浙江省委和省政府针对民营经济发展受到规模小、技术含量低、管理落后等自身结构的严重制约的现实,及时提出了"二次创业"的战略思想,鼓励企业进行产品结构、技术结构和组织结构的升级。各级政府充分发挥自身在制度创新中的主导作用,积极引导、扶持、规范个体私营经济的发展,为市场体系的发育提供各种有效的政策激励和良好的制度环境。

　　进入21世纪以来,浙江省委和省政府根据市场体系发育的内在需求和区域经济竞争日益激烈的发展态势以及民营经济发展面临的体制性问题,制定出台了《关于推动民营经济新飞跃的若干意见》等一系列政策措施,推进行政审批制度、投资体制等改革,进一步优化民营经济发展的制度环境。

　　总之,改革开放30多年来,在工业化和市场化的进程中,浙江各级地方政府不断根据环境变化顺势而为,进行政府角色的适应性调整,在不同的时期确立了较为合理的政府角色定位,以推动市场体系的发育和地方经济的发展。

　　(二)地方政府职能的转变

　　市场经济不仅决定着人们的利益追求和思维方式,而且对政府公共权力的配置方式和运行规律也产生了越来越大的影响。在市场化的发展进程中,浙江各级政府逐渐开始转变政府职能,探索并推进管理方式创新,以回应经济社会发展的需要。中共十一届三中全会以后,随着人民公社制度退出历史舞台,千万农户成为农村市场经济的主体,农民对于自己的经济事务有了更大的自由度和决策权。从1984年起,经济体制改革的重点由农村转向城市,政府的经济管理体系也得到了重建。消费品、生产资料市场基本形成,资金、劳动力、技术等要素市场逐渐建立起来。

　　1992年以来,政府体制改革明确地导向了社会主义市场经济体制。随着计划、财税、金融、投资等宏观管理体制改革方案不断出台,对内对外开放显著扩大,政府对企业微观经营和投资融资活动的直接控制不断弱化。与此同时,由于财政体制、意识形态和政府间权力结构的变化,地方政府行为模式发生了很大的变化:地方政府不再是一个仅仅追求预算规模最大化的纵向依赖的行政组织,而同时成为一个具有独立经济目标的经济组织,从而在向市场经济的渐进过渡中扮演起主动谋求潜在制度净收益的"第一行动集团"的角色。这一变化直接导致了"发展型地方主义"(developmental localism)的兴起。于是,地方经济增长绩效最大化成为各级地方政府追求的首要目标,政府官员的主要精力放在了招商引资和城市经营上。地方政府不仅承担着宏观调控和市场监管职能,还直接进入部分微观经济领域,经营城市、经营地方,导致政府在兴办开发区和征地拆迁过程中与民争利,这种微观经济职能的回炉,与市场化改革取向南辕北辙。

　　最近10多年来,特别是中共提出"以人为本"的科学发展观以来,浙江各级地方政府推进法治政府、责任政府和公共服务型政府建设,开始把政府职能从管控转向公共服务。浙江政府先后实施"六个一千"工程和"五大百亿"工程,不断改善基础设施和区域发展环境,大力推进教育、卫生、文化、科技等社会事业的发展,努力把政府经济管理职能转到主要为市场主体服务和创造良好发展环境上来。政府开始重视社会保障制度建设,特别是围绕建立长效帮困机制,在全国率先推行覆盖城乡居民的最低生活保障制度,积极探索农村新型合作医疗、被征地农民社会保障、孤寡老人集中供养、贫困家庭子女助学等工作,试图构筑一个最低限度的民生"安全网"。根据国家统计局公布的社会发展水平综合评价结果,2007年浙江省社会发展总体水平位列北京、上海、天津之后,居全国第四位,在各省区中列第一位。同时,由国务院发展研究中心宏观部和中国社会科学院数量与技术经济研究所等单位在 2007 年 4 月发布的我国政府公共服务的第一份综合研究报告中指出,2000—2004 年浙江省基本公共服务绩效的评价得分排在北京、上海、天津之后,居全国第四位,其中反映政府绩效的一般公共服务的排名居第三位。

（三）体制改革与制度创新的推进

改革创新是一个系统工程。政府各种权力间的重新配置,权力运行机制、协调机制的建立和运转,与固有的职能及其机构之间往往会产生相互的影响。改革开放 30 多年来,浙江各级党委和政府推动的制度创新和行政管理体制改革主要包括以下几方面的内容。

1. 推进政府机构改革

在行政管理体制中,职能、结构、功能是有机结合的基本要素和方面。其中,职能是逻辑起点,职能决定组织、结构和机制,最终体现为效能,即政府施政和提供公共服务的质量。改革开放以来,浙江省先后于 1983 年、1994 年和 1999 年进行了三次大规模的政府机构改革,初步建立适应社会主义市场经济体制的行政管理体制。由于历届省委和省政府高层领导对机构、编制和财政支出一向持谨慎、控制的做法,因此,相对于其他省份的政府规模来说,浙江政府可以称作是一个小政府。

2. 优化政府间权力配置

随着市场经济发展和制度环境的深刻变化,地方政府客观上逐步演变成了一个具有相对独立的利益结构的行为主体,并在同上级政府和地方公众的双重委托代理关系中形成了自身特殊的效用偏好和行为准则,由此,使得传统层级政府间行政命令体制与地方政府自主性之间的矛盾冲突日益加剧。这在当前的市管县体制中表现得尤为明显。适应区域经济特别是县域经济的快速发展,浙江省委和省政府在市场化进程中积极推进行政权力下放,不断优化各级政府间的权力配置,有效地调动了基层政府发展地方经济的积极性。其中最关键的制度创新是长期坚持实行省管县财政体制、并在此基础上不断推进以"强县扩权"为内容的行政管理体制改革。

自 20 世纪 90 年代以来,浙江省先后四次出台政策,扩大部分经济发达县

(市)经济管理权限。1992 年,出台了扩大萧山、余杭、鄞县、慈溪等 13 个县(市)部分经济管理权限的政策。1997 年,省政府研究决定,同意萧山、余杭试行享受市地一级部分经济管理权限。同年,省政府又授予萧山、余杭两市市地一级出国(境)审批管理权限。2002 年,省委、省政府实行新一轮的"强县扩权"政策,将 12 大类 313 项原属地级市的经济管理权限下放给 17 个县(市)和萧山、余杭、鄞州 3 个区。2006 年 11 月,浙江省委、省政府出台了《关于开展扩大义乌市经济社会管理权限改革试点工作的若干意见》,确定将义乌市作为进一步扩大县级政府经济社会管理权限的改革试点。2008 年年底,浙江的扩权改革进入了一个新的阶段,开始从"强县扩权"迈向了"扩权强县"。在总结义乌市扩权改革试点经验的基础上,浙江省委办公厅和省政府办公厅下发了《关于扩大县(市)部分经济社会管理权限的通知》,全面实施"扩权强县"。

以权力下放为核心的扩权政策的实施,有效地增强了基层政府的自主性,优化了省、市、县政府间的权力配置,提高了行政效率和履行政府职能的能力,改善了发展的制度环境,大大促进了县域经济社会的大发展、大繁荣。2007 年浙江全省 GDP 总量的 62.4%、财政收入的 54.3%、从业岗位的 70.5% 由县域创造,浙江拥有的全国百强县的数量连续多年位居全国第一。区域经济齐头并进,县域经济各具特色,城乡之间、区域之间的经济社会平衡发展。

3. 创新政府管理方式

随着体制改革和制度创新的推进,地方政府治理模式随之转换,行政化的直接管理逐渐被以综合运用市场、法律和行政手段为主的间接调控所取代;市场经济意识和依法行政的增强使地方政府在决策与管理的过程中体现出更多的市场化、民主化和法治化的倾向。主要表现为:一是深入推进行政审批制度改革。浙江省顺应市场经济发展的需要,合理定位好政府与市场的关系,较早启动行政审批制度改革,先后开展三轮审批制度改革,省级行政许可事项从 3251 项减少到 630 项。2005 年开展了对非行政许可审批项目的清理和审核,拟保留非行政许可审批事项 243 项,成为全国省级行政审批项目最少的省份之一。目前,全省 101 个市、县(市、区)均已建立行政审批服务中心,成为政府公共服务的重要窗口。二是积极探索公共财政体制改革。从 1994 年年初开始,浙江省对各市(地)、县实行分税制的财政体制改革。这些年,围绕构建公共财政体制,各级政府积极实行部门预算管理,基本建立了比较规范的部门预算制度;加快推进国库集中收付、政府采购等体制改革,深化"收支两条线"改革,全面建立"财政部门—主管部门—项目单位"三层次财政支出绩效评价体系,优化财政支出结构,不断完善省管县的财政体制等。三是加快构建科学、民主的决策机制。实行重大决策专家咨询制度,在各级政府机关全面推行重大事项社会公示,并辅之以听证制度、民主恳谈制度、人民建议征集制度等。随着互联网的普及,各地普遍建立了各种类型的官民互动的民意表达渠道,公民开始越来越多地参与到政策决策中来。2009年1月杭州市政府更是以"开放式决策"的思路,把将在2月中旬提交人大、政协"两会"审议的三大征求意见稿,在互联网上向社会公示,征求社会各界的意见、建议。

四、市场与社会:多元治理主体与治理空间的形成

地方治理最为明显的效应就是治理主体的多元化,它意味着公共事务不再仅仅是政府统领的范畴,非政府组织甚至包括私人部门在内的一系列公共行为主体正在以多元的模式承担着对共同事务管理的责任,形成了"分散化的公共治理"或"多中心治理"的格局。在浙江,随着30多年间市场经济的快速发展、民营企业的壮大和公民社会的发育,逐渐形成了多元治理主体和治理空间。

(一)政府与市场:市场机制的成熟和公共服务供给的市场化

民营经济蓬勃发展是浙江市场化的最大特色。在改革开放政策的诱导与激励下,浙江的民营经济首先在国有经济最为薄弱的温州等地兴起。以温州为代表的民营经济的兴起不但极大地促进了温州经济的发展,而且带来了观念的变革,促进了政策取向与所有制结构的调整。在"温州模式"的影响下,浙江杭嘉湖、宁绍等地的乡镇企业纷纷走上了转制的道路,浙江的国有经济也加快退出的步伐、加大退出的力度,民营经济由此扩展到了全省各地,成为国内民营经济比重最高、发展最为活跃的地区。民营经济的成长和壮大不但带动了所有制结构的调整,而且为浙江的市场化改革奠定了坚实的基础。2007年,浙江省非公有制经济增加值占全省生产总值的72.5%,其中个体私营经济增加值占54.5%。

浙江个私经济总产值、销售总额、社会消费品零售总额和出口创汇额等四项指标,已连续 10 年居全国第一。全国 500 强民营企业排名中,浙江省占 203 席,居全国第一位。民营经济已成为浙江省推动经济增长、增加财政收入、促进就业、活跃城乡市场、维护社会稳定的重要力量。

与此同时,伴随多元化市场主体的快速成长,浙江涌现出了一大批专业市场。这些专业市场以交易某一类商品为主,具有现货批发、集中交易、摊位众多、辐射面广等特点。至 2007 年年底,全省共有商品交易市场 4096 个,市场成交总额 9325 亿元,超百亿元的市场 15 个,市场成交总额、单个市场成交额连续 17 年居全国第一。专业市场的蓬勃兴起,为广大中小企业提供了充分的市场信息和高效的产品交易平台,促进了企业之间的公平竞争,提高了市场的有效性,市场配置资源的基础性作用日益得到充分发挥。

浙江民营经济的繁荣和市场机制的成熟,一方面得益于地方政府顺应环境变化合理定位好自身角色和及时有效的制度供给;另一方面,市场机制在社会资源配置上的重要作用的显现,以及区域经济发展对于市场体制优势的依赖,客观上形成了一种对地方政府行政干预行为的有效约束机制。据樊纲、王小鲁的研究,浙江的地区市场化总体水平居全国第二位,其中"政府干预"单项指标的排名长期居于全国倒数第一位,即政府对市场的行政干预最弱。(樊纲、王小鲁:《中国市场化指数——各地区市场化相对进程报告(2000 年)》,经济科学出版社 2001 年版)又据中国社会科学院经济研究所 2006 年首次发布的《中国各地区资本自由化指数》研究报告,1999—2001 年间,浙江的资本自由度列全国所有省、直辖市、自治区(不包括港、澳、台地区)第二位,而从 2002 年开始,浙江跃居第一位,并一直持续至今。

(二) 政府与社会:民间组织的发展和社会自主治理的起步

随着市场化改革的深入和所有权的重新确立,以市场为导向的经济改革迅速引起国家、社会关系的转型。国家、社会之间关系的变更,使国家部门之外社会空间的扩充在市场经济迅速发展的前提下变得尤为明显,公民社会组织开始快速增长,出现了新一轮的增长高峰。尤其近年来,随着民营经济的发展壮大和政府有意识地从私人领域逐渐退出,为公民自主性和社会领域的自治提供了前所未有的空间,各种自治性的社会组织和团体大量涌现。作为市场化的先行地区,浙江在社会组织的发展上也走在了全国的前列。至 2006 年年底,全省经民政部门登记的社团共有 12470 个,民办非企业单位 10810 个,基金会 125 个,其中公募基金会 89 个,非公募基金会 36 个。(朱有明等:《浙江省民间组织能力建设研究》,载浙江省民政厅网站)民间组织已经遍布全省各地,涉及社会生活各个领域,初步形成了门类齐全、层次有别的民间组织体系。

民间组织的发展,在激发社会活力,促进社会公平,倡导互助互爱,缓解就业压力,反映公众诉求,推进公益事业,化解社会矛盾,解决贸易纠纷等方面起到了其他组织不可替代的作用。在各类民间组织中,发育较好的就是行业组织,2006年年末,浙江省拥有各类行业协会 3222 个、专业协会 3678 个,分别占社会团体数的 26.3% 和 30%。行业协会在替政府承担微观经济管理职能的同时,还通过制订行业规范,在价格、质量和诚信等方面促进行业自律,并为企业提供信息、技术等各项服务。这其中又以温州民间商会和行业协会的作用最为突出。这些由民营企业家自发自愿组建起来的商会组织,在规范市场行为、防范企业间不正当竞争,应对国际贸易争端,致力于同行业企业间合作,向政府表达利益诉求等方面发挥了不可替代的作用。

城市社区自治、村民自治等基层民主的发展也成为地方治理的重要特色。目前,浙江全省半数以上的社区通过直接选举产生社区居委会,其中杭州市上城区和宁波市海曙区、镇海区、余姚市的所有社区均实行直接选举。杭州、嘉兴等地在社区普遍推行了民情恳谈会、事务协调会、工作听证会、成效评议会等民主管理制度。农村的村民自治不断向新的广度和深度发展,各地不仅全面实行由村民直接选举村委会的“海推直选”,杭州余杭区唐家埭村还在全国范围内首创“自荐海选”的无候选人直接选举方式。在基层民主决策、民主管理、民主监督等方面,涌现出了像台州温岭市的民主恳谈会、金华武义县的村务监督委员会、绍兴新昌县的“村民公约”等具有影响力的创新实践。

民间组织在浙江的大量涌现和社会自组织化程度的提高,使其在社会经济中的作用日益彰显,并以其独特的组织优势公开地介入社会公共事务的治理之中,成为不同于国家力量的一种自下而上的组织力量,对地方社会经济、对政府的决策和目标都产生了重要的影响,有效地促进了浙江地方治理的转型。

五、"浙江模式"的扩展性及其挑战

"浙江模式"是浙江人和浙江各级党委、政府在改革开放的进程中艰苦创业、不断创新,通过市场经济发展、社会自主治理和政府治理转型的互动融合中形成的。作为中国 30 多年经济社会发展最快、活力最强、变化最大的地区之一,浙江发展是"中国奇迹"的一个缩影。浙江这种以市场化为先导和根本动力,通过民营经济高速发展带动社会成长和政府治理转型,从而形成企业、市场、政府和社会之间良性互动的区域发展模式,在当今中国是不是具有普遍意义? 换言之,"浙江模式"是否具有可扩展性和可持续性,成为中国现代化发展一种具有导向意义的发展模式? 这是值得学术界进一步深入探讨的。

有学者认为,浙江经济社会的发展可以总括为"浙江模式",它是"温州模式"的更新和扩展模式,本质上是一种市场解决模式、自发自生发展模式和自组织模式。"浙江模式"是可扩展的,可以扩展到苏南,也可以扩展到中国的其他地区,它很可能是"哈耶克扩展秩序模式"或"哈耶克自发秩序模式"。(冯兴元:《市场化:地方模式的演进道路》,载《中国农村观察》,2001 年第 1 期)还有学者指出,"浙江模式"本质上是一种市场经济模式,具有市场、市场体系、市场机制和市场体制形成过程中的浙江地方性特征。与广东、江苏、上海等省、市的市场化模式相比,"浙江模式"的自组织性和自适应性更加明显,具有很强的可扩展性,是中国民营经济发展的典范。(陆立军、王祖强:《从"浙江模式"看中国民营经济发展》,载《人民论坛》,2008 年 1 月 15 日)不过,这些学者所说的"浙江模式"的可扩展性,指称的只是浙江市场经济或区域经济发展模式的可扩展性,这种立足经济学维度的单向度考察,并没有对经济发展、社会发育与政府治理转型三者互动的"浙江模式"的扩展性给予明确的阐述。

我们认为,浙江在中国现代化进程中"先行一步"的优势,体现在经济、社会和政府治理转型的各个方面,而不限于市场化和民营经济发展之一端。"浙江模式"或"浙江现象"不仅仅是单一的经济发展模式,对其扩展性的讨论理应涵盖经济、社会和政治的各个层面。在政府间制度竞争日趋激烈、制度学习日益频繁的今天,浙江在社会发展和政府创新上的经验也具有很强的扩展性和启示意义。

举例来说,浙江长期坚持并不断完善的省管县财政体制和"强县扩权"改革,使得浙江成为全国县域经济最为发达的省份。由此,浙江的省、市、县政府间关系模式作为一种具有典型性和示范性的制度安排,受到国家高层的重视,并为全国20多个省区所借鉴和移植。又如民间商会和行业协会发展的"温州模式",作为社会主义市场经济体制下行业组织发展的成功经验,受到国内外的广泛关注和高度评价,并在最近几年间迅速推广至全国各地。可以说,浙江政府创新和治理转型实践的一系列内容,都显示出了很强的生命力和可持续性,已经或正在被其他省份或地区所效仿和借鉴。改革开放以来形成的"浙江模式",实际上已经成为当今中国一种可扩展性的发展模式。

需要指出的是,在中西部地区越来越多的省区效仿和移植"浙江模式"的同时,"浙江模式"在其本土却遭遇到了前所未有的挑战。从现代化的发展阶段说,经过改革开放30多年的发展,浙江已经进入工业化国家所谓人均GDP5000～10000美元的时段,这是一个机遇和挑战并存的时段。近年来,随着各地民营经济的快速发展,区域之间制度竞争日趋激烈,浙江省的先发性体制机制优势不断趋于弱化,而粗放型经济增长模式所暴露出来的问题日益严重,经济转型升级和社会和谐稳定的压力越来越大。早在两三年前,浙江的发展模式尤其是"温州模式"已经显露出了增长乏力的疲态,2008年爆发的国际金融危机,更几乎把"浙江模式"逼入困境。成千上万中小企业普遍出现经营困难,一批批民营企业停产、濒临倒闭和破产,甚至一些著名民营企业也应声倒下,浙江的区域经济遭遇了一场深刻的发展危机。

"浙江模式"面临的问题,学者们早前已有揭示,主要是民营经济发展过程中长期积累的素质性、结构性问题,诸如增长主要依靠投资和出口拉动,产业层次低,高能耗、重污染,企业技术含量低,凭借低成本和低价格的竞争优势打天下,等等。随着市场竞争日趋激烈、劳动力成本大幅度提高和资源环境压力的不断加重,这些民营中小企业曾经拥有的竞争力和竞争优势迅速弱化。进入2008年以后,还一度在西方金融危机和国际贸易衰退潮的冲击下陷入了发展困境。对此,当下浙江省各级政府的因应之策,是积极为企业排忧解难、减税减负,解决中小企业融资难问题,采取措施扶持民营企业发展,加快经济转型升级,甚至由政府出面或协调对濒临破产的企业进行重组,等等。但是,从更深的层面审视,以上种种显然不是问题的全部。

我们认为，"浙江模式"步履维艰，民营经济的发展陷入目前的困境，除了上述民营企业自身的"短板"之外，还有更深层次的体制性根源。由于市场化改革的不彻底，行政垄断以及行政权力支配资源配置等旧体制因素大量存在，其对市场产生了消极影响，而且有越来越严重的趋势。这种不完善乃至扭曲的市场体制，严重阻碍了民营中小企业的发展和经济增长方式的转变。

首先，是由政府权力独大造成的对财富资源的过度垄断问题。改革开放以来，国家通过向地方和企业"放权让利"，通过建立社会主义市场经济体制等一系列改革举措，促进了民营企业和地方经济的高速发展。然而，在最近的10多年间，市场化改革几乎处于停顿状态。这一结果直接造成了市场垄断问题的无解。尽管国家早就出台了《中小企业促进法》，2005年又发布了促进非公有制经济的"三十六条"，试图改善民营企业的经营环境，但国内市场开放的程度依然有限，国有大型企业对能源、金融、基础设施、公用事业等重要领域的高度垄断地位岿然不动，民营企业只能在那些完全竞争的"难赚钱"或"不赚钱"的领域艰难发展，社会主义市场经济越来越接近"政府垄断＋局部竞争"的格局。

其次，是政府对经济社会的过度干预问题。耶鲁大学教授陈志武指出，1997年亚洲金融危机以来，中国政府对经济的管制越来越呈现出向计划体制复归的趋势。这种体制复归呈现两个方面，一是财政收支规模的扩张逐渐加快，由此产生"国富民贫"问题；二是政府的经济管理力度加大，货币政策和产业政策的行政性都有所增强，发改委及其职能变得空前强大。

更加令人担忧的是，政府对经济的过度干预现象越来越严重。一方面，前些年在宏观调控过程中的一些政策和措施，对民营企业造成了严重伤害，民营经济的发展环境越来越困难了。另一方面，地方政府凭借其掌控的土地资源和财富，重新介入早前已经退出的微观经济领域。各级官员热衷于政绩工程、形象工程和面子工程，乐此不疲地与民争利，经营城市，经营土地，掌控了越来越多的资源和财富。各种政策资源和物质资源包括金融资本等源源不断地涌入地方政府经营的各种项目，民营中小企业的经营环境不断恶化，拿地难、融资难、经营难、赚钱难，由此出现了"国进民退"的现象。

第三，是市场制度和法治环境的不完善。民主与法治建设虽已进行了30多年,但整体的法治环境没有得到根本性的改善,整个社会的信用体系问题多多。如企业的"三角债"问题,虽经二三十年的整顿,至今没有得到解决。许多企业在人民币不断升值、劳动力成本大幅提高、出口退税率不断下调和利润微薄的情况下,仍然一个劲地把产品销往国外,就因为外商的信用好,企业能够确保并且及时收到货款。在假冒伪劣产品横行、侵犯知识产权现象屡禁不止的同时,更发生了震惊中外的制售假药、瘦肉精猪肉和三聚氰胺奶粉事件。

最后,是政府自身建设问题。最近10多年来,中国政府积极推进行政管理体制改革和职能转变,致力于法治政府、责任政府和公共服务型政府的建设,并不断尝试进行机构精简和冗员裁撤工作,但改革的绩效并不明显。机构臃肿、人浮于事的现象如故,行政成本居高不下,依法行政、职能转变和管理方式创新等远远跟不上经济社会发展的新形势。

诸如此类的问题,从根本上说是中国经济体制改革不彻底和政治体制改革滞后带来的双重效应。在这样的制度背景和市场竞争环境中,"浙江模式"和民营经济的发展早已经触到了如钢筋混凝土浇筑的天花板式的制度瓶颈,这一波国际金融危机的冲击,只不过提前揭破了民营企业面临的困局而已。我们认为,浙江的民营经济能否实现结构调整和产业转型升级,全局性的体制改革和市场制度建设能否向纵深推进,无疑是其中的一大关键。"浙江模式"能否安然渡过危机并再创辉煌,在很大程度上也取决于浙江各级政府在新的环境下能否大胆解放思想,推进制度创新和制度建设,从而创造出体制机制的新优势。

当然,改革开放是执政党和政府主导的一项系统工程。地方政府的体制改革和制度创新是在国家体制改革和制度建设的大框架下进行的,地方性的制度创新有待于国家体制改革和制度建设的全面推进,诸如收入分配制度的改革,市场体制的完善和政府自身的改革,汇率、利率和资源价格的改革。其具体的如打破行业垄断,消除地区封锁,真正落实国务院发布的促进非公有制经济发展的"三十六条";取消金融、通信、能源等垄断行业的准入限制,建立公平竞争的市场环境;落实各类企业的投资主体地位,以国家产业导向标准的项目核准制替代国家发改委的项目审批制,让民营企业真正享受到与国有企业、外资企业平等的政策环境,等等,都需要有国家层面的体制改革和政策措施相配套。就地方政府自身而言,现阶段浙江的地方政府创新和体制改革,必须改变市场化初期单兵突进的改革模式,而代之以以政府改革为核心,经济、社会和政府体制改革全面协调推进,以治理模式创新提升的"浙江模式"。

——在更深层次上推进市场化改革,形成资源要素的市场化配置模式。浙江的市场化程度全国领先,但与规范的市场经济体制还存在着明显的差距,资源要素领域的市场化配置程度还不高,因此,必须加快推进资源要素配置的市场化改革,尽力减少或约束各级政府的资源配置权,在国家层面推动的汇率、利率和资源价格市场化形成机制改革的基础上,逐渐完善资源要素价格的市场化形成机制,使市场真正成为资源配置的主体。

——在更深层次上推进行政管理体制改革,建设责任政府、法治政府和公共服务型政府。政府既是制度的主要供给者和制度创新的关键主体,同时又构成市场主体和公民社会发育最重要的制度环境。政府的行政管理体制改革是整个体制改革的核心环节。因此,应把率先推进服务型政府建设作为提升"浙江模式"重中之重,以责任政府、法治政府和公共服务型政府建设带动政府职能转变和各项行政管理体制的改革。

——在更深层次上推进社会体制改革,积极培育建设公民社会。公民社会的成熟程度是一个国家或地区走向文明和现代化的标准之一,是一个国家或地区的软实力之所在。提升"浙江现象"或"浙江模式"必须合理确定政府与社会的关系,畅通公民利益表达和政治参与的制度渠道,积极培育社会组织发展和社会自治能力,使公民社会组织成为地方治理的重要主体。

六、关于丛书的若干说明

"中国地方政府创新与治理转型的浙江经验研究丛书"是浙江省首批哲学社会科学重点研究基地——地方政府与社会治理研究中心的重大课题研究成果。该基地是在2005年成立的浙江大学地方政府与社会治理研究中心的基础上建设起来的。浙江大学地方政府与社会治理研究中心是一个由学者和教授们自发组建的学术共同体。早在基地建立之初,我们就把地方政府创新与治理转型的浙江经验研究列为中心的主要研究方向之一,并着手规划和实施相关的研究项目,这些项目后来又通过浙江省哲学社会科学规划办公室组织的专家组的审定,被列为浙江省哲学社会科学重大课题。经过三四年的调查研究工作,我们先期推出《走向善治——中国地方政府的模式创新》(陈广胜著)、《政府间关系:权力配置与地方治理——基于省、市、县政府间关系的研究》(马斌著)等专著,并将在接下来的时间里陆续推出更多的成果,接受读者和专家们的鉴定。

我们将中国地方政府创新与治理转型作为研究的重点,并选择浙江为课题研究的典型案例,主要基于以下两方面的认识:

首先,地方政府创新和治理转型是国家制度创新和制度建设工程的重要组成部分。改革开放30多年来,中国现代化的成就举世瞩目。但是,我们也清醒地认识到,随着工业化、市场化和城市化进程的高速推进,更多的体制弊端和深层次的社会问题不断显露出来:社会分配不公和贫富两极分化,造成了转型期的社会断裂;社会不平等导致社会矛盾的日益尖锐化,东西部之间、城市乡村之间的发展不平衡;政府机构臃肿、人浮于事、官僚主义、腐败现象和低效率问题;司法不公、民主与法治的不健全问题;社会道德和价值观念的混乱,民族精神和信仰体系的空虚问题;初步建立的市场经济体制如何进一步完善的问题等,都需要通过更高、更深层次的改革,推进国家制度建设,在发展中逐渐加以解决。我们认为,接下来中国将要面对的最大挑战,是如何将体制改革和国家制度建设向纵深推进,努力完成国家制度创新和制度建设的千秋伟业。

浙江是中国改革开放以来经济社会发展最成功的省份之一,也是政府创新和治理转型比较成功的案例。浙江省各级政府因应工业化、市场化和城市化发展的内在要求,因地制宜地探索和调整管理体制与治理方式,切实转变政府职能、优化区域制度环境,在浙江营造了一个远比内陆地区优良的投资发展的"软环境",形成了浙江经济社会在全国"先行一步"的体制优势,从而创造出以民营经济和市场化为特征的经济社会发展的"浙江模式"。应该说,改革开放30多年来浙江各级政府在体制改革和制度创新领域的积极作为,其面对经济社会发展的不同阶段所作出的发展战略的选择,毫无疑问是比较成功的。但是,随着市场化进程在全国范围内的推进,区域之间制度竞争日趋激烈,浙江已有的先发性体制和机制优势已经消失殆尽,而粗放型经济增长模式所暴露出来的问题日益严重,社会稳定的压力进一步增大,发展过程中的许多矛盾和问题往往比全国其他地区先期遇到,例如社会公平公正问题、生态环境问题、安全生产和公共安全问题,等等。"浙江模式"在现阶段遇到的诸多困难和问题表明,要实现经济增长方式转变、社会结构转型和体制机制转轨,一方面固然需要改变目前这种高投入、高能耗、重污染的粗放型的经济发展模式,另一方面,也是更重要的一面,是积极推进地方政府体制改革,实现管理体制和治理方式的创新,从而再创浙江经济社会持续发展的体制新优势。换言之,"浙江模式"的未来在很大程度上取决于政府管理体制改革、政府管理创新与治理转型的成效。因此,立足于浙江民营经济发展和社会转型的制度背景,考察"浙江模式"的政治变量,全面梳理改革开放30多年来浙江省委、省政府发展战略的变迁和演进,对地方政府创新和治理转型作一个阶段性的总结、回顾和评价,总结地方政府创新的典型案例和成功经验,以助推我国的责任政府、法治政府和公共服务型政府的建设进程。

其次,政府管理创新与治理方式的转型并不仅仅是浙江的问题,也不只是中国的问题,而是一个具有普遍意义的全球性课题。面对经济全球化、科技信息化、政治民主化、社会多元化的国际新形势,世界各国政府都在探索并进行不同程度、不同方式的管理创新。20世纪80年代以来,世界性的行政改革和政府创新浪潮一浪高于一浪。"重塑政府"(reinventing government)、"重建政府"(rebuilding government)、"制度变迁"(institutional change)、"制度转型"(institutional transformation)、"制度的重新安排"(rearranging institutions)、"重新发现制度"(rediscovering institutions)、"制度创新"(institutional innovation)和"再造制度"(remaking institutions)等,一时成为各国政治家和政治学家津津乐道的时髦话语。长期以来,各国的政治学家和公共行政学家们一直关注着这场世界性的行政改革浪潮,从理论和实践两个层面思考,积极探寻改革旧体制、重建适应全球化时代要求的政府管理方式和制度安排的新路径。

我们注意到,国际金融危机爆发以来,各国政府不断重拳出击,推出了一套套救市方案和措施,救经济、救企业,促就业、保增长。随着一个个经济刺激方案的推出,各国政府对经济活动的干预不断强化,政府的作用重新受到重视。即使在西方国家,人们对大政府的恐惧感已然不在,"政府失灵说"似乎已经销声匿迹;在当今中国,政府的作用甚至受到某种程度的神化,对政府过度干预所带来的弊端的反思也越来越少,政治改革的呼声不再受到重视,而政府"全能"的神话却大有复活之势。数百年来建立的自由市场体制难道如此不堪,经不起这场金融风暴的冲击？而之前弊端丛生、在应对前期的"市场失灵"时已复"失灵"了的政府，果真还有那么大的能耐，可以大包大揽，在金融危机导致"市场失灵"乃至濒临崩裂之际挽狂澜于既倒？值此特殊时期，以浙江为个案，重新回顾改革开放和民营经济发展的艰难历程，审视地方政府管理创新和治理转型的实践，总结政府管理创新和治理方式转型过程中的经验和教训，就有了非同寻常的理论价值和现实意义。

我们尝试将浙江的政府创新与治理转型过程纳入中国现代化和社会转型的宏观视域，以治理理论为分析工具，通过跨学科交叉综合的研究方法分析地方政府改革与治理创新的实践，注重从经济发展、社会转型和政府创新的互动角度来考察并凝聚出具有系统性和整体性的研究范式。因此，笔者和笔者的研究团队所聚焦的虽是地方政府与治理这样一个地方性的主题，但在调查研究过程中，我们努力摆脱"以管窥天"式的局限，避免纯粹从地方性来讨论地方问题，而将地方性的问题放在全球化、国家制度建设和政府再造的大背景下加以审视，通过对浙江与国内外其他地区地方政府治理模式的比较研究，揭示政府管理创新与治理转型的浙江经验及其发展走向。进言之，通过经验分析和理论阐释，从政府创新和治理转型的浙江经验中，凝练、提升出对未来中国地方政府的体制改革和制度建设具有指导意义的理论，为建立中国类型的政府学或政府理论范式贡献绵薄的力量，是我们研究团队黾勉以求的目标。目标在此，就怕志大才疏，难有建树，这就需要我们多一份努力，多一份执著，脚踏实地，弘毅力行。老子曰："千里之行，始于足下。"愿与诸君共勉之！

目　录

图表目录

第一章 导 论

政府改革是当前中国治理变革的关键。随着市场经济的深入发展、民主政治建设的大力推进、公民政治需求的日益提高,整个社会对政府改革的要求变得非常迫切。同时,来自外部的全球化和信息革命冲击也要求加快政府改革的进程。

政府改革的核心,是政府治理模式的创新和转变。在中国现代化转型的大背景下,能否找到一种新的治理模式,既能应对全球化和不确定社会的风险,实现转型社会对政府治理绩效的要求,又能化解合法性的困局,满足日益增长的民主诉求?换句话说,既能塑造一个透明、负责任、公平、有效的政府,又能增强公民的主体意识,实现个人的自由全面发展?

参与式治理正是这样一种治理模式,或者说是政府治理转型的一条合适路径。参与式治理不仅意味着政府对社会控制方式的改变,更重要的是,它保证了这种转变是在深化民主的基础上进行的。因此可以说,它是一种新型的既有"治理"的绩效又有"参与"的民主的治理模式,或者说,是有效性和合法性的结合。

第一节 问题的提出:寻找新的治理模式

中国社会正在经历着深刻的变迁,这一转型过程即我们所说的现代化、工业化、市场化、民主化、城市化,等等,而这也就意味着政治、经济、社会生活以及文化心理的整体性变革。① 这场转型是艰难的，不仅要实现发达国家早已实现的现代化，而且还要应对全球化、民主化和信息革命的挑战。

当我们将今天的中国定位为"转型"（transformation）时，我们已经预设了这样几个前提："转型"是必然的；有"型"可转；这个"型"能够"转"过去。事实真是这样吗？我们需要加以认真考察。

第一个前提可以说没有异议，中国正在融入世界，拥抱现代文明，我们不能再走回头路，全面深刻的社会转型已经是不可逆的潮流和趋势。然而，接下来的两个假设就要仔细思量。

第二个前提假设是，已经有了要转的"型"，我们正朝着这个"型"去"转"。事实并非如此。现代化转型有目标，但无具体蓝本，没有确定的"型"。在人类现代化发展进程中，不同国家走向现代化的道路是不同的，而且也形成了不同的现代化模式。② 中国亦将如此，我们要"转"向的"型"不是现成的、固定的，更无普遍适用的路径。一方面，我们有和其他国家现代化进程一样的共同目标和价值追求：经济上的市场经济，政治上的民主政治，社会文化上的现代文明以及人的现代化。另一方面，我们也将有自己的"转型"道路和现代化模式。

我们再来考察第三个前提假设：这个"型"是可以"转"过去的。不然，现代化转型存在着风险，亦无时间表。可以确定的是，"转型"的对象只是所谓的"后发"国家③，"先发"国家不存在"转型"问题。历史和现实证明，后发国家成功完成现代化的只是少数，大多数国家仍旧徘徊在现代化的路上，"转"而不"型"，一

---

① 孙立平认为，社会转型是"迈向现代文明的独特之路"，参见孙立平：《现代化与社会转型》，北京大学出版社 2005 年版。萧功秦将中国的现代化进程称为"中国大转型"，参见萧功秦：《中国大转型》，新星出版社 2008 年版。"近年来将社会转型定义为社会整体形态从传统社会向现代社会转变的过程，即'社会'现代化的过程，是众多学者比较一致的看法。"参见周鸿陵、王时浩：《社区居民自治：现代城市治理模式的奠基石》；载尹冬华：《从管理到治理》，中央编译出版社 2006 年版，第 133 页。

② 胡伟认为，"现代化是一个综合发展的过程，不仅表现为经济现代化，而且也离不开政治现代化、社会现代化、文化现代化和人的现代化，它是工业化、城市化、理性化、世俗化、专业化、制度化、民主化、福利化、科层化和结构分化等一系列变化的综合结果，这些因素和过程是互为条件、彼此影响、缺一不可的。不同的时空条件下，现代化的这些不同层面发生的时序不同，因果关系也不同。"参见胡伟：《现代化的道路和模式：中国因素》，《文汇报》2008 年 12 月 13 日。

③ 东欧剧变后，在西方语境下，这些前社会主义国家也有一个"转轨"的问题。对于发展中国家的现代化"转型"和前社会主义国家的"转轨"，这里不做具体论述，统称为"转型"，因为对于西方发达国家来说，这些国家都存在一个社会的整体性变革的问题。

直处在"过程之中"。而且,后发国家的现代化,是"外源"型的,是外部压力和刺激的结果,在全球化的背景下,又遭遇到"共时性挤压"。① "共时性挤压"不仅在时间上增加了发展中国家现代化的难度,而且在空间上给发展中国家现代化进程施加了巨大的压力,增大了这些国家社会转型的风险。

可以说,"转型"是一个西方概念,是西方中心主义和西方模式的自负表现。通过分析我们可以看出:对发展中国家来说,转型存在不确定性。一则,现代化转型没有确定的"型",也无现成的道路;二则,无法预料这个转型过程需持续多长时间,也不能保证一定可以"转"过去。转型的不确定性和风险对发展中国家的现代化提出了严峻挑战,我们不得不选择合适的发展战略,探寻自己的现代化道路和模式。

为了顺应时代的潮流和趋势,为了实现快速"转型",发展中国家往往实施赶超战略。这就注定了发展中国家的经济和社会发展,大多是在国家强力推动下实现的。国家政权对经济和社会生活的大力干预,强化了政治的功能和重要性。②

于是在发展中国家的现代化转型过程中,就出现一个很奇怪的现象,即本身也处于转型中的政治要在转型过程中发挥主导作用。这对政治来说是一个巨大的挑战,意味着以变动中的政治来掌控变动中的社会,由此更加凸显了转型中政治的地位和作用。

政治对经济和社会生活的干预通过政府体现出来。③ 像中国这样的发展中国家,为了实现现代化并赶超发达国家,必须发挥政府的主导作用。没有政府的

---

① "由于市场力量的扩展和新技术革命的推动,现代社会发展从空间和时间上出现了一种伸缩迹象,即时间因技术飞速发展而被大大压缩,空间因市场不断扩张而大大拓展,社会发展表现出一种时间短缩而空间延展的特异状态。这种特异状态即是'共时性挤压'。在'共时性挤压'下,世界范围内的不同状况、不同事件、不同发展阶段同时共存于某一特定境遇中。"参见张建:《从管理走向治理:当代中国行政范式转换问题研究》,《浙江社会科学》2006年第4期。

② 林尚立认为:"在任何社会发展都无法超越国家作用的前提条件下,以国家权力为核心所形成的政治在什么样的方向上作用于现实的经济与社会发展,将直接决定着一个社会发展的进程与最终成败。"参见林尚立:《有效政治和大国成长》,《公共行政评论》2008年第1期。

③ 政府有广义和狭义之分。狭义的政府是指中央和地方各级国家权力的执行机关或国家行政机关。广义的政府等同于国家政权,包括国家的立法机关、行政机关和司法机关。奥斯本和盖布勒在《改革政府》一书中对政府的定义即是广义定义:政府是我们使用的一种工具;政府是我们用来做出公共决策的一种机制;一切文明社会都有某种形式的政府,它是向我们提供有益服务的方式。参见[美]戴维·奥斯本等:《改革政府——企业精神如何改革着公营部门》,上海译文出版社1996年版。本文运用的也是广义的政府涵义。而且,在中国,由于中国共产党是领导核心,对整个国家进行全面领导,这被称为"党国"体制,中国共产党系统也因而被看作是国家政权机关。这样,本文所理解的地方政府也就包括了地方党委。

正确指导和强力推动,经济与社会的变革就无法顺利进行。[①] 因此可以说,在这个全面深刻的转型过程中,政府的作用非常关键。

可以说,在现代化的大背景下,政府承载了更多治理转型的压力。[②] 一方面,在全球化、信息化和"共时性挤压"下,政府的能力要增强,要有效应对各种挑战和风险;另一方面,政府要增强回应性、服务性和责任性,以满足公民的民主诉求。换言之,现代政府遇到了两大挑战:有效性和合法性。

现代化转型对政府治理的这两方面的要求简单说就是对绩效和民主两大价值的追求。绩效和民主是两种不同的价值取向。在传统的政府治理模式中,这两种价值甚至是相互排斥的。[③]"目前为止,任何政治制度都要面临公共生活中的两个基本矛盾,一是保证公民参与并回应各种社会需求,二是及时作出决策并有效解决问题。"[④]在社会转型的内外压力下,要实现鱼和熊掌的兼得,实现基本政治价值取向的平衡,就必然要求治理转型(见表1-1)。

表1-1 治理模式类型比较

	传统治理模式	新治理模式
治理环境	国家与社会二元对立	国家与社会合作
治理目标	秩序、发展	善治
衡量指标	效率	效率、民主
治理主体	政府	政府、市场和公民社会

---

① 林尚立认为,中国改革开放以来的"有效政治"带来了中国的"大国成长"。胡伟持有相似的观点,认为30多年来中国政治驱动型的后发现代化进程的发展逻辑是:政治领导启动了改革开放的新时代,思想解放运动助推了改革;改革开放以经济建设为中心,逐步推进市场化取向的改革,释放了市场的力量;经济转轨和市场经济发展的力量又拉动了政治的制度化、文化的世俗化和社会的多元化,引发了广泛的社会变迁和社会转型;社会变迁与转型反过来又影响着经济发展和现代化的走向,引出了科学发展与和谐社会的新命题。

② 钱振明认为,所谓治理转型是公共治理领域发生的一种系统化的、大规模的和带有根本性的转变过程。参见钱振明:《公共治理转型的全球分析》,《江苏行政学院学报》2009年第1期。

③ "民主充其量是一个庞杂的体系,它并非为效率而设计。"参见[美]理查德·C.博克斯:《公民治理:引领21世纪的美国社区》,孙柏瑛译,中国人民大学出版社2008年版,序言第12页。

④ 郁建兴、刘大志:《治理理论的现代性与后现代性》,《浙江大学学报(人文社会科学版)》2003年第2期。

续表

	传统治理模式	新治理模式
治理客体 政府行为 治理工具	公民 管理 权力	公共事务 服务 法律、契约
主客体关系	统治—服从	互动—合作
治理形式	专家治国	参与式
治理结构	科层结构	网络结构

第二节 国内外研究现状

治道变革,也即人类治理之道、人类治理方式的转变,学者们对此倾注了极大的热情和关注,相关的研究成果更是层出不穷。归纳国外学者目前对治理转型的研究,主要集中在以下几个方面:

(一)发达国家政府改革与"治道变革"研究

虽然发达国家和发展中国家都面临治理转型,但要解决的问题是不同的。发达国家以官僚制和专业主义为基础的传统治理模式受到时代挑战,管理危机、信任危机和财政危机迫使政府走上改革之路。① 根据改革目标和路径的不同,这方面的研究又可分为:

(1)增强政府的能力,提高效率。这一研究从政府自身改革出发,在新管理主义指导下,集中于官僚制的改革和政府流程再造。主要代表著作有:戴维·奥斯本的《摒弃官僚制:政府再造的五项战略》和《政府改革手册:战略与工具》,拉塞尔·M.林登的《无缝隙政府:公共部门再造指南》,麦克尔·巴兹雷的《突破官僚制:政府管理的新愿景》,奥斯本和盖布勒合著的《改革政府:企业家精神如何改革着公共部门》以及简·E.芳汀的《构建虚拟政府:信息技术与制度创新》等。

(2)政府治理模式转变。这一研究集中在重新界定政府职能,从公共行政

---

① 周志忍:《当代西方行政改革与管理模式转换》,《北京大学学报(哲学社会科学版)》1995年第4期。

范式转换的角度来探讨政府与市场、政府与社会的新型关系，探讨新的治理模式。代表著作有欧文·休斯的《公共管理导论》，E. S. 萨瓦斯的《民营化与公私部门的伙伴关系》，保罗·C. 莱特的《持续创新：打造自发创新的政府与非营利组织》，以及 B. 盖伊·彼得斯的《政府未来的治理模式》等。[①]

（二）治理的扩展性研究

西方语境中的"治理"（governance）虽然自古希腊以来就存在于政治话语中[②]，但在 20 世纪 80 年代以来被赋予了新的含义，意味着社会统治、控制方式的转变，意味着多种力量（权威）对于公共事务的合作治理。西方学者多从国家与社会、政府与公民关系的角度看待这一"治理"转型，探讨治理与民主、治理与公共管理关系以及治理艺术等，并提出了"治理"的多种界定或者理论。因此，这一关于治理扩展性的研究又分为两个方面：

（1）"治理"概念与一般性研究。代表著作有罗西瑙的《没有政府统治的治理》，Anne Mette Kjaer 的《治理》（*Governance*），Tony Bovaird 和 Elke Loffler 的《公共管理和治理》（*Public Management and Governance*），Arthur Benz 和 Yannis Papadopoulos 的《治理和民主》（*Governance and Democracy*），Patricia W. Ingraham 和 Laurence E. lynn 的《治理的艺术》（*The Art of Governance*），

---

① ［美］戴维·奥斯本、彼德·普拉斯特里：《摒弃官僚制：政府再造的五项战略》，中国人民大学出版社 2002 年版；［美］戴维·奥斯本、彼德·普拉斯特里：《政府改革手册：战略与工具》，谭功荣等译，中国人民大学出版社 2004 年版；［美］戴维·奥斯林、特德·盖布勒：《改革政府：企业家精神如何改革着公共部门》，张成福等译，上海译文出版社 1996 年版。［美］拉塞尔·M. 林登：《无缝隙政府：公共部门再造指南》，中国人民大学出版社 2002 年版；［美］麦克尔·巴兹雷：《突破官僚制：政府管理的新愿景》，孙宪遂等译，中国人民大学出版社 2002 年版；［美］简·E. 芳汀：《构建虚拟政府：信息技术与制度创新》，邵国松译，中国人民大学出版社 2004 年版；［澳］欧文·休斯：《公共管理导论》，张成福等译，中国人民大学出版社 2007 年版；［美］E. S. 萨瓦斯：《民营化与公私部门的伙伴关系》，周志忍等译，中国人民大学出版社 2002 年版；［美］保罗·C. 莱特：《持续创新：打造自发创新的政府与非营利组织》，张秀琴译，中国人民大学出版社 2004 年版；［美］B. 盖伊·彼得斯：《政府未来的治理模式》，吴爱明等译，中国人民大学出版社 2001 年版。

② 英语中的"治理"和"统治"拥有共同的词根"govern"，本意是控制、引导和操纵。皮埃尔·卡兰默在《破碎的民主——试论治理的革命》一书的引言中写道："治理"（governance）来自古法语，夏尔·德·奥尔良（Charles d'Orléans）在 15 世纪时使用过，说的是治理的实施和治理的艺术。其词根是 gubernare，在拉丁文中同时意味着对船只的驾驶——也由此引出了 gouvernail(舵)这个词——和对公共事务的管理。参见［法］皮埃尔·卡兰默：《破碎的民主——试论治理的革命》，高凌瀚译，生活·读书·新知三联书店 2005 年版。

Donald F. Kettl 的《治理的转型》(*The Transformation of Governance*)等。①
《国际社会科学》杂志 1998 年第 3 期还特地出了一期"治理"专号。

（2）多种"治理"概念或理论的提出。主要的研究成果有：奥斯特罗姆等人的《公共事物的治理之道》和《多中心体制与地方公共经济》等，他们提出了"多中心治理"理论。理查德·C. 博克斯的《公民治理：引领 21 世纪的美国社区》。②博克斯将公共行政拉回到民主的轨道，提出了"公民治理"。一些学者们基于对"治理"的不同理解和强调，还提出了"分权治理"、"合作治理"、"网络治理"等概念。

（三）发展中国家政府改革和"治道变革"研究

从 20 世纪 80 年代末以来，"治理"被全球治理委员会、联合国、世界银行等国际组织输入到非洲、中南美洲、亚洲等地的一些发展中国家，作为疗治这些国家"政府失败"的药方。政府虽然"失败"，但我们仍然需要政府，因为政府仍是我们解决问题的基本方式之一。为此，必须改革甚至重建政府。因此，发展中国家的政府改革，是可以和治理转型画等号的。通过分权、参与式民主等方法，培育公民社会，建立起国家与社会的良性合作关系，转变政府治理模式，最终实现"善治"和人类可持续发展目标。这方面研究的主要资助来自于国际组织，研究项目和人类的可持续发展等课题紧密相连。代表著作有：世界银行的《变革世界中的政府》，全球治理委员会的《我们的全球伙伴关系》，联合国经济与社会理事会的《参与式治理和千年发展目标》以及世界银行、经济合作与发展组织及联合国开发计划署及教科文组织有关治理和可持续发展的报告等。③

---

① Anne Mette Kjaer. *Governance*. Cambridge：Polity Press, 2004；Tony Bovaird ＆ Elke Loffler. *Public Management and Governance*. London：Routledge, 2009；Arthur Benz ＆Yannis Papadopoulos. *Governance and Democracy*. London：Routledge, 2006；Patricia W. Ingraham and Laurence E. Lynn. *The Art of Governance*. Washington：Georgetown University, 2004；Donald F. Kettl. *Transformation of Governance*. Baltimore：The Johns Hopkins University Press, 2002.

② ［美］埃莉诺·奥斯特罗姆：《公共事物的治理之道》，余逊达译，上海三联书店 2000 年版。［美］迈克尔·麦金尼斯：《多中心体制与地方公共经济》，毛寿龙译，上海三联书店 2000 年版。［美］理查德·C. 博克斯：《公民治理：引领 21 世纪的美国社区》，孙柏瑛译，中国人民大学出版社 2008 年版。

③ 世界银行：《1997 年世界发展报告：变革世界中的政府》，中国财政经济出版社 1997 年版。Commission on Global Governance. *Our Global Neighbourhood*. Oxford：Oxford University Press, 1995. Department of Economic and Social Affairs. *Participatory Governance and the Millennium Development Goals* (*MDGs*). New York：United Nations, 2008.

中国的现代化转型,必然要求政府治理模式发生转变,从传统的"治理之道"走向现代"治理之道"。国内学者对治理转型的研究,是从 20 世纪 90 年代末开始的,是对中国"治道变革"的理论解释,同时也是对中国"治道变革"的合适路径和模式的探索。概括来讲,国内学术界对治理转型的研究集中在以下几个方面:

(1) 治理理论及在中国的适用性研究。这一派学者包括俞可平、何增科、杨雪冬、郁建兴、孙柏瑛等。他们将治理理论引入中国,使得治理成为政治学和公共行政的"时髦"概念和流行话语。他们也尝试将治理理论应用于中国的政治发展和民主化进程,从基层民主、地方治理、公民社会、政府创新等角度反思治理理论的相关影响变量,深入探讨其在中国的扩展性和适用性。①

(2)"治道变革"研究。这一派学者以毛寿龙、张成福等为代表。在他们看来,治理转型就是从传统治理之道向现代治理之道的变革,也是政府再造的过程,这一转型过程包括政府职能的市场化、政府行为的法治化、政府决策的民主化、政府权力的多中心化。中国政府治道变革的目标是建立有限政府、法治政府、民主政府、分权政府和开放政府等。②

(3) 国家转型与制度变迁研究。这一派学者包括王绍光、胡鞍钢、杨光斌等。他们从国家发展战略与制度变迁的角度,通过政治经济学的分析方法,探讨中国的政治发展与国家转型。他们认为,制度变迁决定了基本的政治走向。需加强国家能力和国家制度建设,从而实现国家转型和走向长治久安。③

---

① 参见俞可平:《治理与善治》,社会科学文献出版社 2000 年版;《中国治理变迁 30 年》,社会科学文献出版社 2008 年版。何增科:《公民社会与民主治理》,中央编译出版社 2007 年版。杨雪冬:《论治理的制度基础》,《天津社会科学》2002 年第 3 期;《"治理"的九种用法》,《经济社会体制比较》2005 年第 3 期;《治理主体多元:地方治理向复合治理结构转变》,《学习时报》2009 年 6 月 1 日。郁建兴等:《治理理论的现代性与后现代性》,《浙江大学学报(人文社会科学版)》2003 年第 4 期;《治理与国家建构的张力》,《马克思主义与现实》2008 年第 2 期。孙柏瑛:《当代地方治理:面向 21 世纪的挑战》,中国人民大学出版社 2004 年版。

② 参见毛寿龙:《现代治道与治道变革》,《江苏行政学院学报》2003 年第 6 期;《公共管理与治道变革》,中国人民大学出版社 2008 年版。张成福:《重建公共行政的公共理论》,《中国人民大学学报》2007 年第 7 期;《变革时代的中国政府改革与创新》,《中国人民大学学报》2008 年第 9 期。

③ 参见胡鞍钢、王绍光等:《第二次转型:国家制度建设》,清华大学出版社 2003 年版。胡鞍钢:《转型与稳定:中国如何长治久安》,人民出版社 2005 年版。杨光斌:《制度的形式与国家的兴衰——比较政治发展的理论与经验研究》,北京大学出版社 2005 年版;《制度变迁与国家治理:中国政治发展研究》,人民出版社 2006 年版。

（4）基层民主和村庄治理研究。这一派学者包括徐勇、何包钢、毛丹、郎友兴、贺雪峰等，他们以村民自治、城市社区治理为研究对象，探讨基层民主的实践和农村治理转型。在他们看来，基层民主在中国的兴起和展开，意味着国家对社会的掌控方式、治理方式的改变。在农村和城市社区正在进行的民主实践，会自下而上地带来治理的转型。①

（5）地方治理与地方政府创新。这一派学者以陈剩勇、陈振明、郭定平、沈荣华等为代表。他们分别以所在区域的地方政府为研究对象，分析探讨地方政府的制度创新对于地方治理和政治发展的意义。在他们看来，中国社会是一个政府主导型的社会，政府的治理方式在很大程度上影响着社会经济的发展方向，因此，地方政府自身的治理转型直接决定了地方治理的绩效。地方政府在机构改革、流程再造、管理工具、政府与社会关系以及政府绩效评估等方面的创新和实践，推动和促进了地方治理的实现。②

限于笔者个人的研究视野，以上归纳可能会有所遗漏，甚至挂一漏万。总体而言，国内学者对治理转型的研究，是在多个面向、多个层次上展开的。不仅有理论的阐述与分析，而且有对大量案例的考察。不仅有对转型过程的探讨，也有对新的治理模式的设计。然而通过进一步观察我们会发现：当前有关治理转型的研究，存在以下几个明显的不足：

①相关理论的引进和介绍多，对其适用性的探讨少；②理论上进行宏观分析的多，具体深入的案例考察少；③基层民主和治理转型更多是从公共行政学或社会学的维度，而非政治学的视角入手；④当前的治理研究，要么集中于最下端的农村和社区，要么集中于国家层面，并没有对居于中间层次的城市进行系统的分析；⑤对于政府治理创新的考察只是停留在政府层面，没有从国家与社会、政府

① 参见徐勇：《乡村治理与中国政治》，中国社会科学出版社2003年版；《流动中的乡村治理》，中国社会科学出版社2003年版。何包钢、郎友兴：《寻找民主与权威的平衡：浙江省村民选举经验研究》，华中师范大学出版社2002年版。郎友兴：《中国式的公民会议：浙江温岭民主恳谈会的过程和功能》，《公共行政评论》2009年第7期。贺雪峰、范瑜：《村民自治的村庄基础》，西北大学出版社2002年版。贺雪峰：《乡村治理与秩序》，华中师范大学出版社2003年版。

② 参见陈剩勇：《政府创新、治理转型与浙江模式》，《浙江社会科学》2009年第4期；《中国地方政府创新与治理转型的浙江经验研究丛书》，浙江大学出版社2011年版。陈振明：《中国地方政府改革与治理的研究纲要》，《厦门大学学报（哲学社会科学版）》2007年第11期。郭定平：《上海治理与民主》，重庆出版社2005年版。沈荣华：《中国地方政府体制创新路径研究》，中国社会科学出版社2009年版。

与公民关系深刻嬗变的大背景下展开讨论，过分强调政府绩效，缺乏对民主和政治合法性的关注，简单说就是只看到政府，没有看到公民。

第三节　研究思路与研究对象

在社会整体转型的大背景下，中国传统的社会治理形态，面临着有效性与合法性的双重挑战。政府治理改革也即治理转型是大势所趋。遗憾的是，尽管政府转型已经成为共识，但在现实操作中，转型还更多地停留在口号阶段，象征意义远大于实际意义。不必讳言，在当下中国，政府整体转型在共识、动力和路径上存在困难。社会分化和利益多元化，使改革无法凝聚足够的共识；政府各级官员作为既得利益群体之一，很难拿出向自己开刀的勇气，外部压力形不成内部改革的动力；改革共识的缺乏，使执政者和精英阶层难以找到社会转型的方向与路径。因此，虽然高层人士屡屡呼吁政治体制改革，但整个社会仍茫然看不到方向。

那么，我们是否可以另辟蹊径，从地方政府的制度创新入手，寻求政府转型和政治发展的地方路径？进而通过地方层面的制度试验，形成对高层体制改革和制度设计的倒逼？事实上，自从 20 世纪 70 年代末改革开放以来，地方政府被地方经济和政治利益刺激，不仅成为推动中国经济发展的主要角色，而且也是政治体制创新的主力。基于此，很多学者将目光向下，看好目前遍地开花的地方试验。在他们看来，地方政府改革与创新也许是中国政治体制改革合理可行的突破口。这一突破口，以其贴近民众性而易于治理绩效之课责，具有天然的回应性和责任性，同时也成为民主训练的舞台和凝聚政治认同的起点，因而能够有效应对合法性的迫切诉求。

当我们将治理转型希望寄托于地方舞台时，地方政府之何种制度创新能够满足当下舆情汹汹的绩效性与合法性的双重诉求？换句话说，当前治理结构和模式要引进何种机制，才能实现既有治理的绩效，又有民主的合法性的公共治理？传统的科层制结构和以管控为目的的治理模式，可能都得发生变化。政治是平衡的艺术，需要在不同价值之间做出选择。而要在政治运行中兼顾改革与发展，在发展中兼顾公平，在制度中兼顾公平，唯有依赖渐进有序的公民参与的制度创新。在秩序中推进公民参与,通过参与改善治理,并扩展和深化民主。

基于这一预设前提,笔者以杭州市地方政府制度创新为考察对象,探讨公民参与对于政府治理转型的意义,寻求变量之间的内在逻辑关系。笔者认为,公民参与不仅推动了政府治理模式的转换,而且为政府治理增添了新的内容,在"民主"和"绩效"之间找到结合点,从而导致了一种新的治理模式的初步呈现。这种新的治理机制,或者也可称为模式,便是从 20 世纪 90 年代兴起的民主治理的实践,即参与式治理。

笔者认为,在参与式治理机制或模式中,通过在治理过程中普通公民或利益相关者全方位、实质性的参与,来促进政府的治理转型,带来地方治理的优化。本书关注的重点是:普通公民的实质性参与是如何,或者通过哪些途径推动了地方治理的优化?这一治理机制或模式,对于地方治道变革的普遍性意义,又体现在哪些方面?

参与式治理有助于提高政府决策的质量,优化政府过程,转变政府职能,培育公民社会,构建良性互动的政府与公民关系,从而由"善政"导向"善治"。参与式治理通过广泛深入的公民参与,带来了政府的全新转型,不仅深化了民主,而且在政府与公民之间搭建起了桥梁,在政府、公民个人和志愿团体之间建立起伙伴关系,使各利益相关者能够参与决策和协作治理。同时,政府与社会之间的分权和关系调适催生了公民参与的制度空间。公民社会的自组织参与,与政府和公民的合作参与一起,将有力地推动地方政府治理模式的转型。

然而,不得不提的是,治理转型不仅仅是政府的事情,公民的组织化和政治能力的提高,是治理模式转变的环境条件。参与式治理无法脱离中国现有国情和政治体制的大环境,因此,从参与式治理导向良好的地方治理或者"善治",还需要很长的时间和实践探索。

当然,还有必要交代一下参与式治理的西方话语问题。参与式治理同治理一样,是带着非汉语字面的语意来到中国的,这也就使得其与非西方社会的社会实践存在着差距。也就是说,参与式治理是一种"舶来品"。也许有人会说,用舶来的西方话语来图解中国的现实,很容易造成"食洋不化",导致理论和实践的脱节。然而,理论是灰色的,实践之树长青。笔者认为,参与式治理与很多基于西方实践的社会理论一样,其基本的原则可以存在于各国、各地区不同的实践面相之中。不能因为某种理论来自西方，就拿适用性来说事。理论的功能是抽象、解释和预测，而各种样式的实践分散于各国、各地，虽具有不同的知识表称，却可能分享某种共同的东西。杭州市"民主促民生"战略，走得是一条参与民主、协商民主的路径，从社会民主入手进行民主政治建设和社会建设。具体而言，从邻里和社区层面出发，在与公众利益相关领域、信息和知识相对充分的问题上实行民主，这就使得民主对普通公众有了价值和意义。从身边事物入手进行民主参与和公民介入，将民主建设和社会建设结合在一起，公众的参与才有热情和动力。同时，通过公民对身边事物的参与，公民在这个"民主的大学校"逐渐学会民主、更好地理解民主政治和公共生活，将不仅能够用民主的方式来参与处理更高层次的公共事务，而且也有利于个人效能感的获得和个人价值的实现。

杭州市的实践，着眼于民众地方知识的运用，将社会参与引入到政府治理过程的各个环节，使社会管理真正变成了"社会性"、"公共性"的事情。以社会权力体现出来的非政府力量的有效参与，带来了地方治理实质性的变化。可以说，杭州市的实践，是在政府主导下的"有序改革"和"渐进改革"。

在当前的中国政治格局下，地方治理创新的改革举措能否成为样板并得以大面积复制，甚或构成自下而上的改革倒逼压力，尚在未定之数。然而，如果要在转型困境中找到一个出口，地方治理创新无疑是一条合适进路。杭州个案体现出政治上层关注民主的治理绩效，通过"民主"促进"民生"，正是中国政治发展经验与路径的具体呈现。

从宏观历史发展层面来看，中国的现代化转型无法脱离发展中国家现代化的大背景，更无法逃避市场化、工业化、城市化、全球化、民主化和信息革命的冲击。社会现代化转型对于政治的高度依赖，在中国表现得非常明显。中国经济的高速发展是典型的国家主导、政府推动的结果。

改革开放以前，建立在计划经济时代的"全能政府"、"无限政府"，通过国家对社会生活的全面控制体现出来。在这一治理模式下，政府与市场、政府与社会严重重合，政治统领一切，政治权力逐渐渗透到经济、文化、社会等各个方面，集权政治和计划经济建构起来一个"总体社会"。此种治理模式严重窒息了市场和社会的活力，更谈不上个人和社会的全面和可持续发展。

从治理的西方语境来看，治理是针对公共产品提供中的"政府失败"或"政府失灵"而提出的,是人们解决公共问题方式的转变,从完全利用集体的(政府的)力量来解决公共问题转向综合运用多种力量和手段,西方语境下的治理本身就暗含了市场力量和公民社会在治理过程中的介入和参与,是对传统的"国家－社会"二元对立模式的冲击。进一步讲,治理的成功不仅需要市场力量的充分发育和一个强大的公民社会,而且要模糊国家和社会的界限,唯其如此,才会有政府、市场、公民社会组织等多方力量的合作治理。

因此可能会有人说,在中国谈论治理,缺乏治理的适用空间。在他们看来,治理是在西方代议制下为补救"政府失败"而提出的,治理的实施必须在宪政民主的政治架构下才有可能。脱离了西方的制度背景,治理可能只是一个时髦的口号而流于形式。笔者认为,这是对治理的过度解读。治理是各种公共的或私人的个人和机构管理其共同事务的诸多方式的总和,①是一种偏重于技术性的政治行为。② 作为一种技术性的解决问题方式,治理的主体可以是多种社会机构,也可以是公共部门或单独的政府。③

中国的政治改革在很大程度上是一场治理变革。④ 1978 年以来,中国的改革开放走了一条经济、社会"非政治化"的道路,通过分权化和市场化,在经济和社会以及日常生活方面,划出了政治干预的边界,经济活动回归市场,社会权力还给社会,公民权利也开始得到保障。

然而,尽管中国的治理变革取得了很大成就,但传统的治理模式并没有根本改变。⑤ 国家依然控制社会,政府垄断了大部分的社会资源。健康的公民社会

---

① 这里采用的是全球治理委员会 1995 年发表的《我们的全球伙伴关系》研究报告中对治理的定义:治理是各种公共的或私人的个人和机构管理其共同事务的诸多方式的总和。它是相互冲突的或不同的利益得以调和并且采取联合行动的持续的过程。这既包括有权迫使人们服从的正式制度和规则,也包括各种人们愿意或以为符合其利益的非正式的制度安排。它有四个特点:(1)治理是一个过程;(2)治理过程的基础是协调;(3)治理领域既涉及公共部门,也包括私人部门;(4)治理是持续的互动。转引自俞可平:《治理与善治》,社会科学文献出版社 2000 年版,第 4-5 页。

② "在社会生活中,治理是一种偏重于技术性的政治行为。"参见俞可平:《中国治理变迁 30 年》,社会科学文献出版社 2008 年版,第 2 页。

③ Donald F. Kettl. *The Transformation of Governance*. Baltimore: The Johns Hopkins University Press,2002.

④ 俞可平:《中国治理变迁 30 年》,社会科学文献出版社 2008 年版,第 3 页。

⑤ 谢庆奎认为,尽管经历了多次改革,但政府全能主义的性质没有得到根本改观。参见谢庆奎:《政府学概论》,中国社会科学出版社 2005 年版,第 68 页。

的缺失使得我们对"大政府"极其偏爱，"大政府"反过来又强化了社会的脆弱性，延缓了公民社会的发育和成熟，如此导致了一个恶性循环：公民社会不发达，于是无法实现自治，所以一切就得依靠政府；高度依赖政府，迫使政府权力扩张，形成"全能政府"，政府"无所不能"，反过来抑制了公民社会的发展空间。

政府全能主义的治理模式不仅窒息了社会的活力和创造力，延缓了公民社会的发育和成熟，而且带来了一系列的问题。政府行为没有边界，职责不清，"越位、错位、缺位"现象非常普遍，这不仅妨碍了政府效率和应有职能的发挥，而且造成政府与市场、社会以及公民之间关系的冲突与紧张。

因此，中国的治理变革，在吸收西方先进价值和思想的基础上，带有自己的明显特征。中国的现实决定了中国式治理的特殊性：市场发展不充分、社会发展滞后、政府力量过于强大、公民主体意识有待提高。可以说，由于其他主体的不成熟，在中国，治理可以和政府治理画等号。事实上，这本身就是一个悖论：治理的成功需要政府之外的多种力量的参与，这就必然使得政府的重要性减弱；而多元主体作用的扩展和增强，又依赖于政府的推动和支持。

从实践层面的可操作性来看，治理转型对于地方组织和地方事务的意义更为直接和明显。地方组织贴近公民，能够最迅速地了解和反映社会变化方向和公民的期待，揭示社会出现的重要问题。地方政府的这一特征决定了它在回应全球化快速变化和不确定性挑战中能够发挥重要的作用。可以说，在全球化背景下，外部环境快速变化的现实状况，为具有弹性的地方政府组织提供了比较广阔的发展空间。[1]

在我国，随着改革开放的深入和经济社会的发展，与中央政府的改革同步，地方政府的治理变革也经历了一个不断实践探索的过程。经过多次改革，我国地方政府在转变职能、理顺关系、调整机构设置及精简人员编制、减少审批环节、简化办事程序等方面迈出了实质性的步伐，取得了一定的突破。

然而，和经济、社会全面转型相比，地方政府治理变革的步伐相对迟缓。目前我国经济社会发展存在的很多问题，尤其是社会问题，贪污、腐败、法律不公、群体性事件等，其根源很多都在地方政府身上。外部环境尤其是全球化、网络技

---

[1] 孙柏瑛：《当代地方治理——面向 21 世纪的挑战》，中国人民大学出版社 2004 年版，第 59 页。

术带来了社会革命性的变化,而地方政府的治理方式还是老一套。政府还以老眼光、旧思维看待外部世界,以传统方式和公民打交道。因此可以说,下一步改革的重点是政府。① 由于所处的位置,地方政府的改革和转型不仅有迫切性,而且具有了比中央政府更好的发力处和更合适的推进路径。

因此,我们可以探讨政府转型的中间突破和下端启动模式。从地方政府层面入手,通过公民参与搭建政府与社会、官方与民间的桥梁,在地方层面建立一套民主化的、制度化的机制安排,借鉴治理理念,探讨政府角色和职能的合适定位,重塑政府,使政府和其他行为主体一起,共同实现对公共事务的治理。至此,传统的政府治理模式才会让位于新型的、既有绩效又体现民主特色的治理模式。政府也才能实现向服务、责任、法治、有限政府的转变。

在当代中国的政治体制下,一方面,中央政府的战略与政策对任何一个地方都具有明显的、直接的、巨大的影响;另一方面,各个地方也都具有一定的活动空间,可以进行试点改革和创新。许多地区由于领导人的政治意愿和当地经济社会发展的要求,在中央政策允许的范围内,进行了大胆的治理创新和试点,取得了积极的成效。

近年来,处于中国东南沿海的浙江成为世人关注的焦点,不仅在经济社会发展方面处于各省前列,②而且在政府治理模式上,也出现了很多创新。③ 温岭的"民主恳谈会"和"参与式预算"、温州的政府效能革命、瑞安的新农协、杭州的"开放式决策"等,都是当地政府在地方治理层面所进行的有益探索。

---

① 鲁利玲:《下一步改革的重点是政府》,《社会科学报》2004 年 12 月 13 日。

② "浙江已成为改革开放以来工业经济增长最快的省份之一,是除京、津、沪三个直辖市以外,人均国内生产总值最高的省份;是乡镇企业发展步伐较快,乡镇企业密集、总量较大的省份;是中小企业作用突出,个体私营经济发达,人民参与工业化进程较为广泛的省份;是国有企业比重较小但国有经济总量持续增长的省份;也是市场化程度较高,专业市场发达,以市场为导向的市场经济运行机制基本形成的省份。"参见余潇枫、陈劲:《浙江模式与地方政府创新》,浙江大学出版社 2007 年版,第 2-3 页。

③ 为鼓励地方政府创新,"中国地方政府创新奖"于 2000 年由中央编译局比较政治与经济研究中心、中央党校世界政党比较研究中心和北京大学中国政府创新研究中心联合创办。为了突出该奖项的科学性和独立性,从第五届开始由北京大学中国政府创新研究中心主办。这是我国历史上第一个由学术机构独立举办,按照科学的评估程序和评选标准对政府创新进行客观评估的民间奖项。每两年一届,由专家委员会在申请项目中先选出若干入围奖,再评出 10 名优胜奖。至今已经连续举办五届,共有 1500 多个省级以下的地方政府创新项目申报该奖项,有 114 个项目获得入围奖,50 个项目获得优胜奖。其中,浙江省就有 16 个项目入围,6 个项目获得优胜奖。

浙江省的经济社会先行与该地区的政府改革和制度创新两者是互为因果、相互促进的。正如经济学家阿瑟·刘易斯所说，"如果没有高瞻远瞩的政府的推动，没有一个国家能够在经济上取得进展"①，没有政府的正确指导和强力推动，经济与社会的变革就无法顺利进行。没有政府的支持、保护、引导和推动，就不会有经济的飞速发展。与此同时，在经济快速发展和社会全面转型的过程中，政府也必须适应新的情况和要求，进行相应的改革。也就是说，经济的发达带来社会的进步和政府治理模式的变革。

杭州作为浙江的省会城市，虽没有温州、台州的"先行"优势，但却后来居上，形成了被学者称为"和谐创业"的"杭州模式"。② 对于"杭州模式"，学者们多从经济和社会角度解读，没有思考其背后真正的逻辑。如果没有政府治理层面的相应变革，这一现象不可能发生。但目前尚缺乏这方面的深入论述。本书选取杭州市作为研究对象，意图即为弥补这一缺陷。扩展开去，便是探讨经济社会发展背后政府的作用。

杭州市经济发展和社会建设走在同类城市前列，而且在政府管理和制度创新上也走在全国前列。从 2000 年以来，杭州市先后在公民评议政府、市长热线、机关效能建设、人民建议征集、公民参与城市规划等方面进行了创新，形成了以"参与式"为亮点的"民主促民生"城市治理模式，包括"开放式决策"、"市民投票"、"重大工程建设"民主参与等机制。杭州新型治理模式带来了本地区的治理优化。

本书选取杭州市为研究对象，从公民参与的纬度，以 2000 年以来杭州市的制度创新为背景，全面考察杭州"民主促民生"战略和实践，选取"开放式决策"、

---

① ［英］阿瑟·刘易斯：《经济增长理论》，周师铭等译，商务印书馆 1983 年版，第 463 页。

② 詹真荣认为，杭州得天独厚的地理位置和优美的环境使之有别于"苏南模式"、"温州模式"和"台州模式"等。"杭州模式"凭借杭州独特的区位特色和资源环境优势，立足自身文化积淀和城市特色，凭借其独特的"精致和谐、大气开放"的人文精神，兼容了苏南和温州两大模式的优势，实现了工业化、城市化、信息化良性互动的区域经济社会发展模式——"和谐创业"模式。它的基本特征是人性化创业、协调创业、可持续创业和知识创业，是"天堂硅谷"与"休闲之都"的有机统一。实质上，"杭州模式"是以"风景旅游"和"历史文化名城"两者兼备作为历史文化的底蕴，以民营经济快速发展作为迅速崛起的动因，以工业化、信息化和城市化良性互动作为"和谐创业"模式兴盛的动力，以内源性民间力量推动和政府主导相结合作为主要的驱动。参见詹真荣：《杭州"和谐创业"模式与苏南模式和温州模式的差异》，《社会科学战线》2005 年第 5 期。

"市民投票"和"重大工程建设"民主参与等具体机制,探讨公民参与公共决策和城市治理的结构、运作过程和效率,从中总结出杭州参与式治理的具体模式和经验,并结合参与式治理的理论思考,探讨地方政府的治道变革,希望能为中国的地方政府改革和政治发展提供借鉴和启示。

第四节　研究框架与研究方法

本书从对治理转型的探讨开始,以参与式治理为理论参照和分析工具,在地方政府制度创新的宏观背景下,聚焦杭州政府治理创新的新模式——"民主促民生"。通过考察发现,"民主促民生"与参与式治理的理念不谋而合,是本土的参与式治理实践。接下来,笔者从"民主促民生"模式的两个侧面,即决策参与和协作治理出发,分别论述了"开放式决策"、"市民投票"和"重大工程"民主参与机制。通过对这些具体机制的分析,提炼出参与式治理的杭州经验。在本书的最后,对参与式治理作进一步的深层探讨,提出参与式治理要注意的问题以及如何推进这一新型治理模式的建议。本书大致框架如下:

导论部分从中国现代化转型对政府有效性和合法性的要求,引出了政府治理转型的话题,从而提出了本书的问题:能否找到一种既有绩效又有民主、既能保证政府能力又能赋予公民权利和主体性的新型治理模式?梳理和归纳了国内外治理转型的研究成果和研究方向,提出了本书的理论选择和研究路径。同时,在这一部分,还概括介绍了本书的研究内容、研究方法和可能的创新之处。

第一章是理论探讨部分,系统地论述了参与式治理理念和实践模式。作者认为,参与式治理是一个开放性的概念。当其作为分析框架时,它以"赋权"、"参与"、"协作"、"网络"等概念为核心内涵,是一套理论,用于解释凸显民主价值的多中心治理实践。当其作为现代民主理念在治理过程中应用时,它是一种新型治理模式,有其治理结构和运作方式等。本书将参与式治理看作一种治理模式,有其普遍性的内涵、特征和结构,但也有其具体实现形式。在这一部分作者通过对参与式治理来龙去脉的梳理和考察,明晰其内涵和特征。

第二章探讨地方政府的制度创新,重点分析 21 世纪以来杭州市与公民参与相关的制度创新概貌,阐释公民参与同杭州政府创新和地方治理优化之间的相关性。杭州市公民参与的制度创新是经济社会发展的结果,也是地方政府执政理念转化的结果,公民参与的扩展和深化既是政府治理转型的结果,又推动了新的政府治理模式的转换。

第三章主要考察杭州市"民主促民生"实践,分析其出台背景、运作过程和作用机制。杭州市的"民主促民生"实践,是参与式治理的具体形式。"民主促民生"战略或模式通过决策参与和协作治理,赋权于公民,使普通公民不仅能够参与决策,而且能够与政府协作管理公共事务。

第四章和第五章分别考察"民主促民生"的两个方面:决策参与和协作治理。详细分析了"开放式决策"、"市民投票"和"重大工程"建设民主参与等三个机制,结合经典案例,探讨公民参与给地方治理带来的变化。作者试图说明:公民参与城市治理的全过程,不仅仅是影响决策,而且还参与决策、参与执行。公民参与不仅提高了城市治理水平,而且改变了城市治理结构,促进了地方"治道变革",进而提升了城市生活品质。

第六章在总结案例的基础了,对以公民参与为核心的"民主促民生"模式进行评价,分析其经验特征,探讨公民参与和政府治理转型与治理模式优化之间的逻辑关系,提出参与式治理的杭州模式及其对中国地方政府"治道变革"的意义。参与式治理通过转变政府治理过程、重塑政府与公民关系以及培育公民等途径实现治理转型,优化地方治理。

第七章是对本书的总结和思考。通过对参与式治理自身张力与杭州模式存在问题的分析,提出了对于本土参与式治理长效发展的一些思考和建议。笔者的观点是,尽管有局限和问题,参与式治理仍是中国地方政府"治道变革"的合适路径和选择。

工欲善其事,必先利其器。研究方法的选择直接影响到结论的准确性和可靠性。对当代中国政治变迁的研究,很容易出现理论和现实的脱节。因为我们处在一个剧烈变动的、多元的、不确定的甚至断裂的转型时代。于是导致我们的研究很容易走向两个误区:要么没有理论,只有材料的堆砌和事实的描述;要么为了理论裁剪材料,理论不仅不能解释现实,而且经不起时间的考验,甚至变成了宣传作品。为了避免此两种偏向,有必要对不同的研究,选择有针对性的、合适的方法。

研究方法。案例方法在以下三类研究中具有优势：（1）研究问题类型是关于如何以及为什么；（2）调查者对真实行为事件无法控制；（3）侧重于当代事件。[1] 地方政府的治理转型，是发生在当代中国的客观存在，属于如何以及为什么的问题类型，而研究者对这一治理模式的转变没有控制能力。从地方政府的角度研究政府治理转型，最恰当的研究方法是案例研究。因此，本书采用经验和案例研究方法，选取杭州市政府的创新实践，在具体的案例展开中分析公民参与、治理转型和地方治理优化之间的关系和变化趋势。

对微观个案的研究存在一个理论分析框架的问题。选取何种理论模型，决定了研究的视角和深度。不可否认，我们今天社会科学的很多理论都是来自西方。当我们运用这些理论来解释中国实际问题时，要考虑理论的适用性问题。因为这些理论多以西方经验为基础或者带有不同程度的价值倾向，与非西方社会的实际经验存在着一定距离。本书选取参与式治理为理论参照，以开放性的态度，在地方治理的框架下研究政府与公民的互动，以理论为指引探寻背后深层次的影响因素和相互关系，但又不固守理论，尊重案例的真实逻辑，甚至在必要时对理论加以合理修正。

对地方治理转型的研究，既需分析实际发生的政府改革和制度创新，又需寻求一种新的治理模式，这就使本书的研究是经验研究和规范研究的结合。在这里，"参与式治理"不仅是现实中的治理创新实践，也是未来建构新治理模式的方向。作为经验研究，它着眼于正在进行中的地方政府治理创新实践；作为规范研究，它在探讨公民参与和治理转型的背后，也有一个预设前提，即公民参与是实现"善治"的途径。

徐湘林教授认为，现有的政治变迁研究更多的是运用宏观性理论，对政治变迁表层进行概括性描述。但是，当深入到特定政治变迁的经验型研究中时，往往会发现，宏观理论的阐述与特定背景下的政治变迁经验之间相互衔接，抽象、宏大理论与具体经验之间存在着鸿沟，而要解决这样的问题，就是要在宏大理论和具体经验之间建立中层理论。[2] 参与式治理是一种新型民主理论，但更强调民

---

[1]　应瑞国：《案例学习研究——设计与方法》，中山大学出版社 2003 年版，第 1—7 页。

[2]　徐湘林：《从政治发展理论到政策过程理论——中国政治改革研究的中层理论建构探讨》，《中国社会科学》2004 年第 3 期。

主的治理绩效,因此它又属于政治实践,是一种治理理论。可以说,参与式治理是一个解释国家与社会关系的合理的中层理论。

本书以杭州市的制度创新实践为研究对象,将之看做一个研究个案,通过对该个案的考察来研究公民参与和地方政府治理转型,在此基础上归纳出新的政府治理模式。案例研究必须进行比较,缺乏比较,案例研究的普遍性意义就会大打折扣,会容易流于"就事论事"。当前中国的政府改革是自 20 世纪 70 年代末以来的政府改革运动的一部分,中国学术界研究政府改革的主要理论模型都是来自西方。而且,本书研究的参与式治理是发端于西方的一个概念和解释模式。因此,有必要将中国的参与式治理置于全球大背景下,注重国外经验和做法的借鉴与吸收。

资料的收集对于案例研究的成功非常重要。好比一个厨师要做可口的大餐,手边没有相应的原料,是无法做出来的。对于一个研究者来说,全面充分的资料收集是成功的一半。本书研究的一手资料来自与当地官员、社团负责人、普通公民和专家学者的访谈。二手资料则包括当地政府文件和出版物(如政府工作报告等)、杭州市出版物(如年鉴、蓝皮书)、当地报纸和网络、中外学者的研究成果等。

对研究对象的选择也会涉及一个重要的方法论问题:研究者是作为外在的观察者还是内在的生活者。这决定了研究视角的选择。由于本书作者是才来杭州三年的"新杭州人",因此,在研究过程中,既具有内在生活者的切身体验,又不可避免带着外在观察者的中立性和距离感。

政府转型与地方治理是当前学术界关注的热点,相关研究成果层出不穷。对杭州市"民主促民生"模式的研究,房宁、俞可平、林尚立、毛寿龙等在研讨会上进行过阐述,蓝蔚青、郎友兴等也专门撰文加以讨论过。① 本书研究建立在学者们的相关研究成果基础之上,如果说有什么贡献的话,可能主要体现在以下几个

---

① 2009 年 12 月 5 日,第四届生活品质全国论坛在杭州举行,在会议讨论中,房宁、俞可平、林尚立、毛寿龙、王名等多位学者对杭州的"民主促民生"模式进行了评价,参见:http://www.cityhz.com/a/20091210/zt_43062.html。蓝蔚青、郎友兴等本土学者也有专门文章对其进行评述。参加蓝蔚青:《"以民主促民生"战略:杭州市的实践及其经验》,《毛泽东邓小平理论》2009 年第 3 期;郎友兴:《浙江杭州"以民主促民生":以社会民主为重点的民主政治建设之路》,《学习时报》2009 年 8 月 4 日。

方面:

第一,国内对参与式治理的研究还处在评述阶段,本书通过大量第一手资料的阅读和梳理,对参与式治理理论作出较为系统的评述,从学理上给出参与式治理的一个全貌。而且,参与式治理不仅是民主理论,更是实践性很强的治理模式,通过对参与式治理实践的分类研究,介绍参与式治理的理论渊源、内涵特征、实践面向以及理论内在的张力和适用限度。

第二,国内外参与式治理的相关研究,过多强调其对于增强公民社会能力和深化民主的功能,本书将参与式治理与政府转型连接起来,从政府的视角,探讨其对地方政府治道变革的意义。

第三,用杭州的实践来验证参与式治理理论的普适性。本书在公民参与和治理转型之间建立关联,从政府过程、政府与公民关系、公民社会等纬度入手,探求变量之间的相关性。通过对不同变量之间内在逻辑的梳理和讨论,为地方政府治道变革的未来走向提出对策建议。

第二章　民主、公民参与与治道变革

　　要寻找一种既有民主又有绩效的治理模式,就得回归到政治的宗旨上。政治的目的是什么? 政治是工具还是生活方式? 从亚里士多德以后,作为生活方式的政治就消失了。如果政治只是一种工具的话,那它的目的又是什么? 如果政治只是实现统治阶级的利益或者是资源分配的话,那政治对于普通民众的意义又在哪里? 传统的关于政治的定义都有倒因为果的嫌疑。在这里,作者基本认同林尚立对于政治的定义:政治是通过集体力量创造有序生活,从而实现个人和社会的全面发展。[①] 然而,作者还有一些保留:"个人的全面发展"是否和"社会的全面发展"同步? 如何来衡量"个人发展"和"社会发展"? 抛开对这些问题的抽象思考,我们将"个人发展"简单理解为个人自觉和主体意识的增强,民主也许是实现此目的的合适途径;同样地,"社会发展"意味着社会的经济、政治、文化等的全面进步。这两重目标的实现,皆赖于人类社会物质财富的增长。作为以集体行动改善人类福利的政治,对此责无旁贷。于是,我们对政治的要求就简化为对"民主"和"绩效"的追求。

第一节　现代民主理论的发展

　　20 世纪 70 年代以来,代议制民主的弊端日渐暴露。在当前的社

---

　　① 林尚立给出了一个政治的定义:政治是创造一种有序的生活,以实现个人和社会的全面发展。参见林尚立:《在有效性中累积合法性:中国政治发展的路径选择》,《复旦学报(社会科学版)》2009 年第 2 期。

会和政治图景中,全球化、社会结构差异性及呈现出来的复杂性、社会日益多元化和反思性的现实,导致自由民主国家的公民对民主期望的普遍消退和对政府的不信任。① 现实的悖论是:民主制度正在全球扩散,但是在其他国家都要模仿的成熟民主国家中,却出现了民主意识削弱的现象。在很多西方国家,人们对政客们的信任程度在下降。出来投票的人越来越少,越来越多的人,尤其是年轻的一代,表示对议会和政治没有兴趣。② 西方社会 20 世纪 60 年代末 70 年代初的社会运动,矛头直指传统代议民主制度,代议制民主遭受到挑战。

代议制民主的批评者认为,伴随着行政权力对议会权力的挤压和代议制自身的缺陷和弊端,代议制民主政治走向了一种精英民主政治。而这种精英民主政治产生了两个后果:一是加剧了政治不平等;二是加重了民众对政治参与的冷漠。普通民众只关注自己的个人生活而远离了公共生活,从而被排斥在政府决策过程之外,他们的知情权、参政权被架空了。③

许多人对代议制民主的核心——选举制度提出了批判,认为民主被局限于周期性选举不仅不是民主程序的全部,更重要的是未能体现出民主的实质。在选举权之外,公民还必须要拥有其自身的决定权,因而他们对西方的选举采取了消极抵制的态度和做法。

另外,在代议制下,精英民主不可避免带来的是专家治国,精英或专家垄断的政府带来很多问题,庞大僵硬的科层制也日益"异化"。博克斯在《公民治理:走向 21 世纪的美国社区》中写道,这些问题主要有:第一,现存代议制机构只能向行政部门提出一般性的强制要求,而普通大众所看到的公共政策则是底层政府官员或雇员在处理日常具体事务时作出的决策和采取的行动,导致项目预期和执行结果之间常常产生显著的差距。第二,政治体系的多元性质为持反对意见者行使否决权、寻求改变现状提供了充分的机会。第三,现今我们社会的组织规模日趋庞大,仿佛只有通过如此规模的组织,才能产生重大的影响力。这一观念本身就使得那些势单力薄的个体在巨大的、非人性化的、漠视人性特质的政府

① [加]马克·E.沃伦:《当前参与型民主的意义何在?》,载陈剩勇、何包钢主编:《协商民主的发展》,中国社会科学出版社 2006 年版,第 58—59 页。

② [英]安东尼·吉登斯:《失控的世界》,周红云译,江西人民出版社 2001 年版,第 68 页。

③ 王维国:《公民有序政治参与的途径》,人民出版社 2007 年版,第 17—18 页。

机器面前显得孤单无助。基于以上三点,传统的代议制模式已表现出明显的缺陷,现行的方法已经不能满足民众的各种要求。①

概言之,在现代民主理论家看来,"代议民主"的症状可以归纳为:

第一,"政治平等"和"政治参与"原本就是两个相容共存的民主理想,但在"代议民主"的实际运作之下,反而形成背道而驰的互斥现象(如社会地位高低决定公民参与程度);第二,"代议民主"的垄断性,不但限定民主政治的选项,阻碍了其他"正当民主形式"的追求,并且孕育故步自封的观念,使人们疏于检视自由主义的政治标准。第三,不论就投票率的高低而言,或就政治信任感的强弱来说,还是就介入政治事务的深浅而论,一般公民的"政治疏离",皆是"代议民主"的醒目标记,从而预示着"民主政治"的破产。自由主义民主所尊崇的个人主义导致了公共善的缺失。第四,"代议民主"既破坏政治参与,又侵蚀"公民身份"。②

面对这种状况,理论家开始反思,主张扩大公民的政治参与,以构建参与民主的民主政治新形态。参与式民主正是在这种背景下被建构出来的。

一、参与式民主与"强势民主"

民主理想的核心是人民主权,一切权力属于人民。人民主权如何在现实中得以体现,就表现为公民对公共事务的实质性参与。因此,民主意味着参与,无论是直接民主还是间接民主,都需要公民的参与。但在参与民主论者看来,古雅典式的直接民主是一种全面的公民参与,在现代民族国家的规模上难以实现,而代议制民主的参与又仅限于定期的选举投票,是一种最低限度的公民参与,有悖于民主的本意。代议制只是民主的一种手段,是引导社会公众参与公共事务的一种方式,在代议制之外还可以发展其他民主参与形式。如公民罢免、公民复决、公民创制、公民听证、全民公决等公民直接参与公共决策的形式;在基层社会组织中,更有必要和条件实现公民的直接决定权。现代民主社会发展的一个基本方向就是不断发展各种新的参与形式,提高、增强社会公众对社会公共事务管

---

① [美]理查德·C.博克斯:《公民治理:引领21世纪的美国社区》,孙柏瑛译,中国人民大学出版社2005年版,第89—90页。

② 郭秋永:《当代三大民主理论》,新星出版社2006年版,第85页。

理的介入程度,由此发展和深化民主。参与民主理论的核心理念就是"凡生活受到某项决策影响的人,都应该参与那些决策的制定过程"。① 而这正是民主的原初意义。

参与式民主理论把参与作为分析民主的关键概念,其对民主的理解以科恩的定义为理论和逻辑起点,科恩认为"民主是一种社会管理体制,在该体制中社会成员大体上能直接或间接地参与或可以参与影响全体成员的决策"。② 科恩强调民主决定于参与,衡量民主的尺度有三个方面,即广度、深度和范围。民主的广度是由公民参与是否普遍来确定的,它属于民主的数量问题;民主的深度是由公民参与是否充分来确定的,它与民主的性质相关;民主的范围则是指全社会实际参与决定问题的多少及其重要程度。

在参与民主论者看来,参与不仅包括公民对国家政治生活的参与,还包括经济领域的参与,社会领域的参与,政党内部的参与。当然,参与是分层次的、分对象的,参与民主论者特别强调参与不等于直接民主,参与民主认为,凡是公民能够自己做的事情,都应该由公民亲自来做,以此实现公民对自己生活方式的控制。

参与民主论者认为,必须通过公民之间的广泛协商和心平气和的共同参与,来改革当前精英民主和官僚治国的政治结构,确立新的政治结构,将公民参与的范围扩大到政治生活的各个环节,才能使个人对社会和国家事务的控制在直接的不断的参与中实现。

参与民主将公民参与区分为:政治参与和社会参与。

政治参与最普遍的形式是公民参加最重要的政治活动——选举。在选举参与之外,政治参与还表现为:公共性参与,即公民对公共政治生活的参与和介入,比如听证、质询、民主协商、舆论表达、监督政府等;利益性参与,即表现为在涉及公民自身利益,又与公共权力相关的问题纠纷中公民直接表达自身利益要求,捍卫自身利益,比如诉诸媒体、行政诉讼和集会等。在参与民主论者看来,政治参与还包括政党系统内部的直接参与,重新组织政党系统,以使政党干部直接

---

① [美]约翰·奈斯比特:《大趋势——改变我们生活的十个新方向》,梅艳译,中国社会科学出版社1984年版,第161页。

② [美]卡尔·科恩:《论民主》,聂崇信等译,商务印书馆1988年版,第10页。

向党员负责。

社会参与即公民社会中公民的自治性参与,是公民以个体或群体的形式对社会事物的直接参与和自主管理。自治性参与的内容主要包括参与经济活动的自治管理,社会事务的直接参与,其所参与的领域包括工作场所和地方社群。

参与民主是民主理论,关注的是公民自由和权利。参与民主论者认为,公民自我发展的平等权利,只能在"参与社会"中才能达成。一个"参与社会",乃是孕育政治功效,培育集体问题的关怀,裨益有识公民的养成,以及强化有识公民介入统治过程的能力等的一个社会。①

"强势民主"是参与式民主的另一种表达形式。巴伯在《强势民主》一书的序言中写道:"在美国好像存在两种民主,第一种是由邻里和街区协会、家长教师联谊会以及公众行动团体所界定的民主,它具有一个不大于城镇或者县的具有密切交往的地域,在那里人们集合而成各种小组来裁决分歧或者规划公共事业。第二种方式是一种参与和协商的政治,在这里,有效的公民身份的内容是处于主导地位的,同时真实的讨论则支配着议事日程。"②巴伯将前者称为"弱民主",而将后者称为"强势民主"。

因此可以说,"强势民主"乃是现代形式的一种民主政治,和参与民主一样,强调公民直接参与政治,尤其是"面对面"的讨论、协商和审慎判断。

根据巴伯的说法,"强势民主"乃是现代形式的一种"参与民主",它虽然依赖公民自行治理社群的观念,但不坚持古典式的直接民主,也不背离现代社会的庞大规模。③ 可以说,强势民主并不要求取代代议制间接民主这种"弱民主",而是在一定范围复兴直接民主,对代议民主加以补充。

"强势民主"的成功有一个假设,这也是参与民主的基本预设:公民一旦拥有参与机会,势必积极从事参与活动,而且公民的参与必能产生"共识"。

根据这个假设,巴伯写道:"民主的未来取决于强势民主,也就是取决于一种非集体主义的共同体形式的复兴,一种墨守成规的公共理性的形式,一种与现代社会兼容的公民制度。强势民主被界定为参与模式中的政治:从字面上讲,它

---

① 郭秋永:《当代三大民主理论》,新星出版社 2006 年版,第 220 页。
② [美]本杰明·巴伯:《强势民主》,彭斌等评,吉林人民出版社 2006 年版,序言第 1 页。
③ 郭秋永:《当代三大民主理论》,新星出版社 2006 年版,第 95 页。

是公民的自治政府而不是冒用公民名义的代议制政府。在这里,积极的公民进行直接的自我管理,他们并不必要在每个层次和事件上进行直接管理,但是,在作出基本决策和进行重大权力部署的时候他们必须经常充分地、详尽地参与。"①

二、协商民主

20 世纪 90 年代中期,民主理论开始转向研究协商,由此产生了现代民主理论的又一形式——协商民主。协商民主又译为审议性民主、商议民主等。学者们从哈贝马斯和罗尔斯那里寻找协商民主的理论资源,为民主理论和实践的发展提供了新的方向。

协商民主理论家们认为协商民主是一种决策机制,也是一种民主治理形式,平等、自由的公民以公共利益为取向,在对话和讨论中达成共识,通过公共协商制定决策。在协商过程中,公民敞开心胸聆听不同意见、理性思考并讨论公共议题,寻求公共利益与"共同善"。

理论家认为,当代协商民主可视为是对古典协商民主传统的复兴,而非完全的创新。② 面对全球化时代复杂、多元的风险社会,传统治理方式的弊端日益暴露,需要新的民主治理方式。协商民主为建构这种治理机制提供了理论基础。

协商民主是一种决策机制,即认为所有受到政策影响的公民或他们的代表通过理性的讨论、对话、审议等方式作出决策。正如戴维·米勒所说:"当决策是通过公开讨论过程而达成,其中所有参与者都能自由发表意见并愿意平等听取和考虑不同意见时,这个民主体制就是协商性质的。"③协商民主是公民共同来解决政策冲突的有效途径,可避免政策仅仅反映政府官员或技术官僚、专家的意见,导致其正当性受到民众质疑和抵制。当政策通过公共讨论和辩论的途径制定出来,且参与其中的公民或公民代表超越了自身利益和局限,反映的是公共

---

① [美]本杰明·巴伯:《强势民主》,彭斌等译,吉林人民出版社 2006 年版,第 180 页。
② [澳]何包钢:《协商民主:理论、方法和实践》,中国社会科学出版社 2008 年版,第 16 页。
③ [南非]毛里西奥·登特里维斯:《作为公共协商的民主:新的视角》,王英津等译,中央编译出版社 2006 年版,第 139 页。

利益或共同利益的时候，政治决策才是合法的。① 协商民主在公共决策中有以下积极意义：通过协商民主方式，政府可以最大限度收集到决策所需的信息，使公众的地方知识参与到决策中来；通过公众参与可以打破公共行政的封闭化，扩大政府过程的公开和透明性，实现公众的参与权和知情权；协商民主还是专家和公众、精英和民众互动协作的平台；协商民主通过对话、讨论和协商，赋予政策以合法性，从而有助于决策的顺利贯彻和有效实施。

协商民主也是一种民主治理形式，即自由和平等的公民在公共利益的导向下，通过对话、商谈、讨论等形式达成共识并最终形成具有约束力的公共政策过程。协商民主是"一种具有巨大潜能的民主治理形式，它能够有效回应文化间对话和多元文化社会认知的某些核心问题。它尤其强调对于公共利益的责任、促进政治话语的相互理解、辨别所有政治意愿，以及支持那些重视所有人的需求与利益的具有集体约束力的政策"。②

因此，根据上述分析，我们可以将协商民主定义为：一种决策机制，也是一种治理形式，其中，平等、自由而独立的公民在公共协商过程中，提出各种相关理由，说服他人，或者转换自身的偏好，在广泛考虑公共利益的基础上利用公开审议过程的理性指导协商，从而赋予立法和决策以合法性。协商民主强调公民个人和公民社会在整个决策过程中的作用，这一点和治理理论有重合之处，其目的都是促进国家和公民社会的相互依赖和互动合作。这表明，协商民主致力于在一个价值多元和利益分化的、不确定的风险社会通过公民审慎辩论和协商建构公共理性。

协商民主是指在公共协商过程中，自由而独立的公民在平等、广泛参与的基础上，运用自己的公共理性，围绕公共议题进行讨论和协商，通过理性商谈的方式来作出决策或治理公共事务。哈贝马斯认为，协商民主模式有两个最为基本的信念。第一，民主是一种对公共政策进行讨论、协商的制度，政治决策最好是通过广泛的协商作出，而不是通过金钱和权力。协商民主更像公共论坛，公共讨论应以公共利益为导向。第二，在协商过程中参与者应该尽可能平等而且尽可

---

① ［美］詹姆斯·博曼：《公共协商：多元主义、复杂性与民主》，载黄湘怀主编：《协商民主译丛(2)》，中央编译出版社 2006 年版，第 4 页。

② 陈家刚：《协商民主：概念/要素与价值》，《天津市委党校学报》2005 年第 3 期。

能广泛。①

由此可以看出,协商民主具有如下基本特征:

(1) 政府与公民、自治组织在公共决策中处于平等地位。

协商民主作为一种民主的决策体制或理性的决策形式,其中,每个公民都能平等地参与公共政策的制定过程,自由地表达自己的意见并倾听别人的观点,在理性的讨论和协商中做出大家都能接受的决策。

(2) 协商民主特别强调公民参与的重要性。

只有积极的公共参与才能产生公共领域,从而通过协商讨论建构公共理性。协商民主对在公民参与方面有具体的制度安排。

(3) 协商民主是一个"公共论坛"。

在协商过程中,各个参与者在提出、批判或反对各种观点时,要充分说明理由,不只是从自己的个人理性出发,还要诉诸公共理性,给出的观点和解决方案必须符合公共利益,从而才有可能达成共识。

协商民主有不同的操作形式,例如听证会、公民陪审团、公民会议、社区论坛等。

三、治道变革与公共行政范式转换

现代民主的发展已经从代议民主走向了参与民主。民主不仅仅是选举,而更多地体现为公众对政治、社会事务的广泛参与。民主的本质在于参与。在这以过程中,通过身体力行的行动,通过面对面的交流,对公共事务产生影响和支配,实现个体自觉和政治效能感。当然,公民参与也将公民拉回到政治和社会生活中,不仅使政府的施政过程变得流畅,而且更为重要的是,提升了政府的合法性。

以往对政府治理模式的研究过分关注政府的能力和效率,政府本位的改革偏离了政治的真正目的,削弱了政府对于普通民众的意义。

在国家与社会或者政府与公民关系深刻变化的背景下,政府治理模式的转变要在这方面寻找突破。要抛弃"政府统治"的传统做法和"公民治理"的浪漫主

---

① 转引自〔澳〕何包钢:《协商民主:理论、方法和实践》,中国社会科学出版社 2008 年版,第 23 - 24 页。

义理想,在二者之间寻找最佳结合点。

当代政府治理的转型本质上是经济与社会转型的结果。自 20 世纪 70 年代以来,首先从西方发达国家开始,兴起了以加强政府回应性和满足公民意愿为主要目标、寻求新的政府治理模式的政府运动。在这场运动中,各国纷纷建构新的、与后工业社会和信息社会相适应的公共治理模式。按照澳大利亚学者欧文·休斯的说法,这场政府改革运动是一次公共行政的范式转换。① 经过改革,西方发达国家的政府管理已经发生了深刻变化,正在产生新的治理模式。②

这一寻求新的政府治理模式的变革运动影响深远,也波及了广大发展中国家。对于发展中国家来说,治理模式的转换意味着深刻的"治道变革",③是从传统的治道向现代治道的变化过程。"治道变革"寻找的是一个现代的、有能力的政府,寻找的是一个新的治理模式:"以市场经济为基础的亲市场的有限政府,民主政府,宪政法治政府,责任政府,以自主治理为基础的多层次治理(分权),以竞争性选举和广泛的公共参与为特征的民主,以及向各方面信息开放的政府。"④

由此可见,无论是西方发达国家,还是发展中国家,都面临着治理转型的问题。尽管两类国家遇到的问题是不同的,但对政府改革的要求是相似的。在发达国家,是政府"治理能力的超负荷运行",而在发展中国家,是政府"缺乏治理能力"。⑤ 因此可以说,治理模式的转换意味着政府的改革和转型,通过政府的改革和转型使得国家—社会关系发生变化,最终实现"善治"。

20 世纪 70 年代末在西方发达国家出现的新公共管理运动,通过将市场机制和管理主义引入公共行政,引发了公共行政的范式转换。新公共管理运动以强化政府的有效性和能力为主旨,与治理理论具有某些契合之处,改变了西方政府管理的实践模式。新公共服务是对新公共管理运动的批判和反思,其对民主、

---

① [澳]欧文·休斯:《公共管理导论》,张成福等译,中国人民大学出版社 2007 年版。
② 钱振明:《公共治理转型的全球分析》,《江苏行政学院学报》2009 年第 1 期。
③ 毛寿龙认为,治道即为治理之道,是一个国家的政府治理公共事务、解决公共问题、提供公共服务的基本道理。"治道变革"也就是政治的现代化,是从传统政治走向现代政治的过程。参见毛寿龙:《公共管理与治道变革》,中国法制出版社 2008 年版。
④ 毛寿龙:《现代治道与治道变革》,《江苏行政学院学报》2003 年第 6 期。
⑤ 陈剩勇:《政府创新、治理转型与浙江模式》,《浙江社会科学》2009 年第 4 期。

公民权和公共利益等的强调,成为治理转型的另一理论渊源。

新公共管理运动的理论基础是公共选择理论。公共选择理论是"在效率和效益观的掩盖下追求传统自由主义,或是激进市场主义的价值理想"。[①] 公共选择理论以现代经济学的方法来研究民主立宪政体的政治运作和决策过程。公共选择理论以理性经济人假设为出发点,研究选民、政治人物以及政府官员们的行为。公共选择理论否定抽象的公共利益的存在,公共利益不过是个人利益的总和。个人的决策是追求个人利益最大化的结果。

综合学者们的研究,可以将新公共管理运动的特征简单归纳为:

1. 市场化

其一是政府职能的市场化转变,政府从对经济社会生活的高度干预中退出,把市场引进来。如把政府直接经营的国有企业私有化,解除政府管制,允许私营机构进入公共事业,打破地方政府对公共服务事业的垄断经营,实行市场化调节。其二是政府自身内部运用市场化的管理方法,也就是用"企业家精神"改革政府。在政府自身管理上,打破传统官僚制的束缚,精简机构,运用工商管理技术进行管理。引入竞争机制,培育成本与质量管理意识,强化结果和绩效评估。

2. 分权化

新公共管理运动,在权力配置上有两个趋势:一是权力的下移,二是权力的多中心化。这两个趋势统称为分权化。为了发挥地方的自主性,中央政府下放权力,赋予地方政府更大的自主权,加大地方自治的力度,扩大公民参与。另一方面,政府将某些职能转移给公民社会,在政府组织、非政府组织或自治社团之间分散权力。权力意味着责任,通过权力分散化的安排,建立起政府与社会、政府与市场的合理分工。

3. 弹性化

弹性化政府是指有应变能力、能够有效回应新的挑战的政府。公共管理的弹性化,简单说就是增强政府应对问题的反应能力和灵活性。通过政府自身结构的精简和调整,在各部门之间建立流畅的协调与合作机制,强化地方政府对公众的回应性和服务理念。

---

① 蓝志勇、陈国权:《当代西方公共管理前沿理论述评》,《公共管理学报》2007 年第 3 期。

同时,我们也应看到,在全球化和分权化的背景下,片面依靠市场竞争机制来改造公共管理的做法也是有问题的。对新公共管理理论的批评主要集中在这几方面:首先,人们批评新公共管理运动的理论基础和意识形态倾向,是一种新自由主义的公共管理哲学。其次,人们批评新公共管理改革的市场化和管理主义取向,市场化是一种新的市场崇拜,管理主义模糊了公私部门的界限。再次,过于强调效率,很容易忽视公平和责任性。公共管理只看见了"管理",缺失了"公共性"。

新公共服务理论是美国著名公共行政学家罗伯特·登哈特夫妇基于对新公共管理理论的反思,特别是作为对新公共管理理论精髓的企业家理论缺陷的批判而建立的一种新的公共行政理论,其实质是一场基于公共利益、民主治理过程的理想和重新恢复公民参与的运动。

新公共服务理论主要包括以下七方面的内容[①]:(1)政府的职能是服务,而不是掌舵。如今政府的作用在于与私营及非营利组织一起,为社区所面临的问题寻找解决办法。其角色从控制转变为议程安排,不再是服务的直接提供者,而是调停者、中介人甚至是裁判员,为促进公共问题的协商解决提供便利。(2)以公共利益为行政目标。公共行政官员必须致力于建立集体的、共享的公共利益观念,以创造共享利益和共同责任为目标。政府的作用将更多地体现在把人民聚集到能无拘无束、真诚地进行对话的环境中,鼓励公民采取一系列行动,共商社会应该选择的发展方向。(3)在思考上要有战略性,行动上要有民主性。为了实现满足公共需要的政策和方案,就必须规定角色和责任并且要为实现预期目标而确立具体的行动步骤。政府应具有开放性和可接近性,具有回应力,能够为公民服务并且为公民创造机会。(4)以公民而不是顾客为服务对象。政府必须关注公民的需要和利益,这样,扮演着公民角色的人必须关心更大的社区,必须对一些超越短期利益的事务承担义务,必须愿意为他们的邻里和社区所发生的事情承担个人责任。(5)关注责任。公务员所应关注的不只是市场,还应关注宪法法律、社区价值观、政治规范、职业标准以及公民利益。(6)重视人,而不只是

---

① 参见[美]珍妮特·V.登哈特、罗伯特·B.登哈特:《新公共服务:服务而不是掌舵》,丁煌译,中国人民大学出版社2004年版。

重视生产率。要求公务员善待公民的前提是公务员本身就必须受到公共机构管理者的善待。公务员的动机和报酬远不止是薪水或保障,分享领导权的概念对于为公共雇员和公民提供机会以便他们的言行符合公共服务的动机和价值至关重要。(7)重视公民权胜过重视企业家精神。政府的所有者是公民,公共行政官员有责任通过担当公共资源管理者、公共组织监督者、公民权利和民主对话的促进者,社区参与的催化剂以及基层领导者等角色来为公民服务,并将其在治理过程中的角色定位为负责任的参与者。

第二节　治理理论：概念、内涵与特征

被赋予新涵义的"治理",源于 1989 年世界银行言及非洲问题时所使用的"治理危机"一词。治理(governance)与统治(government)来源于同样的词根。统治指的是民族国家创造和维持公共秩序、实现集体行动的正式制度化的过程,它的主体是政府。治理也是指一种过程,但与统治相比,这一过程的主体发生了变化。治理是指"统治方式的一种新发展,其中公私部门之间以及公私部门各自内部的界限均趋于模糊。治理的本质在于,它所偏重的统治机制并不依靠政府的权威或制裁"。① 从治理实践上看,"'治理'的概念最初源于城市环境背景,是用来更有效地解决地方上的问题的"。② 概言之,"治理"和"统治"虽然都是指公共管理过程,但"治理"并不关注权威的来源,更强调技术性的权力或权威的运作绩效。

一、旧词新用

"治理"一词在中国古已有之,最早是作为政治词语使用。主要有这样几层意思：首先,指统治者对国家的"统治"和"管理"过程。比如人们常说的"治国平天下"、"治权"。其次,指社会达到和平安定、有秩序的状态。如中国历史上常用

---

① [英]格里·斯托克：《作为理论的治理：五个论点》,载俞可平主编：《治理与善治》,社会科学文献出版社 2000 年版,第 32 页。
② [法]阿里·卡赞西吉尔：《治理和科学：治理社会与生产知识的市场式模式》,载俞可平主编：《治理与善治》,社会科学文献出版社 2000 年版,第 128 页。

的"乱世"、"治世";第三层含义是从第一层含义延伸而来,指统治者为达到一定目标而对政治和社会事务的具体管理过程。如治黄、治水、"治理整顿"、"综合治理"等。今天日常生活中使用的"治理",更多的是其作为动词的、第一层和第三层涵义,指的是统治者的管理过程或管理行为。

英语中的治理(governance)一词可以追溯到古希腊,原意是控制、引导和操纵,曾被柏拉图用来指"如何设计一个政体"。在中世纪,这个词和引导、规则制定、掌舵具有同样的涵义。在《简明牛津词典》中,治理是指:(1)统治之法,指统治的行为或方式;(2)运用权威进行控制或支配。由此可见,治理等同于政府统治,指统治者在特定的范围内权力的支配、掌控和行使。西方传统意义的"governance"和中文语境的"治理"区别不大,都是指公共权力的行使,指政府对社会的统治、掌控和支配。正如徐勇所说,"实际上,无论中外古今,治理作为政治学词汇,都是围绕着公共权力展开的,反映着国家与社会之间的关系,以达到一定的目标"。①

然而,从20世纪80年代开始,伴随着经济社会发展和后现代社会哲学的提出,西方政治学家赋予了治理以新的涵义,认为治理不等同于统治,其主体不仅包括政府,还包括公民社会行为体。90年代后期,这一新的概念开始走向世界。在1989年世界银行报告《撒哈拉以南的非洲:从危机到可持续发展》中,使用了"治理危机"一词来概括当时该地区的发展状况。自此,"治理"开始被世界银行、经合组织(OECD)、联合国等国际组织接受并运用。世界银行1992年度报告的标题就是"治理与发展";经合组织在1996年发布一份名为"促进参与发展和善治的项目评估";《国际社会科学》1998年第3期出了一期"治理"专号;联合国还成立了一个"全球治理委员会",出版了《全球治理》杂志。20世纪90年代中后期,国内学者也开始从政府管理的角度关注治理理论。最早一篇有关"治理"的文章出现在刘军宁等主编的《公共论丛:市场逻辑与国家观念》中。②"治理"相继出现在政治学、发展经济学、国际关系学、国际政治经济学的讨论中,成为国际社会科学研究领域的一个流行话语。在公共管理领域,治理一词也逐渐获得了

---

① 徐勇:《治理转型与竞争——合作主义》,《开放时代》2001年第7期。
② 智贤的《Governance:现代"治道"新概念》是国内最早一篇关于"治理"的文章。参见刘军宁等主编:《公共论丛:市场逻辑与国家观念》,生活·读书·新知三联书店1995年版,第33-56页。

话语霸权,在很多地方取代了"公共行政"和"政府管理"。① 以致有人讽刺性地指出:"它(治理)在许多语境中大行其道,以至成了一个可以指涉任何事物或毫无意义的'时髦话语'"。②

二、治理的内涵

治理作为一个新的话语,社会科学界至今没有一个十分精确的各方都能接受的定义,其内涵和外延仍然存在一定的争议。20 世纪 90 年代以来,众多西方政治学家和社会学家从各自不同的学术立场和理解出发,给出了多种关于"治理"的界定。

通过对众多治理定义的考察,我们可以从以下几个方面来理解治理:

(一)治理是一套规则体系和制度安排

在国家与社会关系发生深刻嬗变的背景下,治理是一种新的人类行为的制度安排。这一制度安排不仅包括正式的组织和制度,还包括非正式的组织、制度和规则等。治理要回答的问题是:既然有同时存在"市场失灵"和"政府失灵"的可能,那么能否有新的制度安排? 面对现代国家与社会关系的变迁、社会政治秩序与结构变化的变化,治理理论成为分析现代政治、行政权力构架及公共政策体系特征的有力工具和思想体系。

全球治理理论的主要创始人詹姆斯·N.罗西瑙(James N. Rosenau)将治理界定为各个层次——从家庭到国际组织——的人类活动的规则体系。罗西瑙认为,治理指的是一种由共同的目标支持的活动,这些管理活动的主体未必是政府,也无须依靠国家的强制力量来实现。与统治相比,治理的内涵更丰富,既包括正式的政府机制,也包括非正式的非政府机制。③ 海登(Hyden)也将治理定义为对正式和非正式的政治规则的管理。"治理指的是一些措施,这些措施涉及

---

① 陈振明:《公共管理学》,中国人民大学出版社 2008 年版,第 81 页。
② 鲍勃·杰索普:《治理的兴起及其失败的风险:以经济发展为例的论述》,载俞可平主编:《治理与善治》,社会科学文献出版社 2000 年版,第 55 页。
③ [美]詹姆斯·N.罗西瑙:《没有政府的治理》,刘胜军等译,江西人民出版社 2001 年版,第 4—5 页。

运用权力的规则制定和解决规则之间的冲突。"①

罗伯特·O.基欧汉(Robert O. Keohane)和约瑟夫·S.奈(Joseph S. Nye)认为,"治理是指正式和非正式的指导并限制一个团体集体行动的程序和机制。政府是治理的一个分支,其行动具有权威性,并产生正式的约束关系。而私人企业、企业联合会、非政府组织、非政府组织联合会等都参与到治理之中,它们常常与政府携手创造治理机制;有时干脆没有政府机构的参与"。②

林恩(Lynn)认为,治理是指"法律、规则、司法裁决和行政实践的机制,这些机制约束、规定和履行公共物品和服务的提供"。通过这个定义可以看出,治理由独立但相互关联的元素构成。这些元素包括组织的、财政的和项目的结构;惯例和法律;政策许可;可获得的资源;机制规则和规范。这个定义也意味着治理是政治性的,涉及不同利益的行为主体之间的讨价还价和妥协。③

安妮·麦蒂·凯加尔(Ann Mette Kjaer)考察了各个学科中的治理涵义,认为治理是比政府统治(government)更宽泛的概念,治理过程包括结合在一个多元网络中的国家和非国家行为主体。治理理论有一个深厚的制度主义背景。治理是规则设定、规则应用和规则强化的统称,是一种改变了的制度安排。随着国家作用的衰落,治理是新的公共物品提供形式和制度安排。治理理论的核心概念是合法性、有效性、民主和责任。④

安妮将各个学科中的治理做了一个比较,如图 2-1 所示。⑤

表 2-1　不同学科对治理界定的比较

	公共行政和公共政策	国际关系	欧洲治理	比较政治:国家与经济发展	比较政治:民主理论
合法性	输出	输出(和输入)	输出	输出	输入

---

① Goran Hyden. *Governance and the Study of Politics*. in Bratton, Michael and Goran Hyden (eds). *Goverance and Politics in Africa*. Boulder. CO: Lynne Rienner, 1999.

② [美]约瑟夫·S. 奈、约翰·D. 唐纳德:《全球化世界的治理》,王勇等译,世界知识出版社 2003 年版,第 3 页。

③ Lynn laurence Jr. and Carolyn Heinrich. *Improving Governance*: *A New logic for Empirical Research*. Washing D. C. : Gorgetown University Press, 2001.

④ Anne Mette Kjaer. *Governance*. Cambridge, Polity Press, 2004.

⑤ Anne Mette Kjaer. *Governance*. Cambridge, Polity Press, 2004.

续表

	公共行政和 公共政策	国际关系	欧洲治理	比较政治：国家 与经济发展	比较政治： 民主理论
核心关注	有效性	有效性（和民主）	有效性	有效性	民主
政策部门	服务提供机构	国际合作机构	结构政策 和监管政 策机构	经济发展 （主要是工业 政策）机构	政治机构
主要概念	政策网络、掌控	国际和跨国网 络，全球化	网络，多 层次治理	网络，国家— 社会协作	网络，信任，互 惠，公共领域

安妮认为,尽管存在不同领域的区别,所有的治理理论都具有共同的要素,那就是网络和互惠、责任性、不同层次的民主治理,同时,治理并不排斥国家和政府的作用,但是权力的作用下降。总之,治理是一个超越政府的过程,是在一个变动的世界中的制度应对和创新。

亚瑟·本茨和帕帕道普勒斯(Arthur Benz 和 Papadopoulos)也从制度主义的角度理解治理。治理的出现显示了传统的民族国家模式不能充分地描述现实和指导政策改革。治理的目的是增强公共资源,包括知识、组织和权威在政策制定中的作用。治理包括政府与非政府组织(如利益集团、第三部门等)以代表、协议和伙伴关系建立起来的协作关系。讨论治理时,政治制度应受到重视。他们认为,可以从三个方面来理解治理:首先,要有一个制度框架;其次,行为者要受制于制度规则;再者,它是组成治理动力的正式和非正式模式的相互作用。[1]

（二）治理是社会合作过程

吉登斯认为,"第三条道路"能够修复国家与社会之间"被破坏了的团结"。[2]罗伯特·罗兹认为,治理涉及一个全新的社会统治、控制方式转型的过程。治理突破了国家与社会的零和博弈,寻求两者合作共赢的新道路。弗雷德里克森和史密斯(Frederickson 和 Smith)从政府与社会的关系变化中理解治理,认为目前至少有三个不同的治理概念:(1)治理是公共行政和政策执行的代名词;(2)治

---

[1]　Arthur Benz and Yannis Papadopoulos. *Governance and Democracy*. London, Routledge, 2006.

[2]　［英］安东尼·吉登斯:《超越左与右——激进政治的未来》,李惠斌等译,社会科学文献出版社2000年版。

理等同于管理主义或新公共管理(NPM)运动;(3)治理是一个理论,其旨在描述和解释主权衰落、管辖边界模糊和碎片化的背景下的行政执行中的多边和机构间关系。他们赞同第三个定义,认为治理是能够使碎片化和"空心化国家"(hollow state)获得凝聚力的新途径。①

把治理理解为公共事务的管理过程,这一定义也得到了国内学者的认可。国内研究治理的先行者俞可平认为,治理的基本含义是指在一个既定的范围内运用权威维持秩序,满足公众的需要。治理的目的是在各种不同的制度关系中最大限度地增进公共利益。从政治学的角度看,治理就是对公共事务的管理过程。②

杨雪东认为,尽管对于治理有多种定义,但是一个基本共识是,治理与政府(government)的根本区别在于,前者强调的是管理过程,后者强调的是一种制度结构。治理涉及的是权力如何行使,谁具有影响力,谁具有决策权以及决策者如何负责的过程。因此,治理发生在不同的管理层次上,从全球到国家,再到地方以及社区,更重要的,在治理过程中会由于问题和领域的不同而牵涉到多个主体,国家、私人部门以及公民社会等不过是对众多主体的类别划分。③

郁建兴和刘大志认为,治理理论试图全面消解现代性的绝对主权观念。多中心治理观点的提出,使得一直由行政官僚负责的具体公共事务向个人和其他组织开放,通过协商合作的方式来共同管理,从而分享国家对内主权中的行政管理权部分。④ 治理在国家与社会、官僚制和民主之间建立起了勾连,从而达到了社会团结的目的。

(三)治理是一个超越政府的网络

在传统意义上,国家或政府在价值的权威性分配中是唯一的行为主体。然而,今日的国家不再是价值的唯一权威性分配者,在这一资源分配的过程中,其

① H. George Frederickson and Kevin B. Smith. *The Public Administration Theory Primer*. Cambrige:Westview Press,2003.

② 俞可平:《治理与善治》,社会科学文献出版社 2000 年版,第 5 页。

③ 杨雪冬:《近 30 年中国地方政府的改革与变化:治理的视角》,《社会科学》2008 年第 12 期。

④ 郁建兴、刘大志:《治理理论的现代性与后现代性》,《浙江大学学报(人文社会科学版)》2003 年第 2 期。

他行为者开始参与进来。治理关注的是在追求共同目标和价值中网络的作用。这些信任与互惠的网络存在于政府或组织间,更多地体现为将相互分离的国家与社会连接起来的组织和机构。治理理论认为,在许多公共问题上,单靠政府努力是不够的,政府有必要与商业部门、志愿部门和市民社会联结起来,形成一种建立在信任和规则基础上的相互依赖、持续互动、互利互惠、有着相当程度自由的自组织网络。①

让－皮埃尔·戈丹这样写道,"治理从头起便须区别于传统的政府统治概念"。② 治理是一个比地方政府范围更大的对话空间。在这个空间中,政府需要与其他组织建立起一种在开放的公共领域进行对话和互动的关系。

罗茨(R Rhodes)认为,治理指的是自组织、组织间的网络,这些网络以相互依赖、资源交换、规则分享以及自治为特征。③

彼得和皮埃尔论证了治理的四个基本特征:(1)网络控制。治理不是依靠政策制定机制,而是无组织的行为者的集体行动,关于公共物品和服务提供什么和如何提供的集体行动。(2)国家直接控制的能力下降。虽然政府不再对公共政策进行直接控制,但它们仍然有权力对其施加影响。国家的权力现在和政策网络中其他行为主体的协商和讨价还价的能力相连。网络中的行为者日益被看作政策过程的平等成员。(3)公私资源的混合。公共部门和私人部门交换使用它们无法独立获得的资源。(4)多工具的运用。这意味着逐渐开发和运用制定和实施公共政策的非传统方法。

林恩等人认为,治理是有可能整合泛化的公共管理和公共政策话语的一个概念。他们提出了所有治理研究的核心问题:"公共部门的机制、议程、项目和活动如何被组织用于实现公共目标?"他们强调治理的重点是协调和合作,表现为协作网络的出现。治理至少有三个不同的层次:机构的,组织的和技术的。他们提出了一个分析框架,即"治理的逻辑",用来分析对于治理的经验研究。他

---

① 万俊人:《地方政府与地方治理译丛总序》,参见[美]文森特·奥斯特罗姆等:《美国地方政府》,井敏等译,北京大学出版社 2004 年版。

② [法]让－皮埃尔·戈丹:《现代的治理,昨天和今天:借重法国政府政策得以明确的几点认识》,《国际社会科学(中文版)》1999 年第 2 期。

③ R. A. W. Rhodes. *Understanding Governance:Policy Networks,Governance,Reflexivity and Accountability*. Buckingham:Open University Press,1997.

们研究了治理的政治经济学逻辑和网络逻辑,提出了治理的政治经济学逻辑模型,认为治理结果受环境因素、顾客或消费者特征、运作过程和结构以及管理者的行为等变量影响。在治理的网络逻辑中,他们同时认为,治理仍然离不开等级制。此外,网络治理的责任性保障是一个问题。[1]

作为管理过程的治理体现为以问题为导向的、高度弹性化的网络。面对国际、区域、国家、地方、社区等不同地域范围内的公共问题,国际组织、政府组织、市场组织、公民自组织等治理主体围绕着某些公共问题或公共事务,通过对话、讨价还价、协商、谈判、妥协等集体选择和集体行动,达成共同治理目标,并形成资源共享、彼此依赖、互惠和相互合作的机制与组织结构,形成纵向、横向或相互间的网络。

（四）治理的实现便是"善治"(good governance)

在20世纪80年代,当治理带着新涵义出现时,其行为主体便包含了公民社会行为者。[2] 治理意味着公共权力回归于民、民间社会的兴起以及国家权力的相对弱化。治理理论的产生,即是在现有的代议制民主的框架内增加直接民主的含量。[3]

治理是针对公共产品提供中的政府失败提出来的,是人们解决问题方式的转变,从完全利用集体的(政府的)力量来解决公共问题转向综合运用多种力量和手段来回应和解决问题。"治理"涵义本身就暗含了市场力量和公民社会在治理过程中的介入和参与。

治理是各方利益的良性互动与合作,治理追求的目标是"善治"。孙柏瑛认为,人们从"治理"理念中引申出"善治"的目标,用以表达对依靠自身的创造能力、运用有效的管理途径、驾驭瞬息万变的环境、实现人类可持续发展和提高公民福祉的期盼。俞可平写道,治理的终极目标是"善治"。善治是政府与公民对公共生活的合作管理,是政治国家与市民社会的一种新型关系,是两者的最佳结

[1] Patricia W. Ingraham and Laurence E. lynn. *The Art of Governance*. Washington：Georgetown University,2004,6-10.

[2] 孙柏瑛：《当代地方治理：面向21世纪的挑战》,中国人民大学出版社2004年版,第19页。

[3] Frissen. *Politics,Governance and Technology：A Postmodern Narrative on the Virtual State*. UK：Edward Elgar Publishing Litimited,1999.

合状态,以实现公共利益的最大化。善治实际上是国家的权力向社会的回归,善治的过程就是一个还政于民的过程。善治要求具备合法性、法治、透明性、责任性、回应性、有效性、参与、稳定、廉洁和公正等十大基本要素。[①]

正如杨光斌所说,治理是国家、政府与社会力量之间的合作博弈。[②] "善治"的实现离不开一个繁荣、活跃的公民社会,离不开政府能够释放出公民组织的自主管理能量。公民的积极参与,政府与公民之间相互信任、相互依赖与相互合作关系,是当代治理的社会与道德基础。治理依赖的是存在于公民社会的社会资本力量,依赖于政府、公民、企业、社会组织之间的相互信任与积极合作的关系,依赖于资源分享、组织间协调、有效沟通及伙伴关系。

只有公民组织的大力发展和公民积极参与公共事务,治理才能得以运转。因此,治理理论要求大力发展公民自组织社区管理,不断增强公民的参与意识。在实践中,政府向社会的分权,鼓励公民参与地方或是社区的公共事务管理,倡导培育和提升公民自主管理能力。进一步讲,治理的成功需要市场力量的充分发展和一个强大的公民社会,唯有如此,才有会政府、市场、公民组织等多方力量的合作治理,才能有真正的"善治"。

从上述对治理的不同视角的分析中可以看出,联合国全球治理委员会(Commission on Global Governance)的定义具有高度的概括性。全球治理委员会在题为《天涯若比邻》(*Our Global Neighborhood*)的研究报告中将治理定义为:治理是各种公共的或私人的个人和机构管理其共同事物的诸多方式的总和。它是相互冲突的或不同的利益得以调和并采取联合行动的持续过程。它既包括有权迫使人民服从的正式制度和规则,也包括各种人们同意或以为符合其利益的非正式制度安排。治理有四个特征:它不是一整套规则,也不是一种活动,而是一个过程;治理过程的基础不是控制,而是协调、合作;治理不仅涉及公共部门,也涉及私人部门;治理不是一种正式的制度,而是持续的互动。[③]

孙柏瑛提出了治理所具有的几个核心要件:第一,治理意味着政府组织已

---

① 世界银行和联合国开发计划署等国际组织提出的善治标准主要有八条,俞可平认为根据发展中国家的实际情况应再加上廉洁和稳定两条标准。

② 杨光斌:《公民参与和当下中国的治道变革》,《社会科学研究》2009 年第 1 期。

③ [瑞典]卡尔松等:《天涯若比邻:全球治理委员会报告》,中国对外翻译出版公司 1995 年版,第 2 页。

经不再是唯一的治理主体，治理承担者扩展到政府以外的公共机构和私人机构；第二，治理中的权力运作方向发生变化，从单一向度的自上而下的统治，转向上下互动、彼此合作、相互协商的多元关系；第三，形成了多样化的社会网络组织，从事公共事务的共同治理；第四，政府治理策略和工具向适应治理模式要求的方向改变。[①]

从多位学者和各种机构的定义中，我们不难看出，治理作为一种新兴的理论之所以具有如此旺盛的生命力，其关键在于：治理的兴起意味着对传统的市场和政府二分法的超越，它是在市场和政府之外人类自我组织和管理的第三种制度形式，是"看不见的手"和"看得见的手"的结合。这一制度形式是由正式规则和非正式规则组成的规则体系。在规则体系下，国家与市民社会突破零和博弈，实现了合作共赢。作为将国家与社会勾连起来的制度安排，治理以网络形式实现对公共事务的安排，并且超越了政府统治，即它在公共利益的实现方式上，由一元、强制、垄断走向了多元、民主、合作。治理的目标是"善治"，治理和"善治"的成功，需要公民社会的充分发育和成熟。一句话，治理是国家、市场、公民社会对公共事务合作管理的方式和制度（包括正式的和非正式的）安排，是人类集体行动方式的转变。

三、治理的特征

综合学者们的论述，作为一种新理论的治理，其特征主要体现在以下方面：

(1)治理主体是多元的。治理是比政府统治更宽泛的概念，政府不是国家唯一的权力中心，各种民间组织如非政府组织、协会、志愿性组织等同样是合法权力或权威的来源。

(2)治理结构由金字塔式的等级制走向相互交错的网络。政府与私营部门、公民社会等其他组织之间形成一个相互依赖的网络。正如俞可平所言，治理是政治国家与公民社会的合作、政府与非政府的合作、公共机构与私人机构的合作、强制与自愿的合作。[②] 公私之间界限模糊，各组织之间互相合作，在各种组

---

① 孙柏瑛：《当代地方治理：面向 21 世纪的挑战》，中国人民大学出版社 2004 年版，第 23 页。
② 俞可平：《治理与善治》，社会科学文献出版社 2000 年版，第 6 页。

织和个人参与的基础上,最终通过形成一个合作的网络来分担各种公共事务和责任。

(3)治理过程体现为协商、谈判、上下互动的权力运作模式。在公共事务的管理过程中,包括政府在内的各个组织之间通过确定游戏规则,进行谈判、博弈、协商与合作。政府统治的权力运作模式是自上而下的行政控制,与此相反,治理是上下互动的协商、谈判和博弈的过程。治理建立在市场原则、公共利益和认同的规则之上,其运作模式是多元协商、合作互动的。

(4)治理理论要求政府角色重新定位。在国家与社会关系的深刻变革中,政府要顺应这一变化,政府职能、结构、权力运作方式都要进行调整。政府要意识到:办好事情的能力并不在于政府的权力,不在于政府下命令或运用其权威。政府的能力和责任在于要采取新的工具和技术来控制和引导这一组织方式和管理方式的变化。

(5)在治理过程中,公民社会承担越来越多的责任,公民社会是治理的社会基础和物质基础。作为公民社会兴盛标志的自愿团体、非营利性组织、非政府机构、社区企业、合作社、社区互助团体发展起来。它们和政府一道,共同致力于解决种种不同的社会和经济问题。治理主要是一个政府与各种个人与组织合作解决社会公共问题、促进社会公共利益的过程。

第三节　从"治理"到"参与式治理"

"治理"是人类对公共事务的掌控和管理方式的转变,关注的重点是治理绩效。治理视角下的政府改革和转型,落脚点在于政府的能力和有效性。尽管以往对治理转型的研究也涉及"公民治理""参与式"等,但使治理回归到政治的主旨,从政府与公民合作的角度理解治理转型,则要归功于参与式治理理念的提出。参与式治理不仅仅是治理理论,也是现代民主理论的深化,是"参与民主"或"强势民主""协商民主"的推进,是"参与式"方法在治理领域的运用。参与式治理不只是理念,作为一种新型的治理模式,它是一种强调公民参与的治理。参与式治理的兴起,迎合了新公共服务的公民权、民主和公共性的诉求。参与式治理通过对公民参与的强调,优化政府决策,重塑政府过程,培育公民社会,实现政府治理模式转型和治理优化。

在阿尔修·冯、赖特、海奈特等学者以及联合国、国际劳工研究中心和CIVICUS(公民参与世界联盟)等国际组织的推动下,参与式治理逐渐成为了政治学和公共行政学的一个研究热点,代表了治理转型研究的一个新方向。

概而言之,参与式治理通过制度化的公民参与机制,使普通公民参与到政府治理过程,包括公共决策和政策执行中,从而影响公共资源分配,实现政府与公民对公共事务的合作治理。参与式治理将普通民众引入公共决策和执行过程,可以优化政府过程,实现科学决策和便利政策执行;通过合作治理,在政府与公民之间构建良性互动协作关系;公民参与的扩大和深化能够促成塑造"良好公民",为"良好政府"的获得培植土壤和环境,推动政府行为和治理模式的转换。参与式治理和治理一样,最终目标是"善治"或"优良的公共生活"。

一、国外"参与式治理"的研究现状

参与式治理是发轫于西方社会的政治理论和治理模式,国外学者对"参与式治理"的研究已经卓有成效,也产生了一些相对成熟的解释模式。概括起来,国外学者对于"参与式治理"的研究,主要围绕以下这几个方面展开:

(一)参与式治理的内涵与定义

(1)"赋权参与式治理"。阿尔休·冯和埃瑞克·赖特将参与式治理理解为一个公民赋权的过程,提出了"赋权参与式治理"的概念。在《深化民主:赋权参与式治理中的制度创新》一文中,他们通过对四个案例的考察,认为这四个案例有一个共同特征,"那就是深化、拓宽普通公民有效参与和影响那些与他们直接相关的政策的途径",称其为"赋权参与式治理"。(2)"决策过程"。K.帕帕达基斯认为参与式治理是一个利害相关者参与的"决策过程"。这一观点把参与式治理描述为在公共事务决策中,政府组织和公民社会团体的合作。(3)"参与式国家"。盖伊·彼得斯提出了"参与式国家"概念,将其作为政府未来的治理方式之一。(4)"民主治理""公民治理"。还有的学者将参与式治理等同于"民主治理""公民治理"。(5)"分权治理"。有的学者从权力下放和分权的角度,认为参与式治理就是"分权治理"。(6)"参与式发展"。很多国际组织和志愿团体从可持续发展的角度来理解参与式治理,它们将参与式治理和人类发展联系在一起。

（二）参与式治理的实践面向研究

（1）参与式预算。参与式预算（participatory budgeting）是参与式治理的一个重要方面,是公民个人和不同群体、不同利益的代表直接参与地方和社区公共财政的开支和投资决策的一种方式。参与式预算的实践从巴西阿雷格里开始,很快扩展到世界其他一些国家和地区。学者们对参与式预算的各个方面进行了大量的研究,包括参与式预算的原则、实施过程、产生的后果以及在其他地区的适用性。（2）社区参与式治理。这主要表现为美国参与式治理的实践研究。（3）公民社会和城市治理。在一些学者看来,参与式治理应当逐渐赋权给公民,特别是穷人和其他社会弱势群体,以便他们能将单一力量变成真正讨价还价的权力。一些学者在发展中国家研究公民社会组织如何治理目标,他们认为,参与式治理项目的目的是增强南方国家公民社会和政府行为者的能力,促进和实践国家和地区层面的参与治理。（4）农村参与式治理和可持续发展。在这里,参与式治理和开发脱贫、植被保护、灌区治理等一系列农村发展项目联系在一起。

二、国内参与式治理的研究现状

国内关于参与式治理的研究才刚刚起步。"参与式治理"作为一个新兴术语和研究领域,还没有得到应有的认识和重视,相关著作和论文还不是很多。目前关于参与式治理的中文著作,主要有王敬尧的《参与式治理:中国社区建设实证研究》以及余逊达和赵永茂主编的《参与式地方治理研究》。①

在《参与式治理:中国社区建设实证研究》（以下简称《参与式治理》）中,作者通过对武汉、沈阳、上海、南京、北京等地社区建设的类型学考察,认为社区建设的兴起实际上是在中国社会结构发生了深刻变化之后,基层治理模式的一次根本性转换,是市场经济背景下的新型治理体制对计划经济条件下城市单向性行政管理体制的替代。因此社区建设实际上反映了长时段内政府与民众、国家

---

①　王敬尧:《参与式治理:中国社区建设实证研究》,中国社会科学出版社 2006 年版;余逊达、赵永茂:《参与式地方治理研究》,浙江大学出版社 2009 年版。

与社会的互动过程,反映了在市场化时代利益多元的社会结构中多种主体的互动与合作。社区建设的这种互动和合作过程所产生的制度变迁,反映了中国制度变迁的独特性,它不同于传统上人们对于制度变迁模式及主体的单线条理解方式,中国的制度变迁方式是一种多元互动的参与和合作过程。

《参与式治理》是国内第一本参与式治理的著作,该书出版后,一些学者发表文章对其进行评介。① 项继权认为,相对于传统的城市社区建设,参与式治理强调社会组织和公众个人参与社会和社区的管理过程,发展政府、企业、社会组织及公民各主体间的多元参与、合作、协商和伙伴关系,建立政府主导,社会、企业、公众多元主体参与的现代城市基层管理体制,这也是现代民主在当代中国的实践形式。参与式治理的兴起意味着传统的个人处于从属、被动的地位的"臣民政治"的终结。张鸣从转型时期的制度创新入手,认为《参与式治理》提出了"互动合作型"模式,用这个模式能够较好地解释社区自治与治理体制的制度变迁。陈金英则认为我们距离"互动合作"这一参与式治理模型还有很远距离。杨红伟探讨了参与式治理对地方治道变革的意义。

余逊达和赵永茂主编的《参与式地方治理研究》,是 2008 年 9 月中国台湾大学社会科学院中国大陆研究中心和浙江大学公共管理学院公共举办的"海峡两岸参与式地方治理"研讨会的会议论文集。该书从"参与式"的视角来研究地方治理,围绕参与式治理在台湾和浙江两地的实践经验,聚焦"参与"在地方治理中扮演的角色,分析了海峡两岸地方治理的进展和现状、问题与挑战等。几位作者分别结合目前参与式治理的几个方面进行了探讨:参与式治理与政府制度创新、参与式社区治理、决策过程中参与式治理以及参与式治理实践中面临的一些问题与挑战。其中几篇文章已经涉及参与式治理的几个方面。陈剩勇、张丙宣等的《参与式治理与人民建议征集制度的杭州经验》一文,从治理转型的背景出发,从参与式治理的视角考察了杭州人民建议征集制度在地方公共政策议程的设置、公共政策的制定与执行等方面的意义。郎友兴的《中国式的公民会议与地

---

① 这方面的研究成果包括项继权:《参与式治理:臣民政治的终结》,《社区》2007 年 5 月(上);张鸣:《社区的视野——散论〈参与式治理:中国社区建设实证研究〉》,《武汉大学学报(人文社科版)》2006 年第 6 期;陈金英:《城市社区建设离"参与式治理"有多远——评〈参与式治理:中国社区建设实证研究〉》,《社会主义研究》2006 年第 6 期;杨红伟:《参与式治理与地方治道变革》,《光明日报》2007 年 7 月 4 日。

方治理：浙江省温岭市民主恳谈会的经验》考察了温岭的预算民主恳谈会，表明"商议－合作型治理"模式在中国地方治理过程中逐步形成。参与式预算是参与式治理的一个重要内容。林子伦的《审议民主在社区：台湾地区的经验》考察了审议民主在中国台湾地区的社区实践经验，认为通过审议式的参与过程，让民众关怀自身周遭的公共事务，提升政府之治理能力，进而发展出一个"由市民社会与政府共同勾勒之未来愿景"。该文的结论暗合了参与式治理的发展主旨。①

除以上两本著作之外，还有一些零星的期刊文章。从对这些文献的归纳整理中，我们可以看出国内研究者们的关注主要集中在以下几个方面：

（一）参与式治理的提出和构建路径

林水波、石振国在《参与治理的解析》一文中除分析了参与治理的形成背景、突出属性以及治理机制之外，还指出其所伴随而来的问题，并在最后提出了问题解决之道。② 范玫芳认为参与式治理包括协商民主的理论与实践、参与式公共政策分析与规划和公共资源的分配与管理的公共度研究。③ 鲁炳炎将协商民主看作参与式治理的一种形式。④ 张康之认为参与式治理是合作治理。⑤ 罗重谱讨论了"第三条道路"理论对构建参与式治理模式的意义，认为参与式治理的核心内容与"第三条道路"的价值观不谋而合。只有通过培育公共精神和公民参与意识，培育公民社会，改革传统的行政管理体制，才能缓解政府政治合法性危机，建立政民合作治理的新型政府治理模式。⑥ 胡益芬对第三部门与政府之间的相互作用以及现行体制下两者之间关系的错位进行了探讨，论证了"参与式治理"下第三部门与政府合作的关系模式。认为"参与式治理"是政府和第三部门两者

---

① 陈剩勇、张丙宣、高益青：《参与式治理与人民建议征集制度的杭州经验》；郎友兴：《中国式的公民会议与地方治理：浙江省温岭市民主恳谈会的经验》；林子伦：《审议民主在社区：台湾地区的经验》；均收录于赵永茂和余逊达主编的《参与式地方治理研究》（浙江大学出版社 2009 年版）一书。
② 林水波、石振国：《参与治理的解析》，第四届地方发展策略研讨会，中国台北，2005 年 6 月。
③ 范玫芳：《"参与式治理研究"之现况与展望》，《人文与社会科学简讯》，中国台北，2008 年第 3 期。
④ 鲁炳炎：《授能参与治理之研究》，2005 年中国政治学会暨"多元社会、和解政治与共识民主"学术研讨会，中国台北"中央研究院"。
⑤ 张康之：《论参与治理、社会自治与合作治理》，《行政论坛》2008 年第 6 期。
⑥ 罗重谱：《"第三条道路"理论与参与式治理模式的构建策略》，《四川省委党校学报》2008 年第 2 期。

在一致的目标下携手合作，共同完成社会管理的任务。① 冉冉则从"透明治理"的角度分析了未来政府创新的主要趋势。②

（二）参与式预算

参与式预算是参与式治理的一个重要方面，是人们可以讨论公共政策和公共预算的一个直接的、自愿的和普遍的民主过程。许峰的《巴西阿雷格里市参与式预算的基本原则》是对乌比拉坦·德·索萨的《阿雷格里市参与式预算的基本原则》的译介，这篇文章是伊恩·布鲁斯等人所著的《阿雷格里市替代：直接民主在实践中》一书的第三章。③ 作者认为参与式预算是公民直接参与公共预算的决策和控制，全体公民通过公共预算会议的方式进行的直接参与是自由的和普遍的。该文提出了参与式预算的基本原则：直接民主、超越现有民主、普遍参与、讨论和决定所有预算、以现存的政治权利为基础、自我管理、自治和开放、团结、自尊和公民权利意识。赵丽江、陆海燕对法国、德国与意大利三个欧洲国家的参与式预算实践进行了分析，认为参与式预算是协商民主在公共领域内的应用。这些国家通过市政议会与公民对话、预算信息公开、公民大会等预算参与形式，非选举产生的公民参与到公共财政的分配决策中来，确定资源分配、社会政策和政府支出的优先性，监督公共支出。欧洲国家的多元化参与式预算的模式为变革中的中国公共财政体系构建提供了不可多得的经验，即将参与式预算作为政府管理的工具运用到公共决策中去，把参与式预算作为公民政治参与的具体途径，逐步提高公民的公共精神，提高地方政府及自治组织的治理水平。④ 李文经、陆有山等分析了目前在预算立法层面和预算执行层面所存在的公民参与程度不足的缺陷，并探讨了改进的措施，提出了与直接预算民主和间接预算民主相对应的两类参与式预算实现形式。⑤

---

① 胡益芬：《参与式治理——第三部门与政府关系探析》，《重庆社会科学》2004 年第 1 期。

② 冉冉：《参与式透明治理：从第六届全球政府创新论坛透视全球政府创新的主要趋势》，《经济社会体制比较》2005 年第 6 期。

③ 许峰：《巴西阿雷格里市参与式预算的基本原则》，《国外理论动态》2006 年第 6 期。

④ 赵丽江、陆海燕：《参与式预算：当今实现善治的有效工具——欧洲国家参与式预算的经验与启示》，《中国行政管理》2008 年第 10 期。

⑤ 李文经、陆有山、佘运军：《论预算民主与参与式预算》，《当代经济》2008 年 3 月份（上半月）。

国内参与式预算已经在浙江温岭开始试点。陈奕敏对温岭的参与式预算的程序与特点、改进与推广、绩效与局限以及价值与前景进行了全面考察。① 李凡认为,温岭的预算改革(参与式预算)鼓励老百姓积极参与地方政治,通过促进人大和政府之间的互动来加强人大的作用,使广泛的民意进行体制内转化。在这个过程中,既鼓励老百姓的积极参与,又有制度化的机构吸收老百姓的参与,从而形成了一个制度化的参与过程。②

（三）参与式城市治理和社区参与式治理

成德宁认为,中国城市治理模式需要进行一场新的深刻的制度创新和变革,即从参与式发展的新理念出发,赋权于民众,建立起城市治理的新模式,在城市政府、私人部门、非政府组织之间建立伙伴关系,使各种利益相关者能够参与决策。③ 刘淑妍、朱德米认为当前我国城市管理变革的关注点是改变原有城市管理以单一科层制为基础的行政性行为,拓宽城市管理的主体和手段,构建基于政府、企业和社会组织互动的参与式城市治理模式。④ 对社区参与式治理的研究,除了王敬尧的《参与式治理》一书外,还有宋庆华的《中国城市社区参与式治理的实践与探索》和《中国城市参与式治理:宁波海曙区社区参与式治理实践》。⑤ 在《中国城市社区参与式治理的实践与探索》中,宋庆华结合英国社区参与式治

---

① 陈奕敏:《参与式预算的温岭模式》,《今日中国论坛》2008 年第 5 期。
② 李凡:《参与式预算推动地方政府治理革新》,《中国改革》2007 年第 6 期。
③ 成德宁:《参与式发展与中国城市治理模式创新》,《南都学坛》2008 年第 3 期。
④ 刘淑妍、朱德米:《参与城市治理:中国城市管理变革的新路径》,《中国行政管理》2005 年第 6 期。
⑤ 宋庆华系北京灿雨石信息咨询中心主任。北京灿雨石信息咨询中心也称社区参与行动,是一个促进社区公众参与的非营利民间组织,成立于 2002 年 12 月。组织宗旨:帮助中国城市社区建立和提高社区参与能力,推动持续性的社区参与式治理,促进和谐社区关系的建立。工作领域:向城市社区提供社区参与的信息、咨询和培训;从事社区参与的信息收集和研究成果出版;开展中国城市社区参与行动研究;在政府、专家学者、非政府组织和社区公众间建立沟通、交流与合作的平台;培育社区的自组织发展能力。

从 2003 年以来,社区参与行动作为社区建设的技术支持机构,为北京东城区、石景山区、大兴区、丰台区、武汉市江汉区、南京市秦淮区、玄武区、青岛市四方区、宁波市海曙区、上海市浦东新区、鞍山市铁西区等城市开展"社区参与思想和方法""社会可持续社区领导力发展""和谐社区与社区参与""社区工作方法与技能"等城市社区和街道干部能力建设培训。

宋庆华:《中国城市社区参与式治理的实践与探索》,《社区参与行动月刊》2005 年第 12 期;《中国城市参与式治理:宁波海曙区社区参与式治理实践》,参见:http://dsi.britishcouncil.org.cn/8.pdf。

理的经验和自己组织的社区参与的实践,提出了建立参与渠道和参与能力的途径:参与式培训,发展能力建设;多元治理、平等合作的伙伴关系;参与机制的建立,参与途径的创造。在《中国城市参与式治理:宁波海曙区社区参与式治理实践》中,作者探讨在社区建设方面是应该解决如何满足不同利益群体的不同需求、建立关注弱势人群的自下而上的服务体系还是继续维持自上而下的行政管理模式,中国的基层社会将选择什么样的治理结构。作者认为参与式治理是一种区别于传统模式的社区工作方法,参与式作为一种方法运用到社区建设中,能够使社区内部各个群体对社区公共事务、经济活动及参政议政的参与有更多主动性,从而形成一个活跃的、利益分享的、权利和能力获得提高的整体,这样就能逐渐改变社区建设政府一元化管理而忽视社区居民作为利益相关者纽带的现状。更重要的是,使用参与式治理这一手段,社区建设将更加关注社区边缘群体和弱势群体。因此,"参与式社区发展将是中国社区建设在新时期的生长点"。①在城市社区参与式治理的研究方面,城市社区参与治理资源平台(http://www.ccpg.org.cn)也做了大量的工作。

（四）农村参与式发展与治理

参与式治理模式在农村发展中的运用,最初被称为参与式管理,是由一些国际非政府组织推动的。所谓参与式发展,并不是简单的介入,或简单地理解为群众的参与。确切地说,参与式发展方式带有寻求某种多元化发展道路的积极取向。冯广志认为,"参与"不仅仅是传统意义上的参加某一活动,其更深的含义是"赋权""自治""民主"等。"参与"是改善现代国家、现代社会公共管理的必然要求和主要手段之一,也是改进企业管理、社区管理、农村发展、环境保护的主要方式和途径。没有"赋权"、"自治"和"民主",就谈不上真正意义上的"参与"。②此一意义上的"参与式管理"就是"参与式治理"。尹迪信、余道云等人认为,传统的政府农村发展项目一般采用由上而下的方法,在项目实施中常常导致农民的被动参与,而采用参与式方法,农民能主动参与到项目的实施中来。因此,由下而

---

① 宋庆华:《中国城市参与式治理:宁波海曙区社区参与式治理实践》,《社区参与行动月刊》2005年第12期。
② 冯广志:《要深刻理解"参与式管理"的涵义》,《山西水利》2006年第6期。

上与由上而下的参与式方法的结合,是农村发展项目实施的最好方法。① 尹迪信、唐华彬等通过对贵州平坝县天龙镇芦车坝小流域的治理考察,认为参与式小流域治理因采用了国际上通行的参与式理论和方法,能充分调动农民和社会各方面治理水土流失的积极性,便于整合当地各种有利资源,可用较少的项目资源实现项目的建设目标。还可把新农村建设和小流域治理有机结合起来,在促进农民增产增收的基础上保护水土资源、改善生态环境,较以政府为主导的传统小流域治理更能体现以人为本的科学发展观。②

还有一些研究者关注农村社区的参与式治理。李少惠、贺炜认为农村社区的参与式管理是多方治理相结合的产物,既不完全是社区农户的自治行为,又不完全是基层政府的治理行为。③ 许远旺通过对个别案例村集体上访事件的追溯分析,总结了当前农村村务公开与民主管理和村民自治实践中的经验、创新与做法。同时分析了其中存在的问题,并进一步提出用参与式治理模式完善村务公开和民主管理制度、促进农村基层民主政治发展的对策建议。④ 董江爱、陈晓燕通过对村庄治理的动态研究,从精英权威和民主参与关系的视角,探索精英主导与村民参与有机结合的自治模式。⑤

概言之,尽管"参与式治理"在中国已经有了多种多样的实现形式,但涉及参与式治理模式本身的研究,对于国内学者而言,还是一个新的领域。中国虽然有参与式治理的多种实践,但没有得到相关部门的足够重视和归纳,更谈不上对参与式治理的进一步推进和深化。除了对社区参与式治理的研究有一定的深入外,对地方治理层面的参与式治理的探讨,还只简单停留在描述阶段,不仅缺乏对参与式治理的理论建构,而且缺乏对相关案例的深入考察和研究。

---

① 尹迪信、余道云、陆裕珍等:《贵州省坡耕地参与式治理项目中农民的主动参与问题》,《贵州农业科学》2003 年第 5 期。

② 尹迪信、唐华彬、尹洁:《芦车坝小流域参与式治理的探索和思考》,《中国水土保持》2006 年第 7期。

③ 李少惠、贺炜:《农村社区参与式管理下的地方政府行为及职能》,《河北学刊》2008 年第 1 期。

④ 许远旺:《选举后的村务管理:从"村官主政"到民众参与式治理——湖北永安村务公开与民主管理实践的调查与思考》,《理论与改革》2007 年第 1 期。

⑤ 董江爱、陈晓燕:《精英主导下的参与式治理——权威与民主关系视角下的村治模式探索》,《华中师范大学学报(人文社科版)》2007 年第 6 期。

三、参与式治理的理论内涵

参与式治理的出现,是和人们对"善治"的深入理解分不开的。在今天,"善治"被看作是可持续和公平发展的基础。而"善治"的实现离不开公民的有效参与,地区层面的公民实质性参与是促进"善治"的一个必要条件。在发展中国家,参与和可持续发展连在一起。在发达国家,社会领域中的公民参与被作为对抗一系列社会问题(如社会排斥、政治冷漠等)的有效措施。公民参与还被认为是培育社会资本以增进社会团结的途径,借此来构建一个更有凝聚力的社会。

近年来,参与式治理成为学术界的研究热点,主要成果有:格瑞特和古彼普主编的《参与式治理:政治和社会启示》,海奈特等人主编的《可持续性、创新和参与式治理》《多层次的参与式治理》,冯和赖特著的《深化民主:赋权参与式治理中的制度创新》,等等。①

联合国和国际劳工研究中心(International Institute for Labor Studies)等国际组织以及"公民参与世界联盟"(CIVICUS)等国际非政府组织也对参与式治理倾注了极大热情。联合国经社理事会出版了《参与式治理与千年发展目标》,联合国开发署出版了《参与式治理与人类发展》②等。国际劳工研究中心出版了《南非后隔离时代的参与式治理和公民行动》和《参与式治理:一个新的制度框架》等③。"公民参与世界联盟"作为一家致力于推进公民参与的国际组织,在全球各地和本土非政府组织合作,实施了很多参与式治理项目。④

---

① Fung, Archon 和 Erik Olin Wright. *Deepening Democracy: Innovations in Empowered Participatory Governance*. Politics and Society 29 (1), 2001. Grote, Juergen 和 Bernard Gbikpi, *Participatory Governance. Political and Societal Implications*. Opladen: Leske und Budrich, 2002; Heinelt, Hubert, and et al., eds. *Participatory Governance in Multi-Level Context*. Opladen: Leske und Budrich, 2002.

② UNDP. *Participatory Governance for Human Development*, *Third Human Development Report*. 2003.

③ Steven Friedman. *Participatory governance and citizen action in post-apartheid South Africa*. International Institute for Labor Studies, Discussion paper, DP/164/2006, Geneva. International Institute for Labor Studies Workshop. *Participatory Governance: A New Regulatory Framework?* 2005. IILS, Geneva.

④ CIVICUS. *Concept Note: Participatory Governance Programme*. 2006—2009.

参与式治理首先要回答这样几个问题：参与什么？为什么要参与？谁是利益相关者，也就是哪些人要参与？如何协调地方当局和合作伙伴的集体行动？

冯和赖特[1]给出了参与式治理的六个关键维度：(1)实际的决策过程中如何做到真正的协商？(2)如何将有效的决策转化为行动？(3)协商团体能够有效监控它们的决策到什么程度？(4)政府与民间组织以及公民个人之间的合作能到什么程度？(5)这些协商过程如何成为"民主的学校"？(6)实际结果是否会优先于制度安排？为此，他们提出了参与式治理的三个基本原则：①"实践导向"。关注具体的现实问题，如提供公共安全、培训工人、照顾病人或重建市政预算等。②"自下而上参与"。主要针对那些受身边问题影响最深的人，"和这一具有最密切关系的普通公民和官员"。③"协商或审议解决"。其中参与者倾听每一个选择，通过正确的思考和协商，产生最后方案。

另外，他们还为参与式治理增加了三个"设计的属性"：①"权力转移"。问题和空间、参与的地方化，公共决策权力向授权的当地组织的转移。②"集中监控和协商"。通过责任将政府和当地组织有力地连接起来。③"政府中心而不是依赖志愿精神"。支持和引导解决问题的新制度的产生和应用。参与式治理"移植政府权力和把权力转移给正式治理机构"，而不是单纯依靠通过外部压力影响政府的公民社会组织。在这有一点上，冯和赖特与很多学者有所不同。

斯奈德[2]认为，参与式治理的第一个要素是对决策而言至关重要的完备而准确的信息。政策建立在更准确全面的信息上。信息不只是一个技术问题，也是一个社会和政治问题。现实的情况是不同的信息被不同的人掌握，参与过程将增加他们对决策结果的影响。第二个基本原理，建立有效的委托和责任机制，确保决策者有委托责任，这样政策实施起来才有效率。

他将传统的决策和参与式治理做了一个对比，如表2-2所示。

---

① Archon Fung & Eric Olin Wright. *Deeping Democracy: Institutional Innovations in Empowered Participatory Governance*. New York: Verso, 2003.

② Hartmut Schneider. Participatory Governance for Poverty Reduction. *Journal of International Development*. Dec 11, 1999.

表 2-2　传统决策过程和参与式治理的比较

	传统决策	参与式治理
政府行为	支配	促进
	说服	倾听
	聚合	授权
决策优先权	专家优先	公民优先
官僚行为	集权	分权
	标准化	问题导向
	控制	参与
学习模式	自上而下	自下而上
行为者	专家,外部人	当地公民,内部人

综上分析,我们可以将参与式治理的特征归纳如下:

赋权　参与式治理旨在加强那些长期处在公共决策之外的个人或群体参与制定跟他们生活密切相关的政策。这些个人或群体也就是我们所说的"草根阶层"。参与式治理首先是赋权给这些群体和个人,使他们获得能力和自信,能够分析身处的现状,达成共识,作出决策和采取行动,以改善他们的处境,从而实现"善治"和公平的可持续发展。

因此,参与式治理首要一步必须是"赋权"。从理论上讲,公民是国家的所有者,但是在代议制下,公民对国家的所有权只是一面"象征的旗帜"。因此,就存在一个赋权和权力下放的问题。赋权让人们有能力认识自身的真实处境,使人们能思考形成这种境况的因素。而且更关键的是,使他们能采取行动改善自己的处境。要实现参与式治理,就得保证相关参与者有能力、有权利参与决策和治理过程。因此,中国台湾学者将"赋权"翻译为"授能"。[①] "授能"形象地说明了利益相关者要有参与的"能力",这"能力"来自于赋权。"赋权"的过程也是民主深化的过程,意味着治理过程中权力的向下"转移",体现了参与式治理对民主的要求。

---

① 鲁炳炎:《授能参与治理之研究》,中国政治学会暨"多元社会、和解政治与共识民主"学术研讨会,中国台北"中央研究院",2005 年。

权利和权力、责任相连。参与式治理通过向"利益相关者"赋权，使其具有相应的权利和责任。利益相关者指的是与政府政策有切身利益关系或受到政策影响的公民，有时也包括基层官员。对于"利益相关者"而言，有权利就有责任，权利和责任是对等的，参与式治理意味着参与者在行使权力的同时，要承担相应的责任和义务。

参与　"参与"是"治理"的应有之意，无"参与"，则无"治理"。参与式治理与其他治理模式的最大区别就在于增添了现代参与民主的元素，更加强调"参与"的价值和意义。"参与"是参与式治理的"关键词"，"参与"即在政策的制定和决策的过程中，那些将会受到决策影响的人，尤其是边缘群众和弱势人群，能够被允许参与到决策过程中来。

因此，作为参与式治理核心概念的"参与"，跟以往的公民参与最大的区别在两个方面：第一，在参与式治理中，公民参与的主体是长期被排斥在公共决策之外的与专家和精英相对的普通民众，尤其是弱势群体；第二，公民参与的对象不只是政治事务，还包括社会事务，甚至公共服务提供，总之是参与公共事务的所有方面。当然，在专业化、技术分工多样化的今天，公民对所有公共事务的全面参与是不可能的，公共政策存在一个科学性和公共性的问题。约翰·克莱顿·托马斯认为，界定公民参与的适宜度主要取决于最终决策中政策质量要求和政策可接受性要求之间的相互限制。对政策质量期望越高的公共问题，对公民参与的需求程度就越低。另一方面，对政策可接受性期望越高的公共问题，对吸纳公民参与的需求程度和分享决策权力的需求程度就越高。①

公民参与的实质是公民权力。② 参与式治理的最终目的也是实现公民权力以及由此带来的变化。从这个意义上讲，参与是一种工具。同时，从民主深化的意义上讲，参与也是目的。正如意大利社会学家阿尔贝托·梅卢齐所言，当代社会运动的一个显著特征是，参与运动不再是人们达成目的的一种方式，而是目的

---

① ［美］约翰·克莱顿·托马斯：《公共决策中的公民参与》，孙柏瑛等译，中国人民大学出版社 2005 年版，第 32 页。

② Sherry Arnstein. A Ladder of Citizen Participation. *Journal of American Planning Association*, Vol 35, No 4, July 1969.

本身。① 参与式治理通过赋权把增加参与的过程视为一个重要的目的。

因此,在参与式治理中,参与既是目的,又是实现资源、权力和责任重新分配的工具,是一个政治资源整合和系统转型的过程。②

协作 参与式治理认为,利益相关者的利益诉求同样是多元化的,这些多元利益在治理过程中经过冲突、对话、协商、妥协,达成平衡和整合。参与式治理是协商民主的实践和推进,由此可知协商在其中的重要性。同时,作为一种集体行动方式,参与式治理必须协调各行为者的行动,实现合作,以建立政府与公民以及其他主体之间良性互动的合作关系,鼓励公民参与公共事务,增强政府与公共行政机构、公民和其他社会主体(例如媒体、学校和私人、第三部门)的协商和合作。如张康之所言,各国政府和非政府部门间建立的合作治理机制就是参与式治理。③

参与式治理不仅是合作,也是对话、协商的过程。参与式治理和协商民主一样,要沟通。要用心去倾听,达成共识。更进一步地,还要采取行动,也就是说还要实现协作。

总体而言,参与式治理中的协作,发挥着如下功能:通过合作构建公共领域,培育公共理性和提高政治技巧;提高代表的质量和平等性;加快公共协商;为公民个人和群体创造直接参与治理的机会。参与式治理本身就是协作过程。

网络 最后,参与式治理是一种治理理论。和治理一样,参与式治理要求发挥公民社会的作用,实现政府、市场、公民社会的合作治理,建立互动合作的治理网络。

概言之,治理网络是指面对不同层次和不同范围内的公共问题,国际组织、政府组织、市场组织、公民自组织等治理主体为了实现治理目标,通过对话、谈判、协商等方式建立起来的资源共享、彼此依赖、互惠和相互合作的机制与组织结构,这些机制和机构是以问题解决为导向的、高度弹性化的组织网络。在网络中,各行为者通力合作,使公共管理开始成为真正的社会联合行动。正如瓦尔特所言:"作为治理的公共管理,遇到的主要挑战是处理网络状,即相互依存的环

---

① [英]弗兰克·富里迪:《恐惧的政治》,方军、吕静莲译,江苏人民出版社 2007 年版,第 39 页。
② Beate Kohler-Koch. *Does Participatory Governance Hold its Promises*? CONNEX Final Conference Efficient and Democratic Governance in a Multi-Level Europe, Mannheim:2008.
③ 张康之:《论参与治理、社会自治和合作治理》,《行政论坛》2008 年第 6 期。

境。公共管理因而也是网络管理。"①

随着治理网络的出现,传统的由政府主导的科层化的公共管理结构,变成了公民个人、其他组织和政府的合作网络。在这个网络结构中,政府建立了各种形式和层次的伙伴关系,不仅包括政府与公民、政府与企业、政府与民间组织之间的伙伴关系,还包括不同层级政府之间,政府不同部门之间以及地方的各个治理主体之间的伙伴关系。

参与式治理是网络治理。正如治理一样,认为公共问题的解决单靠政府的努力是不够的,还有必要与其他主体和普通公民合作,形成一种建立在信任和规则基础上的互利互惠、协作治理的自组织网络。社会资本是网络治理的核心概念,参与式治理认为,参与对形成社会资本具有重要作用,社会资本包括在市场领域之外的不同个人和群体之间形成的关系网络。参与式治理创造机会去加强这些网络和建立新的网络,无论是连接相似社会地位人们的"契约"网络还是在允许不同社会地位人们相互趋近的"桥梁"网络。

四、参与式治理的研究路径

陈振明认为,治理理论有三种研究途径:政府管理的途径,公民社会的途径,合作网络的途径,如表2-3所示。②

表2-3 治理理论的三种研究途径

分析的角度	政府管理的途径	公民社会的途径	合作网络的途径
分析的对象	政府部门和市场力量的关系	公民社会(第三部门)与政治国家的关系	多中心的公共行动体系
分析的特征	掌舵与划桨	自治与认同	相互依存
行为假设	理性的、自私的	利他的、人道主义的	具有反思理性的"复杂人"

① Walter J. M. Kickert, Erik-hans Klijin. *Managing Complex Networks: Strategies for the Public Sector*. London: Sage Publications, 1997.

② 陈振明:《公共管理学》,中国人民大学出版社2003年版,第88页。

续表

分析的角度	政府管理的途径	公民社会的途径	合作网络的途径
政策方案	私有化;工商业的管理手段	授权社团和公民;自我管理和自我服务	通过信息、资源和目标的互相共同规划并执行政策;共同学习
成功的标准	政策目标的实现	自组织的自由	联合行动的实现
失败的原因	模糊的目标;缺乏资源;监控不力等	缺乏资源;沟通的阻塞;得不到政治上的认可	缺乏集体行动的动机;利益、目标和策略上的冲突
补救的措施	加强协调和监控	提高公民组织的动员能力和管理能力	加强网络管理;优化公共行动者互动的环境

参与式治理是治理理论与民主理论的结合,因此,以研究的关注点来区分,可以分为公共行政的视角和政治学的视角:前者关注的是政府的有效性,寻求的是"有效治理";后者看重的是政治或政府的合法性,强调的是民主的深化。从研究路径来看,参与式治理和治理一样,存在三种不同的进入路径。

（一）政府管理的路径

国内学者更多是从政府治理转型的角度研究参与式治理。在他们看来,参与式治理和治理相似,追求的都是政府的改革和治理方式的转变。

国内最早一篇有关"治理"的文章出现在刘军宁等主编的《公共论丛：市场逻辑与国家观念》一书中。在这篇《Governance：现代"治道"新概念》中,智贤将governance 翻译成"治道",认为"治道"是关于治理公共事务的道理、方法和逻辑,是对市场经济条件下国家管理经济职能提出的基本要求,主要涉及运用公共权力的方式,旨在提高发展中国家管理公共事务的效能,驾驭经济发展的能力。[1]

徐勇认为,治理不仅涉及公共权力的运作,而且涉及权力的配置,是"统治者或管理者通过公共权力的配置和运作,管理公共事务,以支配、影响和调控社会"。[2]

---

[1]　智贤:《Governance：现代"治道"新概念》,载刘军宁等主编:《公共论丛：市场逻辑与国家观念》,生活·读书·新知三联书店 1995 年版。

[2]　徐勇:《GOVERNANCE：治理的阐释》,《政治学研究》1997 年第 1 期。

毛寿龙也将 governance 翻译成治道,认为"治道是在市场经济条件下政府如何界定自己的角色,如何运用市场方法管理公共事务的道理。治道变革指的是西方政府如何适应市场经济有效运作的需要来界定自己的角色,进行市场化改革,并把市场制度的基本观念引进公共领域,建设开放而有效的公共领域"。①

由此可见,国内很多学者都是从政府管理的角度入手来研究治理的。这也成为参与式治理研究的进入路径。

(二)社会自治的路径

很多学者从社会自治的途径研究治理和参与式治理,这一点和治理理论的公民社会研究路径相似。埃莉诺·奥斯特罗姆通过对大量案例的实证分析证实了一群相互依赖的当事人在管理公共池塘资源时的确可以建构自己的网络,"把自己组织起来,进行自主治理,从而能够在所有人都面对搭便车、规避责任或其他机会主义行为诱惑的情况下,取得持久的共同受益"②。国内一些学者如王敬尧、贾西津等,都是从这个路径出发研究参与式治理的。

参与式治理理论主张利益相关者积极参与,通过"公民参与网络"将普通公民组织起来,培育和壮大公民社会。在参与式治理的这一研究途径看来,参与式治理的最终目的是扩展民主。

(三)治理转型的路径

治理模式的改变,不仅仅是政府的事,也不单是社会的事。今天面临的问题是在"碎片化"世界中的团结。因此,治理是政府和社会的合作,参与式治理亦如此。参与式治理要解决的问题不是纯粹的政府改革或者公民社会发育,明确反对将国家和社会对立起来的观点,认为在解决集体问题和提供公共产品方面,国家和公民社会可以相互补充,形成良好的合作关系。

治理转型的途径是试图整合两种研究途径。一方面,它从"政府管理"的视角出发,承认一个负责、高效、法治的政府对人类社会治理转型的重要意义,认为在参与式网络治理结构中,政府是主导者,通过对话、建立伙伴关系和借助其他

---

① 毛寿龙:《西方政府的治道变革》,中国人民大学出版社 1998 年版,第 7 页。
② [美]埃莉诺·奥斯特罗姆:《公共事务的治理之道》,毛寿龙译,上海三联书店 2000 年版,第 51 页。

参与主体的力量来实现治理目标。另一方面，它也承认公民社会发育和自治对于治理转型的意义，认为没有公民社会的发育和公民的积极主动参与、组织和介入，参与式治理是无法成功实施的。

五、参与式治理的实施机制

从政治规范的角度看，参与式治理是现代民主的发展和深化；从政治实践的角度看，参与式治理是新型的治理模式。作为一种新型的治理模式，在中国，参与式治理是如何通过公民参与来改变传统的政治治理模式的呢？

从 20 世纪 80 年代以来，国际社会见证了参与式治理在全球范围内的实践。巴西的参与式预算，美国的邻里治理，印度的村镇自治，孟加拉的公共服务提供改革，南非的工人合作治理，乌干达的听证制度，等等，这些实践改善了当地的治理状况，给当地带来了积极的变化。这些参与式治理的成功案例起了巨大的示范效应。目前，参与式治理在世界各地都不乏正在推广和实施的例子。那么，究竟如何"参与"和"治理"呢？

彼得斯认为参与至少可以通过四种机制来实现。第一，如果公民和员工认为政府服务不佳或制度运转不当，他们有权申述。为了使这种权力有效，首先必须要让公民和员工了解公共部门。因此，有效的公民权和参与的要求之一就是进一步开放政府，实现公民的知情权。第二项参与机制是通过增强员工独立接触和响应组织政策方向的能力来实现的，是一个由下而上的政策制定过程。第三种机制，公共政策应该让公众通过对话、辩论和协商产生。第四种机制是公民本身投入政策选择及提供服务的过程。①

"公民参与世界联盟"（CIVICUS）列出了国家层面和地区层面参与式治理的主要形式，如表 2 - 4 所示。②

---

① ［美］B. 盖伊·彼得斯：《政府未来的治理模式》，吴爱明等译，中国人民大学出版社 2001 年版。
② CIVICUS. *Concept Note：Participatory Governance Programme*，2006—2009. Johannesburg, South Africa，2001.

表 2 - 4　参与式治理的主要形式

指标	国家层面	地区层面
议程设置和决策	协商民意测验、公民听证、参与决策	参与式发展项目
预算编制	独立预算分析、替代预算编制	参与式预算
公共支出	参与式支出、跟踪调查	地方支出的公示
公共服务	公民评估公共服务	公共服务的参与式测量和评估
公众监督	民间监督员、媒体和志愿组织	公民监督委员会

　　贾西津认为,在中国,参与式治理的出现更多的是政府职能转型过程中作为执政方式转变的一种尝试,同时也有社会自生机制的推进,是两方面交互作用的。以下是几个典型的模式:1. 农村社区农民自组织的参与式治理;2. 城市社区的参与式治理;3. 弱势群体的参与式治理;4. 政府购买公共服务中非政府组织的参与。①

　　国内的参与式治理实践,最早是云南、贵州等地的参与式发展,随之则表现为在农村治理和城市治理过程中发展起来的公民参与的制度创新。参与式治理的舞台在地方治理层面,涵盖了从民意收集、政策咨询和听证到预算分配等各个环节,是由公共事务和资源分配的政府主导走向实质的村民自治或社区自治的中间环节。

　　国内的参与式治理实践,可以和公民参与的制度创新画等号。参与式治理关注的是普通公民实质性参与产生的结果,这一点不同于西方语境对参与式治理的民主价值的过多强调,其主要关注的是参与式治理的工具性意义,即公民参与对治理所引发的变化及其后果的意义。

第四节　参与式治理中的公民参与

　　参与是参与式治理的核心概念,也是最为显著的特征。在参与式治理中,参与是"利益相关者"的参与。换句话说,不是市场主体的参与,也不是精英参与、

---

①　贾西津:《中国公民参与》,社会科学文献出版社 2008 年版,序言。

专家参与,而是长期远离政治生活的普通民众的参与。从宽泛意义讲,参与式治理等同于公民参与。

参与式治理的治理转型路径与治理理论的合作网络研究途径的最大不同在于参与式治理对政府作用的强调。从理论渊源上来说,治理对统治的超越,其表现之一就是行为主体的多元化。然而不能改变的实质是,政府组织仍是最后负责任者。政府组织是国家公共事务管理的承担者或者说是国家公共事务管理权力的载体。政府涉及中央政府和地方政府的关系、政府与公民(个人或团体)的关系。政府需要协调各种关系,必须具备协调内外各种利益冲突的能力。人类社会需要国家和政府作为彼此和谐共存的起码条件。在政府职能运行所形成的政府与公民的关系中,其核心是政府权力与公民权利的配置。治理并不否定(尽管弱化)政府在治理中的主导作用。如果政府丧失治理能力,整个社会必然陷入无政府状态。

随着当今信息社会的复杂化、多元化以及"碎片化",提升政府的功能变得非常重要,新的方法必须被采用,政府需要改革和创新。我们应该超越"把国家当作敌人"的右派和"认为国家就是答案"的左派,重新去认识国家在目前和未来应有的定位以及角色。也就是说,问题并不在于我们需要更大还是更小的政府,而在于要深思目前的治理方式能否适应全球化时代的需要,从而不局限于精简或扩大的"无解"之争。①

在这个过程中,作为共同体的人们采取集体行动的力量必须得到认可。参与式治理回归政治的宗旨,将公民拉回到政治系统中来,自下而上地带来治理模式转变,从而实现善治和可持续发展的目标。

密尔说,政府应该能够促进人们本身的美德和智慧,为此,政府需要人民最大限度的参与。② 好的政治和好的管理都需要某种程度的公民参与。对于好的政治来说,需要公民参与是自然的。根据民主的原则,当政府对人民的意愿有正确回应性时,政府就会运转得较好。在服务提供中,公民的参与和服务提供者角色对服务的质量和效用有着积极的影响。因此可以说,"居民参与不仅仅是重塑

---

① [英]安东尼·吉登斯:《第三条道路:社会民主主义的复兴》,郑戈译,北京大学出版社2000年版,第67-68页。

② [英]约翰·密尔:《代议制政府》,汪渲译,商务印书馆1982年版,第22页。

政府的动力,也是政府改革的重要目标"①。

一、公民参与的涵义

要讨论公民参与,首先要从参与谈起。就最简单的层次来讲,所谓参与是指成员对有关其工作、生活以及所在组织的决策的介入。米凯森在项目管理中给出了参与的六个意义:决策层之外的公民的介入;参与者对问题的敏感性和回应性;公民倡议和自治;培育与当地居民在项目计划、实施和管理中的对话;公民自愿卷入和公民的自我发展。②

从这个参与的涵义看,公民参与可以定义为处于决策层之外的公民对公共的或涉及自身利益的项目、政策和管理过程的回应、对话和自愿卷入。正如俞可平所言,公民参与是公民试图影响公共政策和公共生活的一切活动。③

二、公民参与的动力

我们再来分析公民参与的动力。当前,纳税人对政府和官员的反感甚至敌意、公众对政府规模扩大等的不良反应,都会不断增强公民直接监督的力度,强化公民直接参与政策制定过程的要求。一方面,公众希望政府果断、有效率、不拖泥带水。另一方面,公众又希望政府员工受到适度控制,以免他们浪费公款、违反法律,甚至肆无忌惮地助纣为虐。④ 为此就需要加大公民参与。公民参与的动力来自两个方面:一是对自身的权益的维护,这是参与的利益动力;二是在参与过程中能够获得满足度,通过参与公共事务获得效能感,也即受自我实现动机的驱使,这是参与的心理动力。

三、公民参与的形式

公民参与的形式是多样的,主要体现为选举代言人,以及在决策的制定、执

---

① 王敬尧:《参与式治理:中国社区建设实证研究》,中国社会科学出版社 2006 年,第 175 页。

② Mikkelsen B. *Methods for development work and research:A Guide for practioners.* New Delhi, Sage Publications, 1995.

③ 贾西津:《中国公民参与》,社会科学文献出版社 2008 年版,序言。

④ [美]B. 盖伊·彼得斯:《政府未来的治理模式》,吴爱明等译,中国人民大学出版社 2001 年版,第 74 页。

行等整个过程中,受决策影响的利益相关者能够有效地将意见表达到决策过程中,尤其是当这些利益相关者属于边缘人群和弱势人群时。

公民参与有着多种形式。从填写调查问卷到直接分配资源。托马斯给出了一个公民参与的矩阵,如表2-5所示。①

表2-5　公民参与形式矩阵

决策制定类型	公众的性质			
	单一有组织的团体	多个有组织的团体	未组织化的公民	复合型的公民
改良式的自主决策	关键公众接触	关键公众接触	公民调查/由公民发起的接触	关键公众接触/公民调查/由公民发起的接触
分散式的公民协商	关键公众接触	接触/一系列会议	公民调查	公民调查/会议
整体式的公民协商	与公民团体开会座谈	咨询委员会/一系列会议	一系列公民会议	咨询委员会和/或会议
公共决策	与公民团体协商	与咨询委员会协商	一系列公民会议	咨询委员会/公民会议

然而在阿斯汀看来,许多形式的公民参与并不具有实质性参与的意义。在《公民参与的阶梯》一文中,她认为公民参与是公民权力的术语,是权力的重新分配,能使目前被排斥在政治和经济过程之外的公民,有意在将来被包容进来。这是一个战略,通过它被排斥者得以参与决策:信息如何分享,目的和政策如何制定,税收资源如何分配,项目如何实施,利益如何实现。在她的公民参与阶梯中,只有合作关系、代表权和公民控制是有意义的公民参与。阿斯汀对公民参与的期望是反政府的,也是理想化的。不同形式的公民参与对政府过程都施加了影响,发挥了作用。

由于参与主体、参与对象和参与目的不同,公民参与便呈现为两种形式。其一是公共参与,或称为公众参与和决策性参与。这一类参与的主体是大范围的、不确定的普通民众,参与的客体是普遍性的城市公共问题和公共事务,参与的目

---

① 〔美〕约翰·克莱顿·托马斯:《公共决策中的公民参与》,孙柏瑛等译,中国人民大学出版社2010年版,第116页。

的是寻求一般性的解决方案,促进城市公共问题的解决和城市治理的实现。其二是利益相关者参与,或称为利益型参与。这一类参与的主体是小圈子的、确定的普通民众,参与的客体是特定的社区或人群的具体事务,参与的直接目的是该社区这些具体问题的解决和治理的优化。当然,严格来说,这两种划分只是相对的,因为"公共"本身就是一个相对的概念。即使对社区参与的参与者而言,其所在社区的事务也是"公共"事务。而且,"参与"通过"个人利益"的获得来实现"公共利益"。任何"公共利益"只有和私人利益关联在一起,才具有意义,这样的"公共参与"才有持续的动力。因此,将参与区分为公共参与和利益相关者参与,只是为了研究的便利。

四、公民参与的功能

公民参与的功能是多方面的,从信息媒介、问卷调查,更进一步则是规划与构建手段,服务于质量控制(评估)、规划的改善以及促进接受度,它可以有目的地为特定社会阶层的融入与激励做出贡献,并充当决策的助手和催化剂。①

公民参与在许多方面培育了更积极的国家和政府,这包括:公民参与是回归民主理想的最佳途径;公民参与可以扩展行政技术未考虑到的层面,改善公共政策的品质;公民参与可以提供创新观念;对于争执不休的歧见,可以通过多数决议的方式解决,有助于民主理念及各种公共价值观的维护;对政府当前无法展现的公共服务职责加以补充。

托马斯说,公民参与成败与否,关键取决于公共管理者是否了解应该怎样吸引公民参与以及怎样为公民参与的成功提供便利条件。从政府管理和公共管理的角度来说,在良好规划和管理的基础上,公民参与可以促进公共管理者工作的有效性和决策的有效性,并给我们带来以下几点好处:(1)由于公民或公民团体的参与为决策带来了更多的有效信息,这使得决策质量有望提高。(2)伴随着公民参与公共决策过程,公民对决策的接受程度大大提高,从而促进了决策的成功执行。(3)如果公民能够辅助公共服务的提供,那么公共部门提供的服务

---

① 刘平,鲁道夫·特劳普－梅茨:《地方决策中的公众参与:中国和德国》,上海社会科学院出版社2009年版,第46页。

就会更有效率和效益。(4)公民参与将会增强公民对政府行为的理解,从而减轻人们对政府机构的批评,改善官僚遭到围攻的困境。

然而,公民参与带来的最重要的回报是它对民主价值发挥的作用。在我们生活的这个时代,由于公民和政府之间的联系已经严重减弱,所以体现核心民主价值的责任性和合法性往往被描述成是对公民的妥协。在这一点上,本书倡导的公民参与至少改善了对这一问题的认识。不断增强的公民参与通过创建公民与政府之间新的沟通渠道以及对政府的监督,来增进政府和公共管理者的责任性。而更加有力的公民参与还促进了公民对政府决策的接受性,这就为政府提供了合法性的基础。①

公民参与是参与式治理的核心。在现代社会,公民的广泛和深入参与对一个共同体的治理与社会可持续发展具有积极的价值与功能。

在参与式治理中,要在公民参与和优化治理之间建立关联,政府治理模式的转型是一个中间变量。换句话说,公民参与带来了政府治理模式的变化,从而实现治理的优化。那么,公民参与能给政府带来什么变化?

对政府而言,衡量"治理"和"善治"有两套标准:"程序标准"和"绩效(结果)标准",能否实现政府与公民的良性互动,确保公民的参与和政府的回应或责任性不仅是"程序指标",又是"结果或实质指标"。中国治理评估框架的第一条就是"公民参与",认为公民参与是民主治理的基础,公民参与程度愈高,民主治理的程度也就愈高。②

对公民而言,参与式治理是一个双向的过程:政府自上而下地将普通公民引入决策和管理过程,促进政府组织和行为的改变;公民自下而上地参与公共事务,在参与过程中,获得政治效能感,习得公共精神和公共理性。这一双重过程在政府和公民两个方面都带来了变化。也就是说,一方面,参与式治理通过公民参与,培育了公共精神和公民社会,为政府职能转变创造了环境;另一方面,通过参与消除"民主的赤字",改革传统的政府管理体制,以缓解政府合法性危机,有助于建立新型政府治理模式,从"善政"走向"善治"。

---

① [美]约翰·克莱顿·托马斯:《公共决策中的公民参与》,孙柏瑛等译,中国人民大学出版社2010年版,第152页。
② 俞可平:《中国治理评估框架》,《经济社会体制比较》2008年第6期。

第三章　地方政府与制度创新

　　政治的使命是创造公共秩序、实现"优良的公共生活"，为达此目的，就需要集体行动，需要一整套的制度安排，这就产生了政府。因此，政府是人类走出"丛林"、进入文明社会的第一步。政府以什么方式组织，才能最大限度地实现其追求"优良的公共生活"的使命？历史和现实实践证明，民主是现存制度安排中最不坏的一种安排。① 民主的宗旨正如本杰明·巴伯所说："使得公民生活在一起同时无须毁灭他们的差异性，容许实现共同的目标同时无须损害独立自主的意志，展示人类的相互依赖性同时无须牺牲个人的身份认同及其所保障的自由。"②民主是一种组织方式和治理方式。民主的本质在于参与，因此，扩大公民参与是推进和深化民主的合适途径，参与能够带来更好的政府，更好的决策和更好的公民。

　　政府的权力来自人民的给予，政府的目的是保护人们的生命、自由和财产。当人民将权力授予政府的时候，他们之间的关系就发生了变化。从理论上讲，人民是公共权力的唯一来源，是国家的主人。但在现实中，政府垄断了所有的资源，是公共权力的实际掌控者。相对于政府的实际权力，个人处于极端弱势的地位，虽有"公民"之名，却很难分享实际权力。因此在所有政治关系主体中，政府都处于主导地位。要研究政治，就必须首先研究政府。

　　随着人类社会的复杂化和不确定性日益增加，政治的统治功能在

---

　　① 俞可平：《民主是个好东西》，社会科学文献出版社2006年版。

　　② ［美］本杰明·巴伯：《强势民主》，彭斌译，吉林人民出版社2004年版，第135—136页。

弱化,管理功能在强化,现存的政府治理方式逐渐不合时宜,寻找新的治理方式便成了一个全球性的问题。简·库伊曼说:"现在的治理应该能够更好地处理不确定性,不稳定性,长期的远景,更广泛的定位以及更多样化的生活方式和意义。"①治理理论的提出,新公共管理运动的开展,参与民主和协商民主的实践,最终汇合成了参与式治理。参与式治理通过社会民主的方式实现治理②,是参与民主和协商民主的深化,是强调公民权和公共利益的新公共管理。

在全球化的今天,政府必然面临着多方面的挑战。为应对风险和不确定性,政府必须进行改革和创新,以实现其治理使命。政府改革往往从两个方面入手:有效性和合法性,前者主要是在日益复杂化的世界上的能力建设,后者则是为了凝聚民众的认同和团结。

第一节　政府改革运动与中国政府治道变革

政府掌握着国家最重要的资源——政治权力,在社会政治生活和公共治理中居于核心地位,政府对整个社会的发展起着决定性的作用。③ 从 20 世纪 70 年代末开始,世界各国见证了一场席卷全球的政府改革运动。这场运动被学者们称为公共管理的范式转换。多种因素促成了这一转换的发生:政府财政赤字的增加、经济的衰退、"政府失败"④带来的公民对政府的不信任等。在此背景下,政府被迫引进管理主义和市场机制,通过自身改革、流程再造、工具创新以及放权、分权等方式,实现对公共事务管理模式的改变。

这一改变对公共行政提出了挑战。在 20 世纪的大部分时间内,公共行政是官僚制、等级制和问责制的同义词。虽然威尔逊式的公共行政模式在 20 世纪

---

① Jan Koiman. *Governance and Governability*:*Using Complexity*,*Dynamics and Diversity*. in Jan Koiman. *Modern Governance*:*New Government-Society Interactions*. London:SAGE Publication, 1993,47 – 48.

② 郎友兴:《浙江杭州"以民主促民生":以社会民主为重点的民主政治建设之路》,《学习时报》2009 年 8 月 4 日。

③ 俞可平:《中国治理变迁 30 年》,社会科学文献出版社 2008 年版,第 14 页。

④ "政府失败"指的是政府未能带来秩序和发展。政府权威丧失、效率低下,丧失其行为能力,无力对外部变化作出回应,政府失去合法性、责任性和有效性。

50年代遭到沃尔多、西蒙等人的批判,行政官僚不再被认为独立于政治之外,但是其仍旧是公共产品和服务的主要提供者,官僚制仍然是行政理论的基础,公共行政在学术研究和经验领域,仍然具有稳定性。

一、政府改革运动

世界范围内的政府改革运动颠覆了传统公共行政模式的稳定性。这一运动的目的是在政府单一控制模式之外寻求和采用政策执行和公共服务提供的替代方案。虽然这场运动在各国各不相同,但有一些特征是相同的,包括在管理方式和公共服务提供上推行市场化、私营化、分权化以及伙伴化改革。

这些转变不只是公共行政改革的流行或者时尚,更重要的是国家和社会关系的深刻变化,意味着政府统治的本质和权力、责任的改变。政府以契约、合同等形式将公共服务转交给主要由非营利组织组成的网络组织,弱化了其作为公共物品直接提供者的角色。随着政府职能的变化,公共行政恢复"公共性"的本质。以往对"公共行政"的理解就是政府"行政管理",如今的"公共"包括大量的曾经被认为在政府领域之外的机构和组织,以及这些组织之间、组织与政府的关系。公共行政的扩张由此超出了政府和行政管理的范围,形成了真正的对于"公共事务"的管理。

这就意味着政府作为人类集体行动的方式遇到了挑战。以政府组织作为单一中心控制社会的制度已不能适应越来越复杂的人类生活现实。既然这一组织方式存在着缺陷,那么,我们应该用什么制度或机制来替代它? 或者说,如何使其更有效?

治理理论的出现迎合了这一制度变革的需要,同时也是对国家与社会关系变化的应对,其准确描述了正在变化中的公共行政,提出了公共管理的新模式。

公共部门的治理具有两方面的涵义:一方面,政治意义上的"治理"指的是集体行动的制度安排,通过此制度安排,公共服务的责任性建立起来;另一方面,管理意义上的"治理"指的是政府组织有效、高效提供公共服务的能力。[①] 据此

---

① Joseph P. Viteritti. *Urban Governance and the Idea of a Service Community*. Proceedings of the Academy of Political Science, Vol. 37, No. 2, 1989.

可以说,参与民主、协商民主和治理理论都是在新的环境下重建责任性的努力,新公共管理运动则体现了治理的另一方面,其核心关注是政府组织的有效性和能力。新公共服务是对新公共管理的批判和反思,关注的是政府的责任性和回应性。参与式治理作为上述各理论和实践相互交汇的产物,是探求政府责任性和有效性的尝试,是民主和效率相结合的治理模式。

二、中国政府治理改革

世界银行在 1997 年的《世界发展报告》①中指出,"每一个政府的核心使命"包含了五种基本的角色:(1)确立法律基础;(2)保持一个健康的政策环境,包括宏观经济的稳定;(3)投资于基本的社会服务和社会基础设施;(4)保护弱势群体;(5)保护环境。对于后发的发展中国家来说,要在变革世界中实现秩序和发展,政府的作用就显得更为关键。为了实现现代化并赶超发达国家,政府的主导作用至关重要。② 因此,在中国这样的后发现代化国家,经济与社会发展一般都是由政府推动的。没有政府的正确指导和强力推动,经济与社会的变革就无法顺利进行。与此同时,在经济快速发展和社会全面转型的过程中,政府也必须适应新的情况和要求进行相应的改革。③ "善治"是政府治理所要达到的目标,"善政"是走向"善治"的关键;欲达到善治,首先必须实行善政。

从经验层面观察,一个国家的社会转型与政治发展历程,其聚焦点总在不同价值之间进行发生变动。而在某个时期,则要谨慎地在各个价值之间保持平衡。正如新加坡学者郑永年说:"中国把改革分成几个不同的阶段,在每一个阶段,各方面的改革优先次序不同。"④他认为,中国走了一条"经济改革—社会改革—政治改革"的改革路径。在不同的改革阶段,追求的政治价值自然是不同的。如果说经济改革的核心关注是效率的话,社会改革阶段的优先考虑便是公平,政治改革的价值则是民主。然而,由于"共时性挤压","经济改革—社会改革—政治改

---

① The World Bank. *The states in a Changing World*, *World Development Report* 1997. Wahington, D. C. 1997.

② 洪银兴、刘志彪:《长江三角洲地区经济发展的模式和机制》,清华大学出版社 2003 年版,第 4 页。

③ 郭定平:《上海治理与民主》,重庆出版社 2005 年版,第 72 页。

④ 郑永年:《中国模式:经验与困局》,浙江人民出版社 2010 年版,第 3 页。

革"这一逻辑严密的改革路径不能不受干扰地展开,三个阶段的改革会有交叉的地方,尤其是在社会改革和政治改革之间。因此需要政策设计者在不同阶段改革的优先考虑和其他价值关切之间保持平衡,避免一种倾向绝对性地压倒了其他诉求。

中国的改革开放是一场治理革命,而政府管理体制改革是中国治理改革的核心内容。[①] 从铁板一块的政治社会走向现代社会,关键是为政府活动设定边界,也就是政府职能转变。政府职能的本质是服务。[②] 经济调节、市场监管、社会管理和公共服务被认为是政府的基本职能。概括来讲,政府职能体现在三个方面:第一,政府通过调节经济和监管市场,促进经济发展,间接地为公民福利的改善创造环境。第二,政府是公共产品的主要提供者,政府提供了从国防安全到垃圾处理等全方位的公共物品,直接服务于公民的福祉。第三,政府是公民权利的屏障。政府要有助于个人主体意识和德行的实现,这依赖于公民权利和自由的张扬。

要实现此基本政府职能,就需要以合适的政府治理模式为凭借。因此,政府治理的改革和创新,是在寻求适应经济社会发展的、能够应对内外环境变化的、更具效率和回应能力以及更有效的政府治理模式。用俞可平的话说,从过去30年政府治理的演变来看,中国政府通过深化政府机构改革、转变政府职能、加强依法行政、强化社会管理和公共服务,进一步创新政府管理体制,努力从"全能政府""无限政府"走向现代政府:服务政府、责任政府、法治政府、透明政府、效率政府和廉洁政府。[③]

中国的改革开放,是一个包括经济、政治、社会文化在内的全面变革过程。在这其中,政治体制也发生了巨大变化。中国的政治体制改革,是不触动根本政治制度的管理体制的改革,是"以行政管理体制为核心的政府治理改革"[④]。中国的政府治理变革不仅带来了中国经济的高速发展,而且也正在推动着中国的

---

① 俞可平:《中国治理变迁30年》,社会科学文献出版社2008年版,第14-15页。
② 高尚全:《政府转型》,经济科学出版社2008年版,第207页。
③ 俞可平:《中国治理变迁30年》,社会科学文献出版社2008年版,第9页。
④ 俞可平:《中国治理变迁30年》,社会科学文献出版社2008年版,第3页。

社会转型。① 正如毛寿龙所言，地方政府改革与创新是治理转型过程中的重要方面。

中国的治理变革，从两个方向上展开：政府转型和社会发育。在这两者中，政府转型是关键，如果政府不能实现成功转型，社会自身的发育和成熟便无从谈起。那么，什么是政府转型？政府转型也就是我们常说的政府改革。政府转型不仅是政府结构和组织方式的改变，更重要的是政府职能和治理方式的改变。其中，政府治理方式的转型和改变是政府转型的核心。因此，聚焦中国政府改革，通过制度创新实现治理转型，对整个现代化进程有着极其重要的意义。

第二节　地方政府改革与制度创新

地方政府是国家政权的一个重要组成部分，在国家政权中居于"基石"位置，是国家权力在特定地域上的物化形态。在一个国家中，社会经济发展和政治发展都离不开地方政府的有效治理，地方政府的治理与民众的生活息息相关。地方政府治理的好坏，直接关系到这个国家的经济发展、政治稳定以及民主制度的有效运行。② 本书所讲的"地方"即指权力管辖的空间，又指权力管辖事务的性质。"地方政府"即指与"中央政府"相对的管辖一定空间的"政府"，又指所管辖事务属性是"地方的"。③

"制度是指稳定的、受到尊重的和不断重现的模式。"④制度创建、维持和革新是政府的职责所在。换句话说，作为保障集体行动方式有效的制度也就是公

---

① "中国政府逐步实行治道变革，政府职能越来越适应市场经济需要，政府行为越来越法治化，政府决策越来越民主化，政府权力也越来越多中心化。"参见毛寿龙：《公共管理与治道变革》，中国法制出版社 2008 年版，第 281 页。

② 万俊人在《地方政府与地方治理译丛·总序》中写道："在欧美，地方政府被视为民主政治训练的场所、公民道德和意识培养的基地、切合公民需要的公共产品和服务的提供者、中央政府集权倾向的制衡者之一。"参见[美]文森特·奥斯特罗姆等：《美国地方政府》，井敏等译，北京大学出版社 2004 年版。

③ 《布莱克维尔政治学百科全书》认为，地方政府是"权力或管辖范围被限定在国家的一部分地区内的一种政治机构，经过长期的历史发展，在一国政治机构中处于隶属地位，具有地方参与权、税收权和诸多责任"。参见[英]戴维·米勒、韦农·波格丹诺：《布莱克维尔政治学百科全书》，中国政法大学出版社 2002 年版，第 452 页。

④ [美]塞缪尔·亨廷顿：《变革社会中的政治秩序》，李盛平等译，华夏出版社 1988 年版，第 12 页。

共事务的治理工具,有效的制度带来有效的治理。中国的政府治理改革,是一个制度创新的过程。其中,不合时宜的制度逐渐被淘汰,新的制度不断被创建起来。

中国的政府治理改革是从权力下放开始的。中央向地方分权催生了地方的发展主义。地方政府,受地方经济和政治利益刺激,不仅成为推动中国经济发展的主要角色,而且也是政治体制创新的主要力量。

地方政府是制度创新的主体。政府是集体行动的工具,进行制度创新是一项集体行动,一个有效的组织是集体行动得以实现的关键。就一个地区而言,能够担当此一任务最有效的组织是地方政府。因为地方政府的规模相对较小,容易在辖区内实现集体行动;又由于它距离民众最近,能够优先、真实地感受到民众的需求,从而在治理创新的大背景下,形成一个互动的制度创新链条:社会需要—政府回应—政府设计新规则—政府动员民众—民众与政府合作推动制度变迁。

一、地方政府制度创新的外部动力

市场化改革是推动政府创新的最主要动力。随着市场经济的推进,国家与社会、政府与市场的关系相应发生了变化,这对政府改革与创新提出了迫切要求。对于地方政府而言,要改善地方治理、提高治理绩效,必须改革执政理念和思维,进行制度创新。全球化、民主化的压力构成了政府治理创新的外部条件,而改革开放以来的地方发展,则为地方政府制度创新提供了空间和可能。

在以经济建设为中心的发展战略下,各级地方政府都卷入到经济增长的竞争中。在中央政府对地方的考核中,很多现代化的赶超目标和发展指标被放在了重要的地位,并通过多种激励机制来促使地方政府实现这些目标;另一方面,随着地方经济社会的发展,辖区民众对地方政府也提出了更高的要求。

"事实上,这些年来政府最为迫切而根本的任务,恰恰是在广大地区尚未完成资本原始积累的情况下,大力推进制度创新,精心保护自发性或诱致性的经济社会变迁,促进新的经济体的成长。"①市场化改革的发展和地区之间的经济竞争是制度创新的动力之一。

因此,在上述制度创新的链条中,社会需要是客观的、普遍的存在,是地方政府创新的内部压力,也是制度创新的原动力。然而,社会需要的存在并不必然带来政府的回应,也就是说,地方政府能够有效回应公众需求进行制度创新,有其自身的驱动力。上述地方政府的自利性便是"利益的驱动",这里的利益不仅是指地方政府的整体利益,还包括官员的自身利益和部门的利益。官员的自身利益最主要的便是政绩的考量。"几乎所有的观察家都认为,只要是能带来和平与繁荣的政策都是成功的政策。政府官员都希望升迁。这在很大程度上因为他们期望通过增加国家的福利来增加在政府中留任的机会。"②成功的制度创新不仅促进经济发展从而使官员在经济竞争中胜出,而且制度创新本身可以给官员带来名声和政绩。

民主化或者公民民主意识的勃兴是内部压力的重要组成部分。20 世纪最近的四分之一时间内,越来越多的威权政体逐渐式微并向民主政体转型,这一过程被塞缪尔·亨廷顿称为是民主的"第三波"。民主的"第三波"深刻地影响到地方政府和地方转型。由于地方政府直接面对民众,因此公众的民主化诉求更为直接和具有可操作性。公众要求政府增强民主意识,拓宽民众的政治参与渠道。这一诉求必然迫使地方政府进行改革,政府要公开透明,政府行为要接受民众监督,政府决策要有公民的参与。这一切构成政府改革的压力。只有改革,政府才能灵活应对环境迅速变化的压力,对公众需求才能有更好的回应性。

"就外部来说,政治革新、经济发展、社会变迁、人口膨胀和国际关系的风云变幻都要求地方政府进行相应的变革。"③

全球化对地方政府提出了新的要求。从 20 世纪 80 年代以来,全球化浪潮浩浩荡荡,势不可挡。全球化不仅对发展中国家来说是一个巨大的考验,而且对

① 王自亮、钱雪亚:《从乡村工业化到城市化——浙江现代化的过程、特征和动力》,浙江大学出版社 2003 年版,第 262 页。
② [美]布鲁斯·布雷诺·德·梅斯奎塔、布尔顿 L.鲁特:《繁荣的治理之道》,叶娟丽等译,中国人民大学出版社 2007 年版,第 64 页。
③ 徐勇:《地方政府学》,高等教育出版社 2005 年版,第 241 页。

发达国家来说也是一个挑战。全球化所带来的"国际问题国内化""国内问题国际化"以及全球竞争的加剧,对地方政府能力提出了严峻的挑战。为了回应全球化,地方政府需要改革,需要建立一整套自主决策、灵活迅速、富有弹性的地方组织体系。目的在于一是能够在复杂多变的环境中,迅速做出适应于地方的决策反应;二是灵活的组织体系能够强化对公民多样化需求的反应能力,提高公共服务的品质。这正是公民、企业、社会组织信任政府和其他公共服务组织的重要条件。①

另外,计算机信息技术、商业管理技术以及经济学、社会学的一些工具和方法,为地方政府管理模式的变革提供了技术条件。

二、地方政府的自利性

中国的政府治理改革,首先是从权力下放开始的。邓小平在 20 世纪 80 年代初曾指出,传统行政体制最大的问题在于权力集中,这是造成一切弊端的总根源。自此以后,权力下放成为中国全面改革的突破点和出发点。在高度集中的政治体制下,地方政府要成为地方治理的首要主体,必须获得相对独立于上级的决策与行动的自主性,即获得上级的授权。自主性的获得也意味着地方政府代表的辖区利益以及政府自身的利益得到了承认。② 地方政府通过干部管理权的下放、财政收入关系的重新划分以及社会经济事务管理权的下放加强了自主性。伴随着地方政府自主空间的扩大,地方政府的权力、责任都在增大,地方政府的自利性更是得到了张扬。

用郑永年的话说,中国是"事实上的联邦"。③ 政府间的分权使得经济权力和一部分政治权力从中央转移到地方政府。地方政府被授予很大自治权来处理地方事务,在推动地方经济发展和管理地方事务上能扮演一个重要角色。地方政府被授予权力一方面灵活实施中央政策,一方面运用地方知识实施自己的政策管理地区,而且,在政府间分权结构下,地方政府被允许参与制定和区域有关

---

① 孙柏瑛:《当代发达国家地方治理的兴起》,《中国行政管理》2003 年第 4 期。
② 杨雪冬:《近 30 年中国地方政府的改革与变化:治理的视角》,《社会科学》2008 年第 12 期。
③ Zheng Yongnian. *De Facto Federalism in China*. Shanghai: World Scientific, 2006.

的国家政策。

分权催生了地方的发展主义。地方政府受地方经济和政治利益刺激,成为推动中国经济发展的主要角色。与中央政府相比,在经济生活中,地方政府扮演了一个更为重要的角色。在这样的一个互惠结构下,中央允许各省偏离中央政策到一定程度,但不能偏离太远。双方在经济发展的共同利益上合作。

地方政府的自利性为地方政府的改革与创新提供了空间和可能。"在过去三十年,中国地方政府在地区经济增长中扮演了一个非常重要的角色,推动地方经济发展的热情在世界范围内可能也是罕见的。""在改革开放过程中,地方政府是破解旧体制弊端、孕育制度创新的重要力量。"①上层建筑对经济基础具有反作用。制度变革会释放经济活力,带来地区经济的发展。因此,地方政府在自身的改革和治理变革上,出台了很多创新举措。通过自身的改革和调整,适应并推动了社会经济的发展。

此外,地方政府主要官员的治理观念,也是制度创新的内部动力。执政者的治理理念影响其对公众需求的态度和对外部变化的敏感性,从而形成制度创新的内部"情感驱动"。

第三节　地方政府改革的路径选择

改革开放以来,中国政府进行了多次改革,主要表现在政府机构改革、政府职能转变、审批制度改革、人事制度改革等方面。地方政府走得更远,地方政府在国家分权、放权的大框架下,不仅在体制改革领域进行制度创新,而且在政治领域也有试点。

地方政府是国家政权的"基石",是国家权力在特定地域上的存在和体现。在一个国家中,社会经济发展和政治发展离不开地方政府的有效治理,地方政府的治理与民众的生活息息相关。地方政府治理的好坏,直接关系到这个国家的经济发展、社会稳定和政治制度能否有效运行。

---

① 周黎安:《转型中的地方政府》,上海世纪出版集团 2008 年版,第 2 页。

一、地方政府与地方治理

薄贵利将地方政府的作用概括如下：构建/解构与协调，包括界定局势。指定主要的持股者，然后在各方面之间建立有效的联系；施加影响和规定取向，以达到预期效果，整合和管理。地方政府要高瞻远瞩，超越一个子系统的立场去思考和行动，建立必要的机制以协调和沟通。① 沈立人认为，地方政府的积极作用主要有以下几点：(1)地方政府率先推动培育优势产业，发展品牌，开拓市场。(2)地方政府在提供公共物品和公共服务方面做了贡献。(3)在中央层次还不能允许或试验的改革措施，地方政府冒着政治风险推行了。(4)地方政府致力于吸引外资和对外交流，促进了对外开放。(5)地方居民的生活和社会保障也委托给了地方政府。② 而且，地方政府贴近公民，能够最迅速地了解和反映社会变化方向和公民的期待，感知社会发展中出现的重要问题。地方政府的这些特征也决定了它在回应全球化快速变化和不确定性挑战中能够发挥重要的作用。

由此可见，地方政府的作用非常重要，是国家与地方的沟通者和协调者，更是地方经济的推动者、地方利益的代言人和公众利益的维护者。

地方层面的政府改革运动，经历了政府职能转变、机构改革、工具创新，从管理走向了治理。地方治理是地方政府改革的新阶段，是伴随着"治理"概念发展起来。地方治理是将治理理论运用于地方政府的治理变革运动，指的是在一定的贴近公民生活的多层次复合的地理空间内，依托于政府组织、民营组织、社会组织和民间的公民组织等各种组织的网络体系，共同完成和实现公共服务和社会事务管理的过程，旨在达成以公民发展为中心的、面向公民需要服务的、积极回应变化的、使地方富有发展活力的新型社会管理体系。③

地方治理的实践推动了地方政府改革，也限定了地方政府改革的内容。地方治理意味着地方政府对传统的"管理"和"行政"模式的超越，是政府、私营部门和公民社会对公共事务的合作管理。治理理论认为，国家对经济与社会的发展

---

① 薄贵利：《近现代地方政府比较》，光明日报出版社 1998 年版，第 1 页。
② 沈立人：《地方政府的经济职能与经济行为》，上海远东出版社 1998 年版。
③ 孙柏瑛：《当代地方治理——面向 21 世纪的挑战》，中国人民大学出版社 2004 年版，第 33 页。

是极为重要的,但国家不是增长的直接提供者,它只是一个合伙人、催化剂和推动者。政府虽然是专门的公共管理机构,但不是唯一的机构。在政府之外,还有一些准自治、半自治和自治的机构去承担公共管理的职能,公共事务的治理是"多中心",这在地方治理中尤其明显。

伴随着地方治理的发展,地方政府改革与制度创新主要围绕以下内容展开:地方政府职能的转变和重新定位,地方政府的重组和机构改革,决策能力和管理工具的创新,调整政府与社会的关系,构建新型的政府与公民关系,等等。

二、地方政府制度创新的不同面向

从 20 世纪 90 年代末以来,地方政府的制度创新进入了活跃期。政府改革不仅仅是改自己,还必须在推进全社会的改革中实现自身转型。在现有的条件下,地方政府的制度创新主要集中在行政管理体制方面,也有一些政治体制方面的突破。大致归纳一下,近年来,地方政府改革围绕这几个方面展开:

(1)政治改革的试点。中国的政治改革,首先是从基层民主起步,包括农村的村民自治和城市的社区自治。总体来说,基层民主是在中央政府的统一部署下推进的。然而,地方政府也出台了一些创新性的做法,比如一些地区的乡长、镇长直选、群众社团的直接选举和党内民主的开展,"民主恳谈""公民大会"、民主听证、民主评议等参与式民主的试点。

(2)地方政府自身改革。地方政府自身改革包括机构改革、人事改革和内部管理制度改革。近年来,地方政府机构改革出现了不少创新性的做法。如一些地方推行的"小政府,大社会"模式,"大科室制","专委会",地方政府效能建设等。很多地方也在人事制度方面进行了探索,比如某些岗位的"公推公选"、聘任制等。在内部运作与管理方面也有创新,比如政府内部引入质量管理体系、量化考核与绩效考评机制等。

(3)转变地方政府职能,创新管理模式。地方政府的职能转变是伴随着政府经济体制改革和行政体制改革的进程展开的。在建立市场经济的过程中,地方政府需要进行新的角色定位,重新界定其职能和权限,理顺政府、市场与社会之间的关系,解决政府职能"越位""错位"和"缺位"问题。职能的转变会带来管理模式和手段的变化。在这方面,地方政府出台了很多新的举措,比如,地方政府推动行政审批制度改革、行政执法改革与创新,提出了服务型政府建设、公共服务导向模式、"政务超市"和"一站式服务"等,改善公共管理水平,提升公共服务质量。地方政府改革还注重运用先进技术手段,如计算机技术和互联网技术,创新公共服务的供给,综合运用多种技术手段提供公共服务。大力加强信息网络建设,推行电子政务,实行政府论坛、官民互动等在线服务,以更好地满足公众需求。

(4)公民参与的制度化建设。这涉及地方政府改革与社会、公民之间的关系问题。准确地说,公民参与也属于政治改革的范畴。随着公民权利的扩大,公众的主体意识和参与意识在增强。近年来,地方政府进行了一系列公民有序参与的制度创新,例如公民参与政府会议、公民参与城市建设决策、人民建议征集、公民评议政府,等等。从地方政府改革的角度看,公民参与的制度化建设改进了政府决策过程,拉近了政府与公民的距离,促进了政府的有效运作,进而推动了政府职能转变和政府治理转型。近年来,对于扩大公民政治参与问题,各个地方政府都是积极创新,不是将其仅仅视为技术层面的决策优化问题,而是将其作为推进基层民主、建构和谐社会的举措。比如在地方人大立法中,实施民主立法、开门立法;在公共决策过程中,一批和市民休戚相关的法规通过征询人民意见、召开听证会等形式,提高了行政效能,回应了公民的需求。[①]

第四节　浙江省地方政府创新的动力与经验

地处东南沿海的浙江省,不仅在经济社会发展方面,创造了令人惊叹的"浙江奇迹",而且在政府治理创新方面,也走在全国的前列。

改革开放以来,在缺乏自然资源、没有工业基础、没有政策支持、没有外资推动的情况下,浙江人民和各级政府依靠自身的努力,经过30年的发展一跃而成为全国范围内的经济大省、市场大省、资本大省,通过内源性力量推动的市场化变革来实现工业化和城市化,社会、经济和文化事业获得全面发展,人民群众的物质文化生活水平显著提高,生活方式和生活面貌也发生了根本性的改观。浙

---

① 余逊达、赵永茂:《参与式地方治理》,浙江大学出版社2009年版,第54页。

江省经济社会持续快速发展的这种现象,被学者们称为"浙江奇迹""浙江现象"或"浙江模式"。[①]"它(浙江)之所以放射出耀眼的光芒,是因为它耀眼的GDP,超越资源局限,使得那片狭小的土地过早地呈现出开放社会的态势,给民主的发展供应了适宜的温度和政治气候。"[②]

一、浙江省地方政府创新的动力机制

在这个过程中,浙江省政府扮演了主要的推动角度,通过调整发展战略促进地区发展,特别是通过出口导向政策,保护私人经济。浙江经济的成功主要归功于省政府的开放政策。有学者认为,浙江模式是市场经济中政府这只"有形的手"与市场这只"无形的手"在地方政府层面有机结合的成功范例,商人(业主)的集体行动与政府的开明决策,促成了浙江省市场的兴起和产业的发展。实现政府管理方式、权力行使方式的转变,以形成一个能够支持经济自由发展的体制环境,是浙江模式获得成功的基本前提。[③]

浙江在转变政府职能和运行机制方面,成效很大。政府相对规模逐渐缩小、微观经济事务逐渐缩减、社会管理和公共管理职能不断加强、机构改革已初见成效。

经济与政治是相互影响的,浙江的经济发展和地方政府的施政行为是分不开的。浙江省的经济社会先行与该地区的政府改革和制度创新之间是互为因果、相互促进的。一方面,政府的管理模式为经济发展创造、维护和提供了外在的环境和空间。没有政府的正确指导和强力推动,经济与社会的变革就无法顺利进行。没有政府的支持、保护、引导和推动,不会有经济的飞速发展。这主要表现为政府对经济、社会的限制较少,尊重群众的智慧和创新能力,对一时看不清、有争议的事物,采取不争论、允许试验的态度,放开了民间的手脚,为新事物提供了一个比较宽松的发展环境,从而使得浙江省的现代化"先行一步"。另一方面,经济和社会的发展反过来又推动了政府管理体制的变革。在经济快速发

---

① 陆立军、任光辉:《发展社会主义市场经济的"浙江模式"》,参见连晓鸣主编:《浙江现象与浙江学术》,光明日报出版社 2008 年版。
② 章敬平:《浙江发生了什么》,上海东方出版中心 2006 年版,第 17 页。
③ 陆立军、王祖强:《浙江模式:政治经济学视角的观察与思考》,人民出版社 2007 年版,第 4 页。

展和社会全面转型的过程中,政府也必须适应新的情况和要求进行相应的改革。也就是说,经济的发达自然会带来社会的进步和政府治理模式的变革。市场经济的发展、社会的全面转型、公民意识的勃兴以及非政府组织的发展,必然要求政府管理体制和治理模式发生相应的变化。

大致从 2000 年开始,浙江政府职能和运行机制转变,进入了政府自身改革的阶段。① 在这一阶段所做的工作有:改革审批制度、推行社会保障制度改革、建立公共财政、实施政务公开等。政府自身的改革也正在进行中。

近年来,浙江省的治理创新走在全国前列。浙江省不仅在经济社会发展方面在全国"领先一步",而且在政府治理模式上,也出现了很多制度创新。温岭的"民主恳谈会"和"参与式预算"、温州的政府效能革命、杭州的"开放式决策"、"重大工程"建设民主参与机制等,都是当地政府在地方治理层面所进行的大胆探索和实践。

2000 年至今,在"中国地方政府创新奖"中,浙江共有 6 个项目获优胜奖。② 浙江省已把地方政府创新纳入"十一五"规划,目标是加速政府自身转型。从金华进而向全省推开的"政务公开",从撤并乡镇在浙江省基层广泛推行到普遍推动乡镇政府体制改革与乡村治理的变革,从温州率先进行的"效能革命"到全省的效能建设,从"省管县"体制县级(市)政府的治理模式进一步探索到地方治理成效的显著提高,从民营经济发展壮大推进浙江非政府组织、民间商会、工会、村落民间组织的发展到浙江地方治理的多元化推进,以及杭州市对政府部门"满意不满意"的评估、湖州等地的绿色 GDP 模式、台州温岭的"民主恳谈"等,浙江省地方政府不断探索和创新治理模式。这些创新的探索和努力,不仅优化了区域制度环境,而且有力地推动了浙江的工业化、市场化、城市化与国际化。

经济、社会与政府管理的内在协调性和相互促动,构成了浙江政府管理改革的动力和演进机制。经济发展水平不断提高,要求政府提供公共产品和公共服务。经济市场化程度的不断提高,成为政府行政管理体制改革的重要动因。社

---

① 万斌:《2004 年浙江经济发展报告》,杭州出版社 2005 年版,第 26 页。

② 浙江省获得"地方政府创新优胜奖"的项目名单:第一届,金华市干部经济责任审计;第二届,湖州市"户籍制度改革"、温岭市"民主恳谈";第四届,义乌市工会社会化维权模式,宁波市海曙区政府购买居家养老服务;第五届,杭州市政府"开放式决策"。

会结构分层加速,成为强化政府职能的重要动力源。[1] 随着经济社会先行带来的公民自主意识的增强和民间组织的发展,是政府管理改革的动力。"民间组织在浙江的大量涌现和社会的自组织化程度的提高,使其在社会经济中的作用日益彰显,并以其独特的组织优势公开地介入社会公共事务的治理之中,成为不同于国家力量的一种自下而上的组织力量,对地方社会经济、对政府的决策和目标都产生了重要的影响,有效地促进了浙江地方治理的转型。"[2]多元化利益使得原来传统的"封闭一单子式"政府逐渐演变成了现代的"开放一参与式"政府。[3]

二、政府自觉意识和改革方案设计

经济和社会结构的变化只是政府管理改革的外部条件,而改革能否顺利地坚持下去,则要取决于政府的自觉意识和改革方案的合理安排。这两点构成了浙江政府治理创新最主要的经验。

经济与社会结构的剧烈变化促成了政府必须自我改革的自觉意识。创新来自于对实践的深刻认识,那些处于实践第一线的人是最能创新的,政府管理创新也不例外。只有大胆地鼓励基层去探索,才能找到最适合自己的行为方式。浙江省的政府管理改革正是遵循了这一客观规律,才取得了行政改革的成功。其做法是允许各级政府依照自己的实际情况,在遵守政治原则、不违法不违纪的前提下,大胆尝试一切可能的新的治理方式。

可行的改革方案设计和合适的改革路径选择是浙江省治理创新的另一条经验,这包括各个击破的改革方案和上下联动的改革路径选择。[4] 在对制度创新的支持上,由于更了解事物的真相和群众愿望,加上利益更为直接,较低层次的政府反而力度更大些。较高层次的政府容易受政治影响的牵制,同时注意公众

---

① 刘迎秋:《浙江经验与中国发展:科学发展观与和谐社会建设在浙江(总报告卷)》,社会科学文献出版社 2007 年版,第 151 - 155 页。

② 陈剩勇:《政府创新、治理转型与浙江模式》,《浙江社会科学》2009 年第 4 期。

③ 刘迎秋:《浙江经验与中国发展:科学发展观与和谐社会建设在浙江(总报告卷)》,社会科学文献出版社 2007 年版,第 157 - 163 页。

④ 刘迎秋:《浙江经验与中国发展:科学发展观与和谐社会建设在浙江(总报告卷)》,社会科学文献出版社 2007 年版,第 155 页。

形象的稳健性,不如基层政府那样直接而有力。[①] 但较高层次政府对创新的默许和包容,却是制度创新能够成功的政治保证。同时,改革的方案和路径设计要契合民众的利益和需求,才能获得民众的支持和积极参与。这也是政府创新和改革成功最重要的群众基础。

[①]　王自亮、钱雪亚:《从乡村工业化到城市化——浙江现代化的过程、特征和动力》,浙江大学出版社2003年版,第264页。

第四章 "民主促民生"：杭州地方政府创新

　　杭州市作为浙江省的省会城市，在治理创新上不输于省内其他地区。21世纪以来，杭州市在政府治理领域进行了很多制度创新。有一根线将这些制度创新贯穿起来，这根线就是公民参与。从重大事项公民投票到"重大工程"建设的民主参与，从人民建议征集制度到"开放式决策"，公民都参与政府过程的各个环节。"民主促民生"治理模式是杭州公民参与制度创新的产物，也是其中重要的经验总结。

　　杭州虽没有温州、台州的"先行"优势，但却后来居上，形成了被学者称为"和谐创业"的"杭州模式"。"杭州模式"给杭州的经济社会面貌带来了巨大改变。对于"杭州模式"，学者们多从经济和社会角度解读，没有思考其背后的真正逻辑。如果没有政府治理层面的相应变革，这一现象不可能发生。

　　在"杭州模式"或杭州经济社会快速发展的背后，是杭州市政府的治理创新催生的社会活力。杭州市的治理创新，着眼于民众知识和力量的运用，将公民参与引入政府过程的各个环节，因此可称其之为公民参与的制度创新。杭州市公民参与的制度创新，使公共管理真正变成了"公共"的事情。以公民权力体现出来的普通民众的有效参与，带来了实质性的结果和变化。

第一节　杭州地方政府改革和制度创新

　　改革开放以来，杭州实现了快速、持续、稳定的经济发展，杭州近十几年来 GDP 一直保持两位数增长，形成了区域经济社会发展的新模式——"和谐创业"模式。它的基本特征是人性化创业、协调创业、可持续创业和知识创业，是"天堂硅谷"与"休闲之都"的有机统一。实质上，"杭州模式"是以"风景旅游"和"历史文化名城"两者兼备作为历史文化的底蕴，以民营经济快速发展作为迅速崛起的动因，以工业化、信息化和城市化良性互动作为"和谐创业"模式兴盛的动力，以内源性民间力量推动和政府主导相结合作为主要的特征。[1]

在经济发展的推动下，杭州的城市面貌发生了天翻地覆的变化，人民群众的物质文化生活水平也得到了显著的提高，市民的生活方式有了根本的改观。杭州社会和谐发展态势受到广泛关注。杭州依托独特的区位和资源优势，立足自身文化积淀和城市特色，逐步形成了和谐创业的发展模式。近年来，杭州获得了一系列桂冠，知名度和美誉度日益提高。杭州先后获得了"国际花园城市""联合国人居奖""国家环保模范城市""全国绿化模范城市""中国最佳旅游城市""第四届中华环境奖'城镇环境'大奖"等 10 多顶荣誉称号，并连续 5 年被美国《福布斯》杂志评为"中国大陆最佳商业城市排行榜"第一名，连续 5 年被世界银行评为"中国城市总体投资环境最佳城市第一名"，连续 6 年被新华社《瞭望东方周刊》评为"中国最具幸福感城市"第一名，社会发展总指数位居全国 15 个副省级城市首位。

杭州经济与社会现代化的发展、成就与杭州政府的改革与创新实践密切相关。经济与社会的发展构成治理转型的压力，而地方政府的治理变革与创新，反过来又有力地保障了经济与社会的快速全面发展。在地方改革和社会经济发展的互动中，杭州的地方政府职能逐渐得到转变，政府结构不但得到调整，政府治理日渐得到优化，并逐渐向法治政府、责任政府、阳光政府和服务政府迈进。

一、杭州地方政府制度创新历程

21 世纪以来，杭州就推出了一系列的制度创新举措：

1999 年，开通"12345"市长热线。

2000 年，创建人民建议征集制度，市直属机关开展"满意不满意单位"评选。

2003 年，开通"中国杭州"政府门户网站。

---

① 詹真荣：《杭州"和谐创业"模式与苏南模式和温州模式的差异》，《社会科学战线》2005 年第 5 期。

2006年,城市品牌由市民投票确定,"红楼①问计":建立"重大工程"建设的民主参与机制,成立杭州市决策咨询委员会,建立起重大事项决策的专家参与制度。

2007年,市政府常委会议邀请市民参与。

2008年,建立党政、媒体、市民"三位一体"的"民主促民生"工作机制。

2009年,开放式决策机制形成。

从杭州政府创新的实践中我们可以看出,公民参与是制度创新的主线。杭州市委、市政府通过在治理过程中引入公民参与,聚集民智、利用民力,实现决策、执行、监督等环节的优化。

表4-1　杭州市公民参与制度创新

政府过程	信息收集和咨询	决策	执行	监督	评估
公民参与机制	人民建议征集制度	市民投票开放式决策	"重大工程"建设民主参与机制,社区自治	"12345"市长热线,互联网官民对话	公民导向的政府绩效评估

杭州市通过政府创新,从地方管理逐渐走向地方治理,形成了一个"公民导向、多元主体、政府主导、合作治理"的参与式地方治理结构。

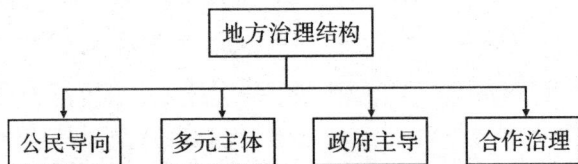

图4-1　杭州地方治理结构

在地方治理结构下,地方政府不再是地方公共权力的唯一中心。地方的治理结构不再是金字塔式的权威等级体系,而是由地方政府、自愿团体、私人组织

---

① "红楼"是杭州市城市规划陈列馆的别称,位于杭州市中心延安路上。"红楼"自开馆以来,就试图搭建起政府与百姓沟通的桥梁,搭建百姓参与城市建设重大项目的平台。杭州市城市建设重大项目规划,都会在这里公开展出,展前做好媒体的信息发布,展中反复征询、收集市民的意见和建议,展览结束后会认真梳理意见和建议,以深化和优化建设方案。近年来,西湖综合保护、西溪湿地综合保护、运河综合整治与保护开发、市区河道综合整治与保护开发、铁路东站概念设计比选、城市河道保护、运河旅游亮灯方案、中山路综合保护与有机更新项目等几十个重大的城建项目,均在这里向市民群众公示。

等构成的一个平面的网络结构。传统的由地方政府主导的地方公共事务的空间，变成了公民个人、其他组织和政府共同表演的舞台。在这个网络结构中，政府建立了各种形式和层次的伙伴关系，共同致力于地方治理的实现。

地方治理的目标是"善治"，也即公共利益的最大化。地方政府与公民良性互动合作是地方治理的核心，而要实现合作，就必须大力推进公民参与。公民是地方的主人，没有公民参与，地方治理就只是个空壳。因为没有公民参与，依托于横向的公民参与网络和自主管理运转的地方治理就丧失了存在的基础。地方治理发展与公民参与推进是紧密联系在一起的。① 公民参与和赋权，既是地方治理实践采用的策略工具，也是地方治理追求的善治目标。

在杭州地方治理中，杭州市培育新的治理主体，即社会复合主体，完善多元治理结构。强调以项目为基础，积极鼓励党政界、知识界、实业界、媒体界"四界"联动，形成多方参与以协商方式解决问题的合作形式。到 2008 年末，杭州已经培育出各种各样的社会复合主体 20 多个。②

总之，21 世纪以来，杭州市通过制度创新，不断拓宽民主参与渠道，创新民主参与方式，健全民主参与制度，不仅推进和深化了民主，增强了政府的合法性；而且优化了政府的决策、执行和监督评估过程，有效提升了政府的治理能力，改善了政府与公民关系，促进了社会的健康、可持续发展，产生了显著的治理绩效。

二、城市政府制度创新的民主取向

民主说到底是一种治理方式，一种生活方式，民主的本质在于参与。"民主政治"这一概念的共同核心就是政治参与——公民参与政治。③ 在现代民主理论看来，民主通过公民参与体现出来，公民参与正是民主的价值所在。公民参与的数量扩大了民主的规模，公民参与的范围深化了民主的程度。城市治理中的公民参与，目的是影响和改变治理绩效，进一步地优化公共治理。

城市是民主制度的发源地，雅典城邦的民主制是最原初的民主实践。现代

---

① 孙柏瑛：《当代地方治理——面向 21 世纪的挑战》，中国人民大学出版社 2004 年版，第 213 页。
② 刘铎：《努力改善城市治理机制，不断提升城市治理水平》，第四届全国生活品质论坛主题发言，杭州，2009 年。
③ 郭秋永：《当代三大民主理论》，新星出版社 2006 年版，第 10 页。

城市和希腊的城邦相比,发生了天翻地覆的变化。现代城市中人口密集,社会结构和利益格局复杂,城市事务的复杂是实行民主的客观条件,而城市居民的民主意识和政治能力相对农村居民来言,要成熟一些,这是推行民主的主观条件。对于城市政府而言,民主是有效城市治理的一个合适的选择路径。

随着中国城市化的发展,杭州市从战略和全局的角度出发,以比较优势和差异竞争的思路,开始探索有自身特色的科学发展道路。2002 年,中共杭州市第九次党代会确立了"构筑大都市,建设新天堂"的新一轮发展目标后,城市建设进入了一个跨越式的发展时期。同一时期,杭州地方政府提出要培育、塑造"精致和谐、大气开放"的杭州人文精神,并实施了由西湖时代迈向钱塘江时代的发展战略。2004 年 11 月,杭州提出了"和谐创业模式",简称为"杭州模式"。同时推出了完善杭州"休闲—文化—创业三位一体"机制的发展战略。

在城市的快速发展中,杭州市委、市政府越来越意识到城市治理的重要性。今天,只有实现良好治理的城市才能在全球化的竞争中脱颖而出。要实现城市的良好治理,就需要发挥多元的、各方面的力量。以往无论是城市建设还是城市经营,都是政府唱独角戏。随着公民民主诉求和权利意识的增强,公众开始有了参与城市治理的需求。而且,由于教育的普及和知识水平的提高,现代信息传播技术的发展,也使得公民具备了一定的参与能力和参与渠道。因此,公民参与城市建设和城市发展,既是民主化的趋势,是一个民主社会未来的发展能力的重要先决条件,又是城市良好治理的要求。

在很多发达国家,对公众参与城市治理都有专门的规定。1999 年联合国人居署发起的全球城市治理运动,其主题就是包容性城市。包容性的主题既反映了这一全球运动的目标,也反映了运动所采用的战略。一个包容性的城市所推动的是公平发展,它使每个人都能获得城市提供的社会、经济和政治方面的充分参与机会,而不论其经济条件、性别、种族、民族或宗教。民主的、参与式的规划和决策是实现这一目标的重要手段。

近年来,在整个杭州城市发展过程中,广大市民发挥了主体作用,积极参与杭州城市发展战略选择与确定,如采取公民投票的形式选择城市品牌和城市标志、民主参与重大工程规划和管理等。杭州市委、市政府在其中充分发挥了组织、协调、服务的作用,为民主参与创造条件,保障公民的权利与民生幸福。

三、政府官员执政理念的深化

从 2000 年创立人民建议征集制度开始,杭州地方政府就在探索新的城市治理模式。① 自人民建议征集制度之后,杭州市又推出了"满意不满意单位"评选活动,经过多年实践,形成了公民导向的政府绩效评议模式。2006 年,以市民投票的方式确定城市品牌。2007 年,市政府常务会议开始邀请市民参与。杭州市已经在用民主的方式提升治理的绩效,但没有明确提出"民主促民生"。2008 年初,时任杭州市市委书记王国平在与市属两大媒体集团负责人座谈时,明确提出了"民主促民生,民主保民生"的理念。

21 世纪以来,随着杭州经济社会生活的发展,公民民主参与的诉求和热情进一步提高。1999 年 11 月 6 日,杭州市政府通过当地报纸、网络发布公告,向社会各界公开征集次年市政府为民办实事项目,在短短的 20 多天里,就收到社会各界实事项目 1000 多件。2004 年杭州开始实施的涉及 258 个社区 153 万市民的背街小巷改善工程,推出了市民参与监督建设方案、施工管理和工程效果,市民参与面在杭州市历史上空前,市民建议被采纳率达 76%。

在杭州著名的"19 楼论坛"和"杭网议事厅"上,网民积极参与和市长、职能部门官员的定期民主恳谈。公众对自身利益和公共利益,对政府行为的关心,对了解公共信息的强烈诉求,都对政府在更加民主、开放的基础上合理和有效地进行管理提出了新的要求。杭州"民主促民生"实践,是政府积极回应民意、顺应民意,探索新的治理模式的成功努力。

由此可见,"民主促民生"理念的提出,是杭州市委、市政府执政理念转变和民主意识提升的结果,也是杭州市委、市政府对民主与民生问题理解的深化。

民生问题关系到公民的切身利益,是公民的幸福和福利所在。地方政府的核心职能是提供服务,为辖区居民提供基本的民生服务,包括治安与法律的维护、基础设施的提供与维持、社会和医疗保障、公民教育和发展机会的拓展以及生存环境的保护等,一句话,民生问题即公民的衣食住行等方面的基本问题。对

---

① 陈剩勇等:《参与式治理与人民建议征集制度》,参见余逊达、赵永茂主编:《参与式地方治理》,浙江大学出版社 2009 年版,第 50-75 页。

民生问题的关注就是为个人和群体的生存和发展创造良好的外部环境，追求"善治"和人类社会的可持续性。

要解决民生问题，实现个人和社会的持续发展、和谐发展，单靠政府是不够的，仅凭政府一家不能实现"天下大治"，需要运用全社会的知识和力量，要充分发扬民主，在政府与市场、社会之间建立伙伴关系，实现对民生问题的合作治理。政府尤其要同普通公民进行协作，因为民生问题与他们息息相关，和他们的直接利益联系在一起。民主最直白的表述是：与大众攸关之事，必须大众做主。也就是说，要解决民生问题，就必须实行民主。

民主是现代政治文明的核心价值之一，对民主的追求和渴望源于人们内心深处主宰个人生活的渴望和冲动。个人的事情自己做主，集体的事情大家做主。从这个意义上讲，民主是集体行动的机制安排和组织方式，是一种治理方式和生活方式。民主是人类社会的普世追求，并不是洪水猛兽。中国共产党"十七大报告"提出，民主是社会主义的本质特征，人民民主是社会主义的生命。

在现代民主理论看来，民主并不能简约化为选举，对选举的迷信恰恰虚置了民主。民主意味着人民的权利和统治，人民的权利和统治只有通过不断地、有意义地参与才能体现出来。在现代政治图景下，公民参与正是民主的价值所在。只有广泛的、积极的公民参与，才能更好地实现公民的切身利益，民生问题的解决有赖于公民的广泛参与。公民通过广泛的、实质性的参与，实现对国家权力和公共生活的控制。

还有，公民参与是沟通政权与治权的桥梁。现代民主政治始终存在一个张力：政权和治权的冲突。人民的权力不会自动地转换为人民的福利，要消弭政权与治权之间的鸿沟，使"民有"的理想变成"民治"的现实，最终实现"民享"的目标，积极、有效地公民参与是合适的选择路径。"民主促民生"模式正是通过公民参与的"民治"方式，获得"民享"目标的达成。反过来，"民享"的实现及改善公民的经济社会条件和提高民主观念和公民意识，有助于更好地行使"民治"。也就是说，依靠民主改善民生，通过民生深化民主。

众所周知，政治权力是最重要的资源，是能够分配其他资源的资源。对公民而言，民主首先意味着权利。没有权利让渡和转移的民主是没有任何意义的。在现代民主理论看来，民主的关键在于参与。因此，公民参与也就意味着是权利的让渡、转移和分享。

如美国著名哲学家杜威所说，"民主必须始于公民的家园，而这个家园就是我们邻里的社区"。[1] 普通民众的民主参与可能受公共责任驱动，也可能受私人利益驱动。在这里，就存在一个"公""私"关系的问题。公共利益和私人利益并不是截然对立的，公共利益是私人利益的总和，没有私人利益的公共利益是不可持续的。可以说，公共责任和公共利益，也是建立在私人利益基础之上的，是一个更长远的、更宏观的私人利益。因此，私人利益是民主参与的最大驱动力。进一步讲，即使受个人效能感和成就感驱动的民主参与，严格地说也是受个人利益，也即情感利益驱动的。

根据这个分析我们可以得出：民主参与最有效的舞台在地方层面，在与公民切身利益相关的领域。正如佩特曼所说，在现代条件下，只有个人有机会直接参与地方层次的决策，才能实现对日常生活过程的真正控制。[2] 在这里，公民的民主参与和公民的个人利益相连，能够带来利益和资源分配的变化，也最能够实现公民个人的效能感和成就感的满足。

因此，以民生问题为载体进行民主建设，容易吸引人民群众广泛参与，并且可以实现民主的日常化、生活化，日积月累，能够有效地提高人民群众参政议政的自觉性、主动性和积极性，从而促进社会主义民主政治建设的不断发展。[3]

第二节 杭州的"民主促民生"战略

杭州的"民主促民生"战略既是政府治理模式的创新，也是对杭州多年来城市民主实践的总结。21世纪以来，杭州市在公民参与城市治理方面进行了一系列制度创新。经过多年的探索，从公民直接参与政府决策到政策执行，从信息咨询到绩效评估，杭州的民主实践最终形成了一个战略，即"民主促民生"战略。

---

① ［美］理查德·C.博克斯：《公民治理：引领21世纪的美国社区》，孙柏瑛译，中国人民大学出版社2005年版。

② ［美］戴维·赫尔德：《民主的模式》，燕继荣等译，中央编译出版社2004年版，第339页。

③ 蓝蔚青：《杭州市构建党政、市民、媒体"三位一体"的"以民主促民生"工作机制研究》，《杭州日报》，2009年1月31日。

一、以民主参与促进民生治理

杭州市"民主促民生"战略,是以民主(参与)的方式实现民生(治理)的改善。"民主促民生"战略通过扩大和深化公民有序参与,赋权于公民,使各个利益相关者广泛深入地参与到公共事务的决策和管理过程中,在政府、公民个人、媒体和社会团体之间建立起平等协作、良性互动的伙伴关系。通过政府与社会之间的分权,培育公民社会,催生公民参与的制度空间,为公民社会的自组织参与拓宽渠道。

杭州的"民主促民生"战略,也是一个包容性的城市发展模式,是一个参与式的城市治理模式。杭州市前任市委书记王国平认为:"我们办任何事情,即便是'民心工程',也未必是普惠的、均等的,也必然涉及老百姓切身利益的调整。解决'民心工程'实施过程中涉及老百姓切身利益的调整问题,不能由领导拍板、不能靠行政干预,只能通过发扬民主特别是基层民主的办法来解决,真正做到杭州的事大家来办,老百姓的事老百姓来办。只有发扬民主,才能改善民生;只有改善民生,才能体现民主;只有做好民主民生文章,社会才能和谐。"反之,即使党委政府花钱来改善民生,但由于民主不到位,最终民生问题很可能还是解决不了。在这样的理念指导下,"民主促民生"成为杭州加快推进民生难题解决的理念引导和生动实践。

杭州"民主促民生"不单是党政、媒体、市民"三位一体"的工作机制[①],而且包含了公民参与的众多面向,从决策参与、合作生产到协作治理,是一系列民主参与机制和实践的总称。

二、"民主促民生"治理机制

杭州市"民主促民生"治理模式的具体操作程序可以概括为"四问四权",通过具体的、可操作性的措施,将公民的民主权利落到了实处,即"问情于民"落实知情权,"问需于民"落实选择权,"问计于民"落实参与权,"问绩于民"落实监督

---

① 蓝蔚青:《杭州市构建党政、市民、媒体"三位一体"的"以民主促民生"工作机制研究》,《杭州日报》2009 年 1 月 31 日。

权,使得公民可以参与政府过程的信息咨询、决策、执行、监督和评估等各个环节。"四问四权"不仅保障了公民的民主权利,推动了民生问题的有效解决,而且改善了城市治理,促进了城市的和谐发展和可持续发展。

党政、媒体、市民"三位一体"的"以民主促民生"的工作机制,是在城市治理过程中充分发挥党政主导力、市民主体力、媒体引导力,搭建民主协商平台,保障"四问四权"的行使,引导公民以民主协商的方式解决不同利益个体、群体之间的矛盾。"民主促民生"工作机制的主旨是在城市治理过程中运用多方力量,实现公共事务的民主治理、合作治理,从"善政"走向"善治"。

（一）"四问四权"：公民权力保障机制

城市治理是政府、其他非政府组织和公民等多方利益主体进行集体选择和行动的过程,城市治理需要协调分散化的多元权利主体的利益,促成合作关系的建构,通过集体行动以实现对城市公共事务的有效管理,促进公共利益的实现。"在现代城市中,对公共事务的最佳管理和控制已不再是集中的,而是多元、分散、网络型以及多样性的,这就涉及中央、地方、非政府组织、个人等多层次的权利和利益协调——这种由各级政府、机构、社会组织、个人管理城市共同事务的诸多方式的总和就是城市治理"。[①] 要实现城市治理,就需要运用民主的方式,发挥公民和其他主体的智慧和创造力。民主是城市主体多元化、城市社会群体分化、社会多元化和技术信息化的必然选择。

1．"四权"

民主不是抽象的价值,而是体现为一系列公民权利,比如选举权、创制权、决定权、复决权和罢免权等。在杭州"民主促民生"模式中,公民的民主权利主要包括"四权"：知情权、参与权、表达选择权和监督权。在杭州,"让公民来当家"[②]的第一步就是要给予公民以知情权和参与权。民众参与决策的有效性有赖于其对决策所需信息的掌握。同时,必须保证信息的自由流动,及时公布有关的文件档案和数据。还应加强信息高速公路建设,为民众利用互联网等手段获取信息提供便利,鼓励公众就重大政策问题展开公开讨论和对话,充分发表自己的意

---

① 顾朝林：《发展中国家的城市治理研究及其对我国的启发》,《城市规划》2001年第9期。

② 陈剩勇、钟冬生、吴兴智等：《让公民来当家》,社会科学出版社2008年版。

见。自由、独立的新闻媒体在增加决策过程的透明度和保证民众的知情权方面发挥着不可替代的重要作用。应当保证新闻出版的自由,强调行业伦理和内部自律。①

"老百姓有权知道政府在干什么,要最大限度把群众呼声体现到政府决策中。"2008年7月,时任杭州市长蔡奇在首设市民席的市政府第30次常务会议上强调,"凡是涉及百姓利益的建设工程、实事项目、政策措施,都要向群众公开,具体的实施过程,也要努力让群众了解和参与,充分尊重群众的民主权利。"杭州市确立了事关民生、事关发展的重大项目必须举办民主恳谈会和民主听证会、重大事项公示制度。2008年以来,市政府常务会议通过网络视频直播和邀请市民代表的方式向公众开放。市政府还决定,今后凡是讨论涉及群众切身利益方面重大问题的会议,将视情况采取网络直播或面对面的形式,实现政务公开,保障老百姓的知情权和参与权。

公民的表达权和选择权体现为通过各种渠道对政府公共事务、重大工程项目的建设提出自己的意见和看法,并能够得到回复和反馈,在涉及公民自身的问题和项目上,公民有选择权。比如在庭院改善工程中,具体如何实施,由每个庭院的老百姓说了算。

公民的监督权体现为居民通过各种形式对政府工作进行监督并进行评议、打分。最合适的例子就是公民导向的政府绩效评估机制。②

2. "四问"

城市治理的主旨是改善城市居民的民生福利,发展的目的是为了人民。因此,事关老百姓福祉的民生问题,应该让老百姓自己来做主。城市治理要求政府运用民主的方式,集中各方知识和力量,群策群力。"以民主促民生"模式以"四问"的形式落实"四权"。坚持问情于民、问需于民、问计于民、问绩于民,落实人民群众的知情权、参与权、表达选择权、监督权。

首先,"问情于民"。公民是城市的主人,城市发展的最终目的是改善和提升公民的"生活品质"。因此,在城市治理中要从公民的需要和要求出发,以公众意

---

① 刘明珍:《公民社会与治理转型——发展中国家的视角》,中央编译出版社2008年版,第163页。
② 2000年,杭州市开始在市直机关进行评选"满意单位或不满意单位"的活动。经过十多年的考评标准、考评方法、考评体系等方面的创新和改进,现在已基本形成了较为成熟的政府绩效评估的"杭州模式"。

愿为出发点,才能把握和解决人民真正感兴趣的、与其福利和幸福休戚相关的城市公共问题。

其次,"问需于民"。在具体的民生项目上,要调查研究,从实际出发,找准普通公民最迫切的需求和利益所在,保障公民的基本权益,如此才能做到科学决策,避免政绩考量和形式主义。

再次,"问计于民"。在城市治理中,公民是主体之一,拥有丰富的地方知识和民间智慧。政府通过"问计与民",可以将公民的地方知识和专业知识结合起来,以实现公共利益的最大化。

最后,"问绩于民"。在执行过程中,公民的意见通过多种渠道向政府反馈,民生项目等要接受公民监督,由普通公民对民生工程和项目的绩效作出评估。

在民生工程和项目中,"四权四问"已经制度化。通过"四权四问"民主程序,将公民的民主权利落到实处。一方面,增强了公民对政府的信任和认同,形成了良好的政府与公民关系;另一方面,通过"四问四权",集中公民智慧和意见,不仅提高公共决策的科学化、合理化程度,而且有利于政策的执行和修正,使政策和工程项目得到更顺利地贯彻和实施,更有利于民生幸福。

（二）多元治理主体的工作机制

"民主促民生"模式要得以实施,必须有一个可操作性的工作机制。杭州市建立了党政、媒体和市民"三位一体"的以"民主促民生"工作机制,充分发挥党和政府的主导作用、市民的主体作用、媒体的引导和协商平台作用,实现多元治理主体的通力合作。

杭州市各级政府在以"民主促民生"工作机制中发挥了主导作用。具体表现在:其一,政府推动了各项民主决策机制的建立。通过推进党务公开、政务公开,建立基层党代表列席市委全委会、常委会制度、党代表建议征集办理制度、政府重大会议邀请人大代表、政协委员、市民代表列席制度,健全专家决策咨询制度,使党政民生问题决策更加民主、更加科学。其二,各级政府完善民生工程的实施体制。杭州市建立了市、区、街道、社区四级共同推进的领导体制,形成了条块结合、以块以主的"块抓条保"工作保障体制,充分发挥街道、社区工作人员熟悉市民、密切联系市民的优势,努力使问题发现在基层、解决在基层,确保各项民生工程的顺利推进。其三,政府主导了民生工程的民主参与机制。通过入户调查制、听证会、民情恳谈会、现场答疑会、新闻发布会、设计方案公示、工程质量义务监督员、市民参与工程验收、工程质量回访制等一系列制度的推出,确保市民参与工程实施的全过程。

媒体创造协商平台,是民主参与的主要推动者,以"民主促民生"工作机制通过媒体搭建公共协商平台①,保障普通公民拥有平等的知情权、话语权和参与权,以民主协商的方式参与社会公共事务管理,表达利益诉求,通过党政、媒体、市民的互动,搭建政府和民众之间的沟通和协商平台。

杭州市两大市属媒体集团以"光复路148号厕所分配"②项目为契机,推出了一批"以民主促民生"栏目。杭报集团依托"六报一网",先后开设了10个"民主促民生"栏目。《杭州日报》开辟"市民议事广场"栏目,《都市快报》创设"发扬基层民主·切实保障民生"和"民主促民生圆桌会"专栏,《每日商报》开办"民生议事厅"栏目,《萧山日报》开设"今日帮办"栏目,《富阳日报》创办"E动直播"和"民事众议厅"栏目,《城乡导报》开设民生服务版面,"杭州网"推出"民生在线"栏目。杭州文广集团也开设了大量的"以民主促民生"节目,如杭州电视台综合频道的"民意晒场",西湖明珠频道的"七嘴八舌""民生民言",生活频道的"小夏议议吧",杭州人民广播电台新闻综合频率的"市民议事厅""记者再报告",西湖之声的"民主促民生,有话好好说",交通经济广播的"小马说民生"等栏目。"杭州网"推出"民生在线"和"杭网议事厅"等栏目。

媒体通过这些栏目的开设,搭建了"民主促民生"的最佳传播和协商平台。

---

① 杭州日报报业集团课题组:《着眼民生构筑推进协商民主的媒体平台》,《杭州市委党校学报》2009年第3期。

② 2007年底,市民丁红斌写信向杭州市领导反映,某所居住的光复路筒子楼旧房修缮后,每户人家可拥有自己的厕所,本来这是好事,但由于五楼三户人家在厕所分配问题上互不让步,造成三间厕所都不能正常使用,日常生活比改善前共用厕所时更不方便,要求市领导给予重视,帮助解决。时任浙江省委常委、杭州市委书记王国平看到信后,专门提出了"民主促民生,民主保民生"的新理念,并以此为例要求媒体关注民生。2008年2月16日,《杭州日报》推出首篇报道,呼吁"既然政府花钱办了好事,咱老百姓一起动动脑筋,让好事办好"。此后,杭州两大媒体集团(报业和文广)联手,开辟专栏,组织网上讨论,发表各类报道,每天通过报纸、电视、广播、网络等多种传播方式进行全面追踪,为市民出主意、提意见提供热线电话、短信、网络投票等多种渠道。经过党政、市民和媒体连续三周的共同努力,这件社区协调30多次未果,拖了半年之久的烦心事,终于获得圆满解决。

一方面,新闻媒体通过对民生新闻的报道,促进了公众知情权的实现;另一方面,媒体对涉及老百姓切身利益的民生问题,搭建起政府与市民之间互动沟通的平台,为社会不同群体提供了民主协商的公共空间,通过开放性、参与式的公共协商平台的建立,让大众自己行使民主权利,自己寻找解决问题的办法,也使得党和政府解决民生问题的努力,得到了广大市民的理解和支持。使得各方能够在互动中统一思想、达成共识,在协商中化解矛盾、解决民生问题。

"四问四权"体现了公民的权力,是建立以"民主促民生"工作机制的程序保证。在民生工程实施过程中,政府相关部门必须坚持问情于民、问需于民、问计于民、问绩于民,"干不干"让百姓定,"干什么"让百姓选,"怎么干"让百姓提,"干得好与坏"让百姓评,切实落实人民群众的知情权、参与权、选择权、监督权,真正做到城市的民主治理。以"民主促民生"工作机制通过落实"四问四权",不断拓宽民主参与渠道,创新民主参与方式,健全民主参与制度,保证人民群众当家做主,使发扬民主成为改善民生的动力。

在杭州市"民心工程"的推进和实施过程中,以"民主促民生"工作机制发挥了重要的作用。中国社会学会前会长李培林评价说,杭州以"民主促民生"工作机制为开创党委、政府与民间合作治理城市公共空间的新模式提供了一个成功范例。①

第三节　公共决策参与和协作治理

在治理转型的背景下,地方政府治理模式正在经历着深刻的转变:政府决策过程日趋开放,政府过程中公民参与深化,公民参与热情高涨,政府治理正在经历转型。杭州治理创新的一系列举措,贯穿了公民参与一条主线,通过公民参与的制度创新推进地方治理转型。因此,杭州市公民参与的制度创新可归结为一个模式,即"民主促民生"模式。杭州"民主促民生"既是城市治理的新理念,也是一种民主治理模式,要求公民参与公共决策,要求公共事务的民主治理以及民

---

① 李培林:《以民主促进民生,以民生提升民主》,杭州,第四届全国生活品质论坛发言,2009 年 12 月 5 日;参见:http://z.hangzhou.com.cn/4thshpzlt/content/2009-12/05/content_2940566.htm。

主评估和民主监督,是公众参与决策、参与执行和合作治理的体现。其中,公民对公共政策的参与,直接关系到城市公共资源分配。而直接参与到政府治理过程中,不仅有利于增强公众的政治效能感,更重要的是能够实现合作共治的社会理想。

"民主促民生"战略对决策过程中公民参与的强调,为政府决策带来了必要的地方知识和信息,有助于地方政府决策的科学化;而公民广泛参与和影响政府决策,又是决策民主化必要的保障。"民主促民生"模式通过参与决策和协作治理,推动了政府运作方式乃至管理方式的创新,契合了现代公共行政的精神。在政府与公民之间建立起互动合作的伙伴关系,不仅有助于政府职能的转变和重新界定,而且在某种程度上获致"人民和政府一体"。同时,公民参与是公民围绕地方公共事务,参与地方公共政策过程,实现自主自治管理的实验室和训练场,是培育民主意识和公民精神的"学校"。① 公民参与的发展,带动公民社会的成长,公民社会的自我组织和自我管理,大大减轻了政府的压力,为地方政府的改革创设了一个良好的外部环境。

一、公共决策参与

公共决策参与意指公民对公共政策的参与,是公民参与到公共政策的制定过程中,对公共政策的出台发挥主要影响甚至改变政策。按照戴维·伊斯顿的说法,政治"是对全社会的价值作权威性的分配",公共政策是进行价值分配的首要凭借。在今天,如果大多数公众对公共政策过程十分冷漠、麻木不仁甚至极力反对,那么政府的决策制定会被证明是毫无意义的。② 因此,公共政策的参与主体必须是大范围的、非特定的公民。

公共决策参与的过程是不同的利益得以调和并采取联合行动、形成共同价值的过程。公民参与公共政策能够保证不同利益诉求的覆盖度,实现公众对公共政策的影响和控制。政策过程包括政策咨询、政策制定、政策执行和政策评估

---

① 孙柏瑛:《当代地方治理——面向21世纪的挑战》,中国人民大学出版社2004年版,第217页。
② [美]约翰·克莱顿·托马斯:《公共决策中的公民参与》,孙柏瑛等译,中国人民大学出版社2005年版,第1页。

等环节,但核心是政策制定。决策参与的核心就是公民直接参与政策的制定过程。

当然,参与必定是决策参与和利益分享的过程,而不能仅看有多少人"参与"了这一过程。如果居民没有决策权,不能对决策施加实际的影响,那么只能是形式上的参与,并不能构成有效的参与。

地方决策往往涉及直接关系公民日常生活的事宜,例如供水、供电、公共生活设施的建造、居住区道路设置以及短途公共交通的供给等。公众了解他们自身的需求和利益,因此能较好感受到一个即将做出的决定是否具有本质重要性。倘若他们未参与对自身而言重要的决定,相反只是参与对自身来说不重要的决定,那么他们的参与动力不会持久。因此,一个想要获取合法性的行政机构必须将重要的事务向公众咨询开放。而且,一种体验的民主始终处在变化中。一旦开始,公众可能不久以后就会要求在其他领域也获得参与机会。①

在杭州"民主促民生"模式中,公共决策参与主要包括开放式决策和重大事项市民投票。开放式决策是指在政府常务会议"会前"充分征集民意后将政府决策事项提交市政府常委会,"会中"邀请人大代表、政协委员和市民代表列席会议发表意见,市民也可以通过网上留言发帖或网上视频直播参与决策讨论,"会后"由市有关部门在 24 小时内给予网民及时回应的市政府常委会决策模式。在杭州市政府正式出台的《开放式决策程序规定》中,规定了市民可参与政府的八类事项决策。②

杭州市重大事项的市民投票,源于 2006 年 10 月开始的杭州城市品牌征集和确定,运用于随后的"三评西湖十景"和杭州城市标志确定中。通过市民投票机制,杭州市充分运用公众智慧,将地方知识和专家知识、普通民众和城市精英

---

① 刘平,鲁道夫·特劳普—梅茨:《地方决策中的公众参与:中国和德国》,上海社会科学院出版社2009 年版,第 4—5 页。
② 这八类事项主要包括:拟提交市人代会审议的政府工作报告、全市国民经济和社会发展计划报告、财政报告等;城市总体规划、市域城镇体系规划、经济社会发展规划、重点专项规划;重要的地方性法规草案、政府规章草案;事关群众切身利益的重要改革方案与公共政策;群众日常办事程序和社会公共服务事项等的重大调整;涉及群众生产生活的重大公共活动、重大突发公共事件应对方案;加强市政府自身建设的重大事项;市长提出的其他重大事项。但是,上述事项中依法不得公开或不宜公开的除外。参见王力:《市民可参与政府八类事项决策》,《杭州日报》2009 年 1 月 24 日。

结合起来，通过公开征集、专家评议、公民投票等方式，最终确立了杭州市的城市品牌和城市标志等城市无形资产和公共物品。

二、官民协作治理

在传统的治理模式中，利害相关者通过选举这样的权力委托方式，将公共管理权交给政府，由政府通过职业官僚来进行治理。传统治理模式的专业性和精英色彩，在长时期内给人类社会带来了效率。然而，作为这一治理模式主体的政府，也存在一个逐渐"异化"的过程。而且，政府的干预也存在一个效率递减的问题。另外，政府与公民之间的委托关系的成功运转必须建立在信任基础之上。政府自身的"异化"以及低效率影响到公民对政府的信任，造成公民的政治冷漠和疏离感，从而损害了民主，背离了政治的主旨。效率和民主的双重压力带来治理模式的转变。新的治理模式是政府、市场和公民社会共同参与的多元治理、合作治理。

现代民主论强调普通公民的直接参与，在不断地参与实践中扩大和深化民主。不管是参与民主还是协商民主，都是交互性民主的形式，是在参与、对话、协商与合作过程中实现和获得的民主。在这里，民主不仅是工具，更是目的。作为民主载体的公民参与一方面是实现"善治"的工具，另一方面也是"善治"的内在属性和要求。

"民主促民生"模式正是如此，民主一方面是改善民生问题的工具，另一方面在参与民生问题的解决过程中教育公民，培养公民的民主意识和政治能力，使其自身能够获得发展和完善。

在杭州的"民主促民生"模式中，如果说公民参与决策是影响和决定公共资源分配的重要通道，那么合作治理就是公民直接参与公共事务的管理。协作治理主要包括重大工程建设的民主参与和社区层面的公民直接管理。

重大工程项目是指对城市经济社会发展具有重大影响、与公众利益直接相关的由政府投资的城市基础设施、社会文化设施、生态环境设施等公共工程。近年来，杭州实施的重大工程项目主要有"西湖综合保护""西溪湿地综合保护""运河综合保护""三口五路""一纵三横""十纵十横""背街小巷改善"和"庭院改善工程"等。重大工程建设中的民主参与是指公民通过合法途径行使对建设项目的知情权、选择权、参与权和监督权的行为，维护公众权益，确保工程顺利实施，使"重大工程"成为"惠民工程""民心工程"。

社区层面的公民治理主要是指公民能够有效地介入到社区发展的有关决策和管理过程中，逐渐改变政府在社区建设中的行政主导地位，最终实现社区自治，走向公民治理。在公民治理模式下，社区官员是公民管理的顾问而不是控制者，他们的功能将转换为公民参与管理的促进者、协调者和专业咨询者、辅助者，实现某种权利的让渡和转移，并推动公民对社区事务进行直接管理。①

第四节　参与式城市治理

让市民参与到城市治理中来，已成为当前城市发展的一个潮流。在一些发达国家中，新公民参与运动得到认同并逐步推广。新公民参与运动与传统市民参与不同，它更强调市民从政策制定到实际操作的全程参与。而且，新公民参与一反传统市民参与的精英主义色彩，扩大了市民参与的范围，包括低收入阶层和弱势群体。公民参与城市治理不仅可以使政府在决策时获得更多有关市民偏好的信息，还可以提高市民对政策的接受程度，因为，对市民而言，参与城市治理可以保证公共服务更符合自身需求，促进更透明的政府治理体系的形成。

就我国而言，我们的城市治理模式正在进行一场变革，即从治理理念出发，赋权于公民，建立起城市治理的新模式，在政府、私人部门、非政府组织之间建立伙伴关系，使各种利益相关者能够参与决策。通过公民的广泛参与，实现政府、市场与社会之间的良性互动，共同面对城市公共问题，管理公共事务，提高城市治理质量，推动城市经济、社会、环境的协调发展。

杭州市在城市建设和城市管理过程中，凡涉及城市公共事务的决策，都采取公开、民主的方式。根据《杭州市政府开放式决策程序规定》，事关群众切身利益的重要改革方案，与群众日常办事服务有关的重大调整方案等，除了依法不得公开的，统统都要向市民公开，邀请普通市民参加。也就是说，关系到群众切身利

---

① ［美］理查德·C.博克斯：《公民治理：引领 21 世纪的美国社区》，孙柏瑛译，中国人民大学出版社 2005 年版，译者前言。

益的重要改革方案以及和群众日常办事服务有关的重大调整等，都必须进行公开决策，听取公众意见。涉及城市民生的重大事项，实行民主管理，以"民主促民生"。

一、城市建设中的公民参与

"城市，让生活更美好"。作为公共事务的城市建设，目的是为市民打造一个良好的生活环境，其直接关系到普通民众的民生幸福。因此，更需要引入民主机制，依靠包括政府、市场和公民社会在内的多元力量的参与。政府在其中发挥主导作用，但不可能"包打天下"，还得有资本的力量，同时发挥民主的优势，引入民众的智慧与创造力。

在整个杭州城市建设与发展过程中，以"民主促民生"战略为依托，广大市民发挥了主体作用，社会复合主体积极参与，杭州市委、市政府在其中发挥了组织、协调、服务的作用，为民主参与创造条件，保障公民的权利与民生幸福。城市建设中的民主管理通过"重大工程"民主参与机制、"民主促民生"工作机制体现出来，保证了重大建设决策的科学化、民主化和规范化，从而在政府与公民之间形成了一个互动合作的良性合作生态，使城市建设真正做到"一切依靠民众，一切为了民众"。

通过"民主促民生"工作机制，杭州市委、市政府搭建起了社会复合主体这一民主参与的有效平台，将知识界、行业界、媒体界等社会各界力量引入重大社会性项目建设、事业发展和知识创业、特色行业提升中，并使各方的参与经常化、制度化，把协商民主渗透到城市发展进程的各个环节。

二、从城市管理到城市治理

城市治理是指"在现代城市中，对公共事务的最佳管理和控制已不再是集中的，而是多元、分散、网络型以及多样化的，这就涉及中央、地方、非政府组织、个人等多层次的权利和利益协调——这种由各级政府、机构、社会组织、个人管理城市共同事务的诸多方式的总和就是城市治理"。城市治理是治理理念在城市管理中的运用，城市治理需要各种主体基于城市利益和城市文化的认同，彼此合作、共同参与和联合行动,从而有效满足公共服务需求和协调利益矛盾冲突,最终满足城市居民不断增长的物质文化生活需求。

城市治理是社会多种力量的协调过程,是多元主体对城市公共事务的合作安排,涉及城市政府、市场组织以及公民社会之间的关系。当前我国城市治理变革的重点是改变原有的以单一行政控制为基础的城市管理,创新城市治理目标,拓宽城市治理的主体和手段,建立政府、企业和社会组织互动合作的参与式城市治理结构与模式。

城市治理模式的选择,直接影响到人类"有尊严、健康、安全、幸福和充满希望的美满生活"目标的实现,从而影响城市治理优化和"善治"的达成。这就要求城市政府转变理念,采用新的城市治理模式,即以强化公共服务为导向,引入市场化的竞争机制和企业化的经营管理方法,实现政府与社会组织的合作治理。随着社会经济发展越来越多元化和社会组织力量的不断壮大,公民对政治参与的要求持续增长,在这种情况下,寻求计划与市场协调、集权与分权结合、政府与社会共治的新城市治理体系成为时代的必然。在城市治理中,畅通沟通交流渠道和利益表达渠道,在彼此沟通中增进理解、达成共识、相互支持,共同推动城市公共利益的最大化。它反映了一个基本的共识,即城市治理并非政府一家之事,需要通过多种集团的对话、协调与合作,最大限度地动员和利用公共资源,以努力达到最佳的治理效果。

杭州市"民主促民生"战略,通过社会民主的方式,着眼于民众知识和力量的运用,将公民参与引入政府城市管理的各个环节,形成了参与式城市治理的新模式。

三、城市民主与民生转化逻辑

从背街小巷工程到庭院改造工程,从免费发放的市民消费券到免费公共自行车,体现了杭州市委、市政府在改善民生方面所做的努力。杭州市委、市政府通过强化公共服务的供给,实现着从管制型政府向服务型政府的转变。这一转变是政府执政理念的转变,体现了杭州市委、市政府的公共服务意识和民主意识。

要使政府真正对人民负责,建立服务型政府,就必须有一套制度来制约政府的权力、约束政府的行为。这一套制度就是民主,通过公民参与实现民众对社会公共事务的管理。因此,民主是社会实现集体行动的方式,是一种社会治理方式。正如本杰明·巴伯所说,民主意味着一个公民的社区"能够依靠他们的公民态度和参与性制度而形成共同的目标并且采取共同的行动"。

民主作为一种治理方式,首先要有助于解决人民最关心、最直接、最现实的利益问题,也就是民生问题。如果民主无助于民生问题的解决,无关乎人民痛痒,这样的民主是没有任何意义的。杭州市的"民主促民生"模式正是基于这样的考虑,认识到推进民主对于改善民生的重要性。"民主促民生"是杭州市探索城市多元治理、合作治理以及参与治理的尝试。"民主促民生"模式在杭州城市治理中的运用和实施,形成了"公民导向、多元主体、政府主导、合作治理"的参与式城市治理结构。

"民主促民生"模式从治理的理念出发,通过赋权于公民,使各种利益相关者能够参与决策,共同管理公共事务,在政府、公民个人和团体之间建立平等协作、良性互动的伙伴关系。通过政府与社会之间的分权,培育公民社会,催生公民参与的制度空间,为公民社会的自组织参与拓宽渠道,从而实现地方"治道变革"和治理模式的转变。

要言之,"民主促民生"战略通过"民主"促进"民生",从而走向"善治"。和"善治"一样,这一实践通过政府与公民对公共生活的合作治理,寻求国家与公民社会两者的最佳结合状态。在此状态下,不仅有"优良的"政治生活,而且能够获致经济、社会和人类自身的科学发展及和谐发展。

第五章 决策参与：开放式决策和市民投票

　　现代民主理论所理解的公民参与，是普通民众对公共事务治理的有效的、实质性的参与。公共决策在公共事务治理中居于核心环节，公民参与更多地表现为普通公民对公共政策的直接参与。公民决策参与的实质是公民的权力和控制。杭州"民主促民生"战略首先要求政策必须是以广大市民的民生利益为导向的，其制定过程必须遵循民主的方式，也就是说要广泛听取市民意见，并根据多数人的意见作出决策。由此可知，决策参与是杭州"民主促民生"战略的一个重要方面。杭州市在城市治理过程中"问计于民"的典型做法通过两个机制体现出来，即开放式决策和市民投票，这也是"民主促民生"战略在公共决策领域的具体体现。

　　"开放式决策"指的是杭州市政府常务会议向市民开放，市民可以参与到政府决策的制定过程中，从信息咨询、政策论证到政策制定，市民可以全程参与。"开放式决策"是政府治理模式的创新，是政府治理从封闭的精英治理向开放的参与式治理的转变，是政务公开和公民参与的深化，不仅有助于政府决策的公开和透明，而且实现了公民参与和政府回应的良性互动。杭州"开放式决策"从 2007 年年底开始实施，已经演变为一个制度化的决策机制，有力地推动了透明型政府、回应型政府、责任型政府和服务型政府的建立。2010 年 1 月，杭州"开放式决策"荣获第五届中国地方政府创新奖。

　　杭州市以市民投票方式进行公共决策、确定城市发展重大事项，是"民主促民生"战略下公共决策参与的又一面向，其运作过程中所体现出来的普通公民直接参与、分享权力，正是现代民主与治理理论的生动体现。因此，尽管这一决策方式远没有制度化，也没有形成规则，本书仍将其列为公共决策参与的一种形式。

第一节　公民参与公共决策的制度安排

"开放式决策"机制主要是指：政府在行政决策前，通过互联网公开决策讨论稿，广泛听取市民意见；在决策过程中，邀请人大代表、政协委员和市民代表列席市政府常务会议，直接参与决策制定，并实行互联网视频直播，列席人员与网民可以在现场或网上表达意见，会后，相关部门及时对市民通过互联网提出的意见给予答复，决策事项的公文在政府网站公布，会议视频在政府网站上公开。[1] "开放式决策"开放了政府决策过程，改变了以往单纯的精英决策模式，体现了现代民主理念的要求。

对于政府决策而言，治理理论的假设前提是：那些被埋没的思想与才华如果能得到合适的发挥，那么政府就会表现得更好。因此，要使政府的功能得到更好的实现，最好的方法就是鼓励那些一向被排除在决策范围之外的组织成员的积极性，使他们有更大的个人和集体参与的空间。[2]

杭州市的"开放式决策"是"民主促民生"模式在政府决策领域的实践，通过开放决策过程，鼓励市民通过各种渠道参与进来，从而提高公共决策的公开化、科学化、民主化水平。"开放式决策"为普通民众打开了"当家做主"的大门。政府在政策过程中全面吸纳民意，这为政府决策引入了必要的地方知识，解决了政府与公民之间信息不对称问题，实现了"民意"和"官意"的互动，保证了公共决策是政府与公民之间讨论、协商的结果。

一、"开放式决策"机制设计

"开放式决策"是杭州市城市治理创新的结果，是"民主促民生"理念和实践

---

① 蒋成杰、傅白水：《"开放式决策"的杭州样本》，《决策》2009 年第 1 期。
② ［美］B. 盖伊·彼得斯：《政府未来的治理模式》，吴爱明等译，中国人民大学出版社 2001 年版，第 60 页。

的产物。"开放式决策"从第一次亮相到制度化，经历了一个循序渐进的过程。

1. 机制建立

追根溯源，早在 1999 年杭州市政府就开始了政务公开、决策开放的探索。1999 年，杭州市政府制定了《关于进一步完善全市经济和社会发展重大事项行政决策程序的通知》，提出坚持决策制定民主化、科学化的原则，市政府对全市经济和社会发展重大事项的决策，要广泛听取人民群众和社会各界的意见，同时要认真征求市人大常委会、市政协及人大代表、政协委员的意见。同年，开通"12345"市长公开电话。2000 年，成立人民建议征集办公室，接受广大市民对城市发展的各种建议和意见，向社会公开征集为民办实事项目方案。2006 年，建立杭州市决策咨询委员会，邀请专家参与市领导重点调研课题的论证等。

由此可见，杭州市"开放式决策"伴随着杭州城市民主的实践一路走来。①然而长期以来，"开放式决策"还没有打破精英治理的模式，专家对调研课题的论证只是扩大了参与精英的规模，对政府而言，普通公民的参与仅仅停留在信息收集和咨询阶段，离真正参与决策还有一段距离。

在"民主促民生"理念指导下，杭州市政府加快了政务公开和推进公民决策参与的步子。

2007 年 11 月 14 日，杭州市政府举行第 17 次常务会议，首次邀请 6 位市人大代表和政协委员列席。

2008 年 4 月 2 日，市政府举行的第 26 次常务会议打破常规，邀请中央、省级媒体参加，并通过"中国杭州"政府门户网站直播。

5 月 19 日，第 28 次市政府常务会议，在互联网网络直播的基础上加入了网民与市长视频互动的环节。

7 月 8 日，第 30 次常务会议，6 位通过互联网平台报名最后被甄选出来的普通市民代表出现在会议上。

12 月 10 日，杭州市政府第 39 次常务会议结束，由于市民的反对，会上讨论的《杭州市个人信用信息征集和使用管理办法》"暂不通过"。

从人大代表、政协委员到普通市民，公众可以直接参与市政府的最高层决策

---

① 相丽均：《杭州的城市民主之路》，《浙江人大》2009 年第 2 期。

会议;从允许媒体采访、网络直播到网络互动,政府决策走到了公众面前,不仅接受公众的监督,还实现了与公众的互动;从"出席"会议到"参与"讨论再到"影响"决策,公民的权力在逐步扩大。

2009年1月23日,杭州市政府正式出台了《开放式决策程序规定》,对市民参与常务会议的程序做出了明文规定:"除依法不得公开或公开后不利于决策实施和社会稳定的决策事项外,市政府常务会议均应通过'中国杭州'政府门户网站、杭州网和杭州华数数字电视等进行全程直播,并与市民代表通过互联网视频连线开展互动,听取意见和建议。根据需要,可视情况将市政府常务会议的视频直播扩大至其他媒体。"

自此,"开放式决策"走向了程序化、制度化,成为杭州市"开放—参与式"的政府决策模式。

从2007年11月起至2009年年底,杭州市政府先后共邀请238位代表、委员、市民与专家列席市政府常务会议,110位市民与市长在线交流,38.5万人(次)网上参与,共同讨论政府工作报告、廉租住房保障管理办法、新型农村合作医疗实施办法等72项决策事项。虽然参与者的数目还很有限,但作为一项制度创新,已经初步显示出成效。

2.制度设计

现代政府治理面临的最大挑战来自于全球化和高科技革命的发展。全球化的发展加剧了现代社会的不确定性,科学技术尤其是互联网技术的发展加速了信息传播、扩大了社会的透明度、提升了公民的现代民主意识。传统的"封闭—管理式"的精英治理模式不能有效应对此种变化,单纯依靠政府官员的智慧和能力是不够的,必须实行开放式决策,采取"开放—参与式"的合作治理模式,既可以回应民众的民主参与诉求,又可以集中多方民智,实现政府与公民的互动、协商和合作,共同致力于公共事务的有效治理。

"开放式决策"实施和制度设计包括以下方面:(1)市政府决策事项事前公示、听证制度。(2)人大代表、政协委员列席市政府常务会议制度。(3)市民代表和专家列席市政府常务会议制度。(3)市政府常务会议网络视频直播互动交流。(4)政府对开放式决策中收到的意见予以研究、采纳和公开回应。

杭州市制订了《杭州市人民政府重大行政事项实施开放式决策程序规定》

（市长令第 252 号）和《杭州市人民政府开放式决策有关会议会务工作实施细则（试行）》，全面推行"开放式决策"。目前，"开放式决策"模式正由市级政府层面向区（县、市）级政府延伸。

二、"开放式决策"内涵分析

杭州"开放式决策"是政务公开改革的深化，其更深层次的背景则是推进民主的考量。政务公开的目的是为了实现公民的知情权、监督权，从而彰显公民制约政府的民主权利。"开放式决策"通过开放政府决策的某些领域，引入公民参与机制，优化决策，增强政策的合法性，改善政府与公民关系。因此，"开放式决策"是两个方向的汇合：政府的"开放"和公民的"参与"，以"互动"的方式进行决策，达成一个双赢的结果。因此，"公开、透明、参与、互动"是"开放式决策"的基本特点。

民主理论认为，政府与公民之间的关系是一种委托代理关系，政府是授权行事的。因此，政府行为要公开、透明，要置于公众的视野之下，要让权力在阳光下运行，接受公众监督和审查。一个现代的政府一定是一个公开、透明的政府。正如时任杭州市长蔡奇所言，凡是涉及老百姓的事都应该公开，应该"以公开为原则，不公开为例外"，百姓有权知道政府在干什么。

在激励不相容、信息不对称和权责不对等的情况下，政治权力很有可能会采取追求自身利益的机会主义行为，从而产生权力异化、腐败滋生、效率低下和内部人控制等问题，损害公民的利益。而公民借助于社会团体、行业组织以及承担社会责任的大众传媒，利用现代政治过程提供的各种途径，通过利益表达、意见综合、监督评议、选举质询等方式，可以实现对国家权力的有效制约。这样一种参与式制约将权力制约的主体扩展到整个社会领域，无疑比权力相互之间的制约要广泛得多，其有效性也必将大为增强。①

开放式决策实现了政府决策的"阳光化"操作，完善了既有"监督链"，从而有效铲除了各式决策腐败的诱因。只有透过开放式决策，揭开以往蒙在政府决策领域的神秘面纱，政府决策才能得到民意更多的理解和支持。开放式决策还是

---

① 李海青：《政治哲学中的公民参与》，《学习时报》2008 年 1 月 18 日。

实现事前监督的前提条件之一,它能有效消除"精英决策"潜在的监督盲区,减少公共决策领域存在的失误和风险。阳光是最好的杀毒剂,政府决策晾晒在监督的阳光下,方可及时堵塞决策漏洞,防止各类重大决策失误的频频发生。

"开放式决策"是政务公开的深化。过去的政务公开更多地表现为政策、法规、文件等政务信息的公开,主要是对政府决策结果的告知和通报,属于决策之后的公开。而"开放式决策"使政府决策从事后公开转向事先、事中、事后全过程开放,从权力运行上保证了政府行为的公开性,这是对以往政务公开的深化、完善与创新。

政府的公开、透明是政府对公民负有的单方面的责任,政务公开能避免政府的腐败和政策的暗箱操作,有助于政府执政能力的提高和有效性的增强。然而,在现代政治背景下,政府单一治理主体的能力是要打折扣的,政府要和其他主体合作,尤其是要鼓励公民参与政府决策过程中来,这不仅能够提高政府的有效性,也是迎面而来的民主化浪潮的要求,有助于政府合法性的获得和维持。

因此,公民参与是政府对公民的要求,也是公民对于政府负有的责任。公民参与一方面为公共决策贡献知识和智慧,另一方面通过参与政府过程实现民主诉求,理解政府和政治,增强共同感。在"开放式决策"中,公民的参与不是简单的"出席",而是通过质询、辩论和协商,影响甚至改变政策。也就是说,公民要在参与过程中与政府发生意见"互动",这样的参与才是有价值、有意义的。

三、"开放式决策"机制运作

"开放式决策"是杭州"民主促民生"模式的一个重要方面,是杭州市地方政府制度创新的成果。"开放式决策"通过自上而下的政府开放和自下而上的公民参与来改变政府决策过程,是实现民主决策、科学决策的新渠道。在"开放式决策"机制中,政府的公开和透明保障了公民的知情权和监督权,在公民参与公共决策和与政府互动过程中实现了公民的表达权、参政议政权,通过媒体、互联网参与也扩展了公民参与的途径。

"民主促民生"工作机制保障了"开放式决策"的良性运作,党政、媒体和市民之间的"三位一体"推动了这一机制的初步成功。其中,互联网这一新兴媒体的作用是巨大的,是"开放式决策"的加速器和重要的互动平台。

政府常委会召开之前,要在媒体上进行事先公示,将拟予以讨论的议题的相关材料发布在"中国杭州"门户网站上,供市民查阅,并邀请感兴趣的公众申请参与会议。然后以随机选取的形式,确定参与者。在会议过程中,市政府通过政府门户网站,将市政府常务会议的全过程进行视频直播,实现决策过程中政府与市民之间的互动。市民在"中国杭州"门户网站上不仅可以观看市政府常务会议,还可以通过市政府网站论坛或视频连线模式参与会议,发表评论、提出意见建议。网民意见建议会在会议过程中得到回应,或者在会后一周内由工作人员整理好并一一回复。

杭州"开放式决策",将政务公开与决策参与结合在一起,把普通公民引入政府决策制定过程中,并且充分运用了互联网技术,开创了"开放—参与式"政府决策模式的先河。"开放式决策"在几年的运作中,形成了这样几个主要特点:①

（一）议题开放适度,决策参与循序渐进

在议题的选择上,根据《杭州市政府开放式决策程序规定》,事关群众切身利益的重要改革方案,与群众日常办事服务有关的重大调整方案等,除了依法不得公开的,统统都要向市民公开。也就是说,可以采用"开放式决策"机制进行决策的议题,是市民普遍关心的热点难点问题,包括关系到群众切身利益的重要改革方案以及和群众日常办事服务有关的重大调整等。民生议题的选择,需考虑到决策问题的专业性、利益相关性和社会关注度,也需考虑到决策的成本和效能。民生问题与公众的利益相关性较强,容易引起公众的兴趣和关注,有足够的参与动力。另外,在议题适度开放上,杭州市的成功经验是循序渐进,先易后难,逐步提高问题的专业性和档次以及公众参与介入的深度。从最初的具体民生问题到城市发展战略,"开放式决策"的议题在增加;从开始的信息咨询到改变决策,公民的权力也在逐步扩大。

（二）普通市民参与和精英参与结合,"面对面"交流和互联网协商结合

地方各级人大代表、政协委员以及专家学者参与政府决策,不是什么创举,

---

① 杭州市委党校课题组:《政务决策民主化的持续创新——杭州市政府常务会议开放式决策分析报告》,《杭州市委党校学报》2009 年第 1 期。

也不是参与式治理,他们的参与仍然属于"精英治理""专家治理"的范畴。"开放式决策"在这些精英之外,包括了普通市民在会议内和会议外的直接参与,这有利于决策过程中充分发挥官员、代表和学者的专业知识与普通民众的地方知识这两种知识的作用,集思广益,在交流和协商中出台科学的决策。

普通市民可以直接受邀参加常务会议,还可以通过网络留言、视频连线等形式参与讨论。互联网技术扩大了他们的参与范围和规模。2009 年 3 月,杭州市政府工作报告、国民经济和社会发展计划报告、财政预决算报告"两会"前一个月就在网上公示征求意见,公示页面点击浏览量达 16 万人次,市民通过发帖或发邮件发表意见 606 件,有 1147 人次参与了网上调查投票。据统计,从 2007 年11 月杭州市政府常务会议实行开放式决策以来,通过网上视频直播,110 位市民与市长在线交流,38.5 万人(次)网上参与。

公民通过互联网参与公共政策,不受成本和空间距离的限制,可以解决部分信息不对称的问题,但是部分网民在评价政策时,容易走向偏激。面对通过网络参与的议程时,政府既要尊重和理解网民的意见和提出的问题,又要综合其他因素,强化专家论证程序,充分吸收专家学者,智囊机构参与的意见,实现精英决策和大众决策的平衡,促进决策科学化。

(三)公民参与和政府回应,官民对话与互动合作

杭州"开放式决策"提供了政府与公众之间协商对话、互动交流的制度平台,有助于政府与公民的相互理解和合作,构建新型政府与公民关系。

在"开放式决策"中,公众通过直接参加常务会议或者互联网参与的形式,参与公共决策,参加议题的讨论和协商。公民决策参与表达的是公民的利益诉求和关注,是公民对公共事务的意见或主张。政府要回应公民的诉求和主张,这样公民才有继续参与的热情和动力。政府回应是政府民主责任的延伸,是政府积极应对民众需求和解决民生问题的需要。政府的回应是对公民参与的反馈和民间智慧的认可。参与和回应是政府与公民双向沟通的过程,体现的是官民之间的对话与交流。"开放式决策"机制通过公民参与和政府回应的双向互动,形成了政府与公民的合作决策模式。

（四）开放过程透明，"真实参与"提升政策认同

与传统精英决策模式封闭式运作不同，杭州"开放式决策"，将"开放"贯穿始终，实现决策过程的"公开透明"，这种透明性表现在：政策议题开放，会议程序透明，会议互动透明以及回应过程透明。

而且，公民的参与不是形式上的"出席"或"在场"，而是切切实实地、有效地参与。通过媒体公示、网络视频直播整个会议过程，将参与过程真实地呈现在公众面前，大大增强了民众对政府的信任感和对政策的认同度，也扩大了政策执行的公众基础。

第二节 市民投票：以杭州市城市标志出台为例

市民投票是杭州市公民参与公共决策的又一体现。杭州市通过市民投票方式确定"三评西湖十景"、城市品牌、城市标志等城市公共产品，是公众在决策过程中直接参与、分享权力的体现。市民投票，具有某种意义上的"公投公决"性质。公民对重大事项的直接投票属于公民的创制权。参与式民主为了克服代议民主制的弊端，试图从社会层面来抵御行政扩张的趋势，通过直接民主强化公民对政府的控制。例如，由人民直接行使某种程度的创制权、复决权和罢免权，以保证公民能够比较广泛地参与国家的立法活动和监督政府的行为，直接对政府政策施加影响。对公民自身而言，公民通过直接行使创制权、复决权和罢免权，可以培养积极参与公共事务的政治意识，在参与过程中接受政治训练、增加政治知识、提高政治理性，从而克服代议制民主下普通公众对政治的冷漠和疏远。

笔者以杭州市城市标志确定过程中的市民投票为例，分析这一参与式民主的运作过程和治理机制，考察其对政府治理的意义。在笔者看来，市民投票不仅是公共决策的民主参与方式，而且产生了直接的决策后果，即地方无形公共物品。

一、市民投票模式

杭州市近年来在城市治理方面取得了很大成就，用毛丹教授的话来说，杭州

市委、市政府在追求市政建设便捷、文明、优雅的同时，也在追求提高民众参与程度。① 杭州市重大事项的市民投票，始于 2006 年 10 月启动的杭州城市品牌征集和确定项目。在"和谐创业"模式的深化与实践过程中，杭州开始对自身进行城市品牌定位。在这一定位过程中，杭州充分运用公众智慧，将地方知识和专家知识、普通民众和城市经营结合起来，通过公开征集、专家评议、公民投票的方式进行。在前期的品牌征集活动中，共收到热心读者推荐的城市品牌 4620 个，经过专家组多轮研讨和评议，确定了入围品牌 10 个。接下来由市民投票，共有1024 名市民参加投票，最终确定 3 个品牌，提交市委、市政府决策参考。最后出台了"生活品质之城"的城市品牌。

杭州市通过参与式的市民投票方式推出"生活品质之城"城市品牌，受到了社会各界的高度认可。这一城市品牌的确立，是公民参与城市治理的良好体现，产生了良好的示范效应。此后，杭州市在 2007 年 2 月开始的"三评西湖十景"项目中再次运用这一规则。

杭州市从 2002 年起实施西湖综合保护工程，共投入 70 多亿元人民币，恢复、修复、重建 145 处景区和景点。对政府而言，要在这 145 处景区、景点中选出最能代表新西湖的 10 处景点，难度很大。政府或专家确定出来的景点，老百姓又可能不买账。因此，杭州市以"还湖于民""还景于民"的民主理念为指导，再次启用市民投票的方式，由市民投票确定。

通过两轮市民投票，由公众投票和专家评议相结合，来确定新的"西湖十景"。具体程序是先由市民和游客在 145 处景点中推举 10 个景点，参照"群众推举景名"阶段中推举次数较高的景点，结合专家意见，组委会推出 20 个备选景点。市民在这 20 个备选景点中选出 10 个。共有 33.86 余万人参与本次评选，有效总投票数约 29.74 万张。评选将"还湖于民""还景于民"的民主理念真正落到实处。在景点投票阶段，将群众呼声较高但未被列入 145 个备选景点的 4 处景点列入候选名单，其中"六和塔""岳王庙"最终入选"十景"。在三评"西湖十景"的规则中，市委、市政府放弃了最后由市四套班子主导选择的环节，把最终的选择权完全交给了群众和专家，群众的权重是 80%，专家的权重是 20%。从最

---

① 王国平：《生活品质之城：杭州城市标志诞生记》，中国美术学院出版社 2008 年版。

终的结果来看,市民投票和专家组的意见基本吻合。这次评选打破了过去以官员和文人为主导来评景的惯例,采用全民开放式评景模式,从而使评选活动影响力更大、市民认同度更高、推广效果更好。

二、杭州城市标志的出台

随着杭州市的迅猛发展,为了彰显出城市个性与特色、塑造城市形象,杭州市需要一个有特色的城市标志。缺少城市标志是杭州城市发展过程中的一件憾事,不利于城市特色的保护,不利于扩大杭州在国内外竞争中的影响。基于这样的考虑,杭州城市标志,不仅能增进公众对杭州的共识和认同,而且有助于杭州城市无形资产的经营。

城市标志是城市的象征,是一个城市的识别符号,是城市特质和形象最直观、最浓缩的表现,也是一个城市的无形资产。城市标志对城市的知名度以及城市的形象、城市的发展非常重要。确定城市标志是城市管理中的一件大事,不仅是政府的事情,更是杭州普通市民的事情。因此,杭州城市标志的产生不是领导和专家来决定,而是取决于杭州老百姓。杭州市民对自己所居城市的城市标志最有发言权。从这个意义上说,城市标志是一个很典型的公共产品。而且,城市标志的确立对政策质量没有太大的要求,参与过程也不需要太强的专业性。相反,杭州市民对自己的城市有感情、有认同,城市标志如果得不到他们的认可就会失去意义。这一决策对公众接受的期望值很高。根据托马斯的观点,城市标志的确定是一个非常适合公民参与和分享决策权力的公共问题。

因此,杭州市确立城市标志的过程,再次借鉴了杭州城市品牌出台的成功经验,启用了市民投票方式。实践证明,市民投票方式不仅推进了政府公开和决策的民主化、科学化,而且确实取得了积极的效果,产生了一个"专家叫好、百姓叫座"的城市标志。

杭州城市标志的确立是杭州市重大事项市民投票规则的第三次应用。下面我们具体考察一下杭州城市标志的诞生过程,分析其中的公民参与及其对政府治理转型的意义。

2007年5月15日,杭州市委、市政府召开城市标志设计全球新闻发布会,向全世界广发"英雄帖"。之后,时任市委书记王国平在"新杭州·新奥运"境外主流媒体见面会、中央电视台"倾国倾城"采访团的媒体见面会等多个场合,向国内外记者介绍了杭州城市标志征集活动,进一步扩大了杭州城市标志征集活动在国内外的影响。

杭州城市标志征集活动从 2007 年 5 月 15 日开始,历时 3 个月。此次征集共收到 2568 件应征作品,它们有来自世界顶尖设计机构与设计大师的 70 件精彩之作,也有来自国内一流艺术设计院校、工作室与设计师的华彩乐章,有的来自杭州普通市民的创意设计。其中有 815 件作品出自杭州普通市民之手。可以说,这次方案征集活动是相当成功的,兼容并包,集中了中外各界的集体智慧。

接下来,面对如此多的征集作品,要从中选择出一个最佳方案着实不是一件易事。2007 年 8 月 18 日,杭州市城市标志开始进入专家评审阶段。杭州市委、市政府在此过程中,充分发挥专家学者的作用,成立了专家评审委员会,由中国美术学院副院长宋建明教授任主席,还邀请了著名艺术家、"西湖艺术家"韩美林,雅典奥运会会徽设计者西奥多·玛莎里斯,法国设计界领军人物皮埃尔·贝尔纳,瑞士最佳字体设计者布鲁诺·蒙古奇,以及中央美术学院、中国美术学院、清华大学、浙江大学和其他文化界、传媒界的权威人士担任评委会委员。

经过三轮的评审,2007 年 8 月 23 日,"11 强"作品产生,而且形成专家点评意见。2007 年 8 月 31 日,市委、市政府召开城市标志设计市民投票新闻发布会,请广大市民来评判城市标志(见图 5-1)。

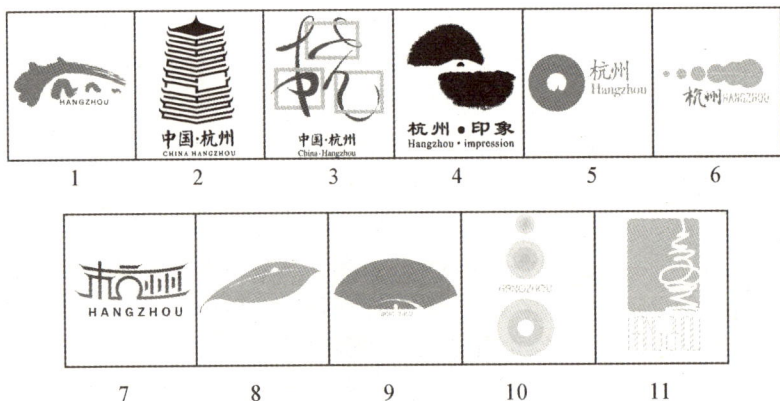

图 5-1 杭州城市标志"11 强"作品

市民踊跃投票,一个月左右时间,共收到 12 万多张选票。值得肯定的是,在城市标志设计方案的比较与选择过程中,杭州市政府始终坚持公平、公开和公正的原则,坚持群众意见和专家意见相结合的原则,在专家意见和群众意见之间找到"最大公约数"和最佳平衡点。政府的决策过程是公开化、透明化的,群众不再被隔离在决策之外,而是亲身参与决策过程。

2007 年 9 月 30 日,专家评委会召开了第四轮评审会议,从专业视角对 11 件作品进行排序。在综合市民投票和专家评议的基础上产生了城市标志"3 强"作品,分别是 1 号、7 号和 11 号(见图 5 - 2)。

图 5 - 2　第一轮投票产生的 3 件备选作品

然后进入修改程序,由著名艺术家韩美林牵头进行修改。2007 年 11 月 13 日,专家评审委员会召开了第五次会议,结合 3 件城市标志作品的修改方案,进行"3 进 2"评选,产生了 2 件候选城市标志,重新编排为"一号作品"和"二号作品"(见图 5 - 3)。在杭州城市标志的确立过程中,民众的作用得到最大程度的彰显。方案的比较与选择主要是尊重专家和市民的意见,而政府则更多地扮演了最后"拍板定案者"的角色。

一号作品　　　　　　　　　二号作品

图 5 - 3　修改后产生的两件备选作品

2007 年 12 月 3 日,市委、市政府召开城市标志设计第二轮市民投票新闻发布会。持续 10 天的专家和市民投票结果显示,"一号作品"胜出。

2008 年 1 月 22 日,专家评审委员会召开第六次会议,对专家、市民提出的修改意见进行了研究,提出了这件作品的具体修改意见。专家修改组根据会议精神,对该作品进行了修改完善,形成了杭州城市标志设计标准图形、标准字体、标准色彩的完整组合方案,供市委、市政府决策参考。2008 年 3 月 14 日,"一号作品"胜出,杭州城市标志最终确立(见图 5 - 4)。

图 5 - 4　最后确定的杭州城市标志

第三节　优化治理和深化民主

现代参与民主作为一种新的治理模式,是对政府单一主体、专家治国的治理模式的超越。传统的政府治理是一种精英治理,在这样的模式下,公共事务被委托给政府官员和专业人士,所谓"肉食者谋之"。政府是公共管理的主体,是公共服务的提供者,而普通民众只是被治理的客体和对象,是公共服务的消费者。政府通过科层化和专业化原则来组织。在科层制结构下,普通公众远离政府,公众与政府之间的委托代理关系被层层消解,如此弱化了政府对公众提出问题的责任和回应性。在极端的情况下,政府将自己置于了公众的对立面,政府与公民之间是紧张和对立的关系。这种情形的发展既损害了公民的利益,也降低了政府的工作效率。

"开放式决策"是政府治理模式的创新,是治理理论的本土实践。公共管理意义上的治理关注的是公民参与对政府决策和行为的影响和改变。从这个意义上讲,公共决策参与是公民对长期由政府精英和专家把持的公共管理过程的"参与",是公民"参与"政府治理过程中去。如此不仅能因意见和观点的多元化"输入"而带来良好的"输出"——决策结果,也会因参与面的扩大而使政策的执行更便利。

"开放式决策"是科学决策的新途径。"开放式决策"体现"民主促民生"理念,以政府开放和公民参与为双重动力,形成政府与社会公众在管理经济和社会事务等重要问题上协商互动、达成共识的重要机制。这既有利于保证不同利益群体通过合法的民主途径来表达自己的诉求，又有利于政府在决策过程中统筹兼顾各个阶层的利益，从而把民意的表达与吸收作为政府决策不可或缺的重要环节，最终有利于科学决策的出台和实施。

民主是文明社会的基本价值，是近代政治文明的伟大成果。民主作为一种政治价值，已经成为不同国家、不同意识形态的基本共识。随着人类社会的进步，民主理论和民主制度也在不断完善。民主已经被视为是一种广泛参与公共事务和社会治理的生活方式。

这一对民主的新理解是从 20 世纪 70 年代开始的，通过参与民主理论的发展呈现出来。罗伯特·达尔在"多元民主"理论中就开始涉及参与民主的概念。他认为，民主是多种利益集团相互作用的过程，而公民的广泛参与则是民主的核心，"民主是所有成年公民都可以广泛分享参与决策机会的政治体系。"民主不仅是国家层面上，而且是地方和基层各个层面上的多元化参与，民主最基本也是最必不可少的条件是社区的所有成员都享有平等地参与社区集体决策的权利。①

参与民主的正式提出者是卡尔·科恩。他认为，"民主是一种社会管理体制，在该体制中社会成员大体上能直接或间接地参与影响全体成员的决策"。②因此，对于民主而言，参与是关键性的概念。民主理论就是关于公民参与政治决策的理论。科恩从公民参与的角度，对民主的性质、实现民主的前提、手段和条件作了系统的阐述。他认为，一个国家的民主程度取决于公民参与的深度、广度和范围。从这个意义上讲，选举只是参与的一种方式，参与还包括立法和参与社会事务的过程。因此，现代民主政治的根本特征是公民参与。

当然，对参与民主做出贡献的还有本杰明·巴伯的"强势民主"理论。在巴伯看来，"强势民主"乃是现代形式的一种"参与民主"，其强调公民直接参与政治，尤其是"面对面"地讨论、协商和审慎判断。③ 在这一点上，巴伯的"强势民主"和"协商民主"理论搭上了线。

实质上讲，协商民主也是一种参与式民主，指的是自由平等的公民在参与公

---

① ［美］罗伯特·达尔：《现代政治分析》，王沪宁等译，上海译文出版社 1987 年版，第 21 页。
② ［美］卡尔·科恩：《论民主》，聂崇信等译，商务印书馆 1988 年版，第 10 页。
③ ［美］本杰明·巴伯：《强势民主》，彭斌译，吉林人民出版社 2006 年版，第 2 页。

共决策过程中,能够自由地表达意见并倾听别人的观点,通过理性的讨论和协商达成共识、制定有约束力的决策。① 协商民主是通过参与公共事务,进行公共协商和辩论,建构公共理性,从而在公众之间达成共识。在很多学者看来,协商民主不仅是一种民主理论,更是一种民主治理方式。由此可见,从"社会管理体制"到"民主治理方式",参与民主、协商民主逐渐从对社会控制的强调转向对社会治理的关注。

"开放式决策"通过互联网(包括通过 WAP 手机上网)直播、媒体全程参与等方式、方法的创新,拓展了公民参与的渠道;通过事前广泛征求意见,决策审议时邀请人大代表、政协委员和市民代表列席,扩大了公民参与的范围;通过引入行政体系外的公民制约,强化了公民对政府的监督。

"开放式决策"强调的正是由于决策过程的开放和公民直接参与而带来的治理变化,换句话说,"开放式决策"通过"公开、透明、参与、互动",寻求的是实现地方的治理优化或治理绩效。

第四节　市民投票的治理功能分析

参与民主和治理的实质是被排斥在外的普通民众对自身事务和公共利益的有效参与和控制。在很多地方,治理的机制化、制度化程度还不高,杭州市的市民投票也是如此,目前还没有演变成一制度机制。

现代民主实践通过直接民主的方式来扩展民主和优化治理。"天下事天下人之事",攸关每个人利益的公共事务的治理,不应单纯地依赖于政府官员和技术专家这样的精英分子,而需要普通公众的积极参与。公共管理需要"科学性",但也不能放弃"公共性"。治理的"公共性",强调以往被排斥在公共决策之外的普通民众的参与。现代民主理论认为,将普通民众引入政府治理过程中,不仅有利于政府政策的有效理解和支持,而且扩展和深化了民主,增强了政府的合法性。在治理过程中,公众的地方知识和政府的专业知识相互结合,以政府为代表

---

① 陈剩勇、何包钢:《协商民主的发展:协商民主理论与中国地方民主国际学术研讨会论文集》,中国社会科学出版社 2006 年版。

的国家和以公民为代表的社会相互合作，才能够导出最优的结果，实现公共利益最大化，真正走向"善治"。

由此可见，对于政府而言，治理的功能主要体现在两个方面：(1)通过普通民众的参与，政府的政策能够得到民众的理解和支持，从而更好地实现政府的目的和战略意图；(2)通过普通公众参与和影响政府决策，治理扩展了民主参与的规模和深度，增强了民众对政府的认同和政府的合法性。要使两个功能都得到发挥，治理实施机制必须要对政府进行一些约束，如民众赋权、合作治理和全程掌控等。以治理理论为观照，我们将杭州市市民投票的特征概括如下：

一、赋权和规则制定

按照戴维·伊斯顿的说法，政治系统"是对全社会的价值作权威性的分配"。① 公共政策是实现此种分配的有效凭借和手段。公民参与公共政策是对公共政策施加影响和控制的有力手段。公民参与公共政策的最高形式是直接参与政策的制定过程。在今天，如果大多数公众对公共政策过程十分冷漠、麻木不仁甚至极力反对，那么，政府的决策制定无疑将被证明是失败的。

在阿斯汀看来，公民参与阶梯的最高层次是公民权力，包括"合作关系""代表权"和"公民控制"。随着决策影响中公民权力的增加，公民可以进入伙伴关系，与传统权力持有者谈判和进行交易。其实质效果是：通过某种形式的谈判使得决策权力在政府与民众之间得以再分配。不过，如果政策参与过程并未实现双方充分沟通，而只停留在政府收集信息和向公民征询意见的层面，则这样的参与只能是象征性的。②

托马斯在《公共决策中的公民参与》一书中构建了一个公民参与的有效决策模型，为公共管理者提供了五种可供选择的决策方式：自主式管理决策，改良的自主管理决策，分散的公众协商决策，整体的公众协商决策和公共决策。托马斯认为，当公民对公共管理机构的目标没有异议时，应尽可能采用最大限度地公民

---

① [美]戴维·伊斯顿：《政治生活的系统分析》，王浦劬译，华夏出版社 1999 年版，第 26 页。

② Sherry R Arnstein. A Ladder of Citizen Participation. *Journal of American Planning Association*, 1969.

参与(即公共决策)的途径,与公民共同做出决策。在这种情况下,公民参与不会给政策质量带来太大的威胁。相反,通过有序的公民参与,理解和支持管理机构的决定,将促成决策更高效,执行更成功。

参与必定是决策参与和利益分享的过程,是不同的利益得以调和并且采取联合行动、形成共同价值的过程,而不能仅看有多少人"参与"了这一过程。如果居民没有决策权,只是形式上的出席,就不能构成有效的参与。在决策参与中,公民参与决策制定只是第一步,参与还应贯穿到决策的实施、管理、评估和监督的整个过程。因此,参与也是一个赋权和权力转移的过程。

通过市民投票方式确定城市标志,是杭州市委、市政府转变执政理念"问计于民",推行政务公开、提升市民政治生活品质的重要举措。如同评选城市品牌和"三评西湖十景"一样,在城市标志的确定过程中,杭州市首先设定了市民投票的规则,确定城市标志的产生采取市民投票和专家评审相结合的方式。先通过专家评审确定11件备选作品,市民对这11件备选作品进行投票,然后按照6:4的权重,确定最终结果。杭州市通过多次会议,媒体报道,将这一规则公之于众。

杭州市在城市标志征集和确立过程中,召开了一系列会议,以正式文件的形式规范了整个征集和确立工作的流程。2007年4月5日,市委、市政府召开城市标志设计专题会议,这标志着杭州城市标志设计征集活动被摆上了市委、市政府的议事日程。4月16日,根据《杭州打造"生活品质之城"城市品牌2007年行动计划》(市委办发〔2007〕1号)要求,成立了杭州城市标志设计征集办公室,由杭州市委政研室、杭州日报报业集团、杭州文化广播集团和杭州市城市品牌促进会组成,负责整个城市标志征集、专家评审和市民投票工作,并且建立了由市委政策研究室、市委宣传部、市建委、市规划局、杭州日报报业集团、文广集团、市外办等部门领导组成的工作协调小组。

无论在政府文件上,还是在机构设置上,都体现了一定的权威性。高规格的会议和文件,传达出来的信号是政府对此事的重视程度和坚定决心。

二、信息公开

要维持一个参与式的、复杂的运行网络,不仅要依靠达成集体行动的制度安排,而且有赖于人类社会的信息传播与沟通技术。没有政府的信息公开化,公民就根本无从控制官员的活动及其目标,公民参与和治理也就无从谈起。

一个"民有"的政府如果没有广泛的信息通道,或者公民没有获取这些信息的方法,无法实现公民的知情权,那么,这个政府的效率便将大打折扣。传统模式的技术专家治国和信息垄断,将公众隔绝在公共政策的过程之外,使得公民的基本民主权利无法得到实现。

在公民和政府之间,如果没有信息的交流和协商,那么公民参与只是收集信息和意见表达,不会有真正的决策参与和权力分享。在参与式治理看来,在信息充分公开和披露的情形下,公民参与才能发挥正确的作用,这样的"参与"才能带来好的政策"输出"。正如彼得斯所说,公民参与致力于寻求一个政治性更强、更民主、更集体性的机制来向政府传达信号。① 如果没有信息公开,只是将不同的政策选项摆在公民面前让其选择,这不是真正的参与式治理,只是操纵公众,让公众为政府的决策后果承担责任。

在参与式民主中,政府要尽可能地将信息披露和公开,在决策过程中就要使信息公开,让公众有作出选择的权力。公众应能获得更多的信息,而且被允许作出选择,而不是认可别人的选择。公众参与的有效性取决于信息扩散的方式。在信息公开过程中,公众对各个选项要了解、辩论,参与者要能够理解相互立场,而不只是简单地投票表决。

在杭州城市标志确立项目的市民投票活动中,杭州市政府通过《杭州日报》、杭州政府网、杭州网、生活品质网等媒体发布信息,不仅全程报道整个过程,而且借助新闻调查、专家论坛等形式让公众认识城市标志、从不同角度了解不同备选作品。让公众在全面掌握信息的基础上,独立地做出自己的判断。

在城市标志征集阶段,《杭州日报》开辟"杭州城市标志全球征集"专栏,介绍中外城市标志,搜寻杭州特色。《杭州日报》举行了"三个"百人调查,它们是:"我眼中最美的中外城市标志百人调查"、"寻找你我心中的旧时城市标志百人调查"、"寻找当下杭州的城市标志因子百人调查"。杭州各大网站都开设了专题栏目,通过对城市标志知识的介绍和对杭州特质的宣传,以加深民众对城市标志的

---

① ［美］B.盖伊·彼得斯:《政府未来的治理模式》,吴爱明等译,中国人民大学出版社2001年版,第59页。

理解和对自己所在城市的城市标志征集活动的认识。

在专家评审阶段,《杭州日报》、杭州各大网站追踪报道征集结果、三轮专家评审进程。

在市民投票阶段,两轮投票开始均有新闻发布会。新闻发布会不仅动员公众踊跃投票,而且对城市标志的评价标准等提出了规范性的意见。同时11件备选作品的专家点评意见也予以公示,使公众在投票时有所参考。《杭州日报》、杭州各大网站全程报道市民投票的全过程。在第二轮投票过程中,在"2选1"的情况下,为使广大市民更好理解城市标志,杭州电视台还举行了杭州城市标志辩论赛,邀请文化名人和评审组专家进行辩论。

而且,在第二轮市民投票的新闻发布会结束后,还举办了一个两件备选城市标志作品展览,展示两件备选作品方案的来龙去脉、修改过程以及应用案例,再次倾听市民意见和建议。

三、合作决策

杭州城市标志的确立是专家和群众合作决策的结果,专家评议和市民投票6∶4的权重决定了城市标志的诞生方式,这一方式被证明是成功的,产生的城市标志被认为是"专家叫好、百姓叫座"的。

杭州市重大事项市民投票方式在向普通公民问计时,并没有排斥城市精英即专家们的知识。在城市标志征集和确立过程中,杭州市很好地区分了这一决策问题的专业性和公共性。在前期征集作品评选阶段,要从2568件作品中选出11件,工作量大,专业性强,因此需要专业人士来进行。第一轮投票从备选的11件作品中选出3件。城市标志是一种公共产品,与每个杭州人都息息相关,所以采取市民投票的方式,才能更好地体现出城市标志的公共性。在第二轮投票前,由专家组对修改后的3件作品进行评选,再采取市民投票和500名专家投票相结合的方式,最终确定杭州城市标志,再次体现了专家和群众的互动合作。

在城市标志征集和确定过程中,由15名艺术设计领域、人文教研领域的专家组成的专家评审组的主要活动可归纳如下(见表5-1和表5-2)。

表 5 - 1　专家评审组工作

第一阶段	三轮专家评审，从 2568 件备选作品中评出 200 强，从 200 强中评出 15 强，再从 15 强中评出 11 强。	在两轮市民投票同时，专家组也进行投票，市民投票和专家投票的权重之比为 6∶4。
第二阶段	著名艺术家韩美林牵头组成修改组，对 3 件作品进行修改。专家评审组对 3 件作品进行评审，产生"3 进 2"的结果。	
第三阶段	专家投票，500 名艺术设计、人文专业的专家进行投票。	

在两轮市民投票中，第一轮共收到 12 万张选票，第二轮具体票数不清楚，不过仅首日就收到 4557 张选票。

表 5 - 2　市民投票主要情况

	第一轮	第二轮
参与对象	普通市民	普通市民
有效票数	12 万张	总数不清楚
参与结果	11 选 3	2 选 1
投票方式	1. 网络投票。在中国杭州政府门户网（www. hangzhou. gov. cn）、杭州网（www. hangzhou. com. cn）、生活品质网（www. cityhz. com）开设投票窗口。2. 信件邮寄。3. 短信投票。开通移动、联通投票渠道，免收信息费。其中，在网络投票和信件投票两种方式里设置"评议栏"，欢迎市民对备选作品进行评议，提出修改意见，供专家参考。	1. 网络投票。在中国杭州政府门户网、杭州网、生活品质网、新华网杭州旅游频道、阿里巴巴网等网站开设投票窗口。2. 信件投票。3. 短信投票。开通移动、联通投票渠道，免收信息费。4. 现场投票。在杭州城市建设陈列馆举办城市标志备选作品展览，并设立现场投票点，市民可前往参观和索取选票，填好放入投票箱。其中，在网络投票、信件投票和现场投票 3 种方式里设置"评议栏"，欢迎市民对备选作品进行评议，提出修改意见，供专家修改组参考。

四、政府主导

尽管政府的治理方式发生了变化，但政府的作用不是削弱了，而是加强了。"治理是一件需要付出代价的事情。政府建立一个庞大的机构体系，以共同承担起管理和影响社会及经济的责任。"①首先，参与式治理体现在政府的理念上，以开放、民主的方式鼓励普通民众对公共事务进行实质性参与，促进不同利益相关群体尤其是弱势群体的利益表达，逐渐改变政府公共管理上的全面干预模式，形成政府主导、公民参与、多元主体、合作共赢的治理理念。其次，参与式治理也是政府治理方式的变革，政府是这一变革的主体。现阶段政府治理方式的转变主要是由过去全能的、低效的、管理的、封闭的管理方式向有限的、高效的、服务的、透明的治理方式转变。②

政府仍旧是多元治理主体的核心，是公民参与的推动者和催化剂，是治理事件的全程掌控者。在不具备公民自治的条件下，公共事务的治理还是以政府主导、以其他力量尤其是普通公民的参与和介入为辅。治理的出现一方面是政府治理模式转型的一种尝试，另一方面也推进了社会内在力量和自生机制的成长。政府通过发展和实践各种参与式的工具，实现从"善政"到"善治"的转变。政府的作用转变为规则的制定者和保护者、公民参与的推动者和治理过程的监控者。

在杭州市城市标志出台的过程中，上述赋权和规则制定、信息公开、合作生产等原则都体现了政府的主导作用，体现了政府对公民参与的制度化安排。政府以会议和文件的形式，确定了市民投票的规则。在市民投票过程中，政府通过信息披露、新闻公开，鼓励和引导市民积极参与，履行了一个推动者、掌控者的角色。

五、公民权力和"善治"

公民是政府存在的目的，而政府是公民实现自己目的的手段。政府所从事的行政管理工作无论以什么方式进行，无论包括什么内容，都不能颠倒这种基本

---

① ［美］B. 盖伊·彼得斯：《政府未来的治理模式》，吴爱明等译，中国人民大学出版社 2001 年版，第 1 页。

② 王维国：《公民有序政治参与的途径》，人民出版社 2007 年版，第 202 页。

关系。① 因此，为了摆正政府与民众的关系，增强政府的责任性和有效性，就需要引入某种形式的公民控制。公民参与正是实现对政府有效控制的手段。正是在这个意义上，马克·彼特拉克写到，公民参与是民主的希望。② 罗伯特·达尔在《民主及其批评者》中也提出了"民主的三次转型"概念。他认为，第一次民主转型出现在古希腊罗马时期，它是人类第一次开始实践民主的制度。第二次转型是近代民族国家建立民主制度的努力。第三次转型是未来向更理想的民主制度的转型。未来的民主方向是建立一种新型的民主，这种民主既保留现有民主制度的基本特征，又更好地反映古典民主的理想。③

从参与式民主衍生出来的参与式治理，强调普通民众对公共事务的参与，是一种新的民主模式，同时也是新的社会治理模式。但是，参与式治理与公民自治还是有距离的，强调公民参与并不能排斥政府的作用。参与式治理被称为"公民权力的新的生长点"④，这一变化来自于公共管理过程中政府的权力和责任的下放。

市民投票体现的是公民对公共政策的确定，是公民权力的体现形式。在参与式治理模式中，公民参与的直接目的通常是影响政府的公共政策和政治进程，但其实质是体现公民的权力和对公共事务的控制。进而言之，公民权力和公民控制的最终目的是最大限度地增进公共利益，是"善治"，为此，公民需要和政府分享权力，两者之间需要展开积极合作。对于公众而言，如果没有政府的赋权、妥协和合作，就无法达到改变政府决策、增进公共利益的目标；对于政府而言，如果缺乏公民的理解、信任和支持，公民的参与行动也就很可能演变为反政府的政治对抗和冲突。因此可以说，建立在公民权力基础之上的公民和政府在政治生活中的良好合作，是"善治"的希望所在。

---

① 傅小随：《中国行政体制改革的制度分析》，国家行政学院出版社 1999 年版，第 21 页。
② ［美］马克·彼得拉克：《当代西方对民主的探索：希望、危险与前景》，《国外政治学》1989 年第 1 期。
③ ［美］罗伯特·达尔：《民主及其批评者》，曹海军等译，吉林人民出版社 2006 年版。
④ 贾西津：《中国公民参与》，社会科学文献出版社 2008 年版，第 12 页。

第六章 协作治理：公众参与城市建设

参与式民主有别于其他治理模式的地方，是其对社会底层民众参与的强调。"人民当家做主"是民主追求的目标，但在现实中表现出来的却往往是精英统治和专家治国。民主意味着人民在处理与自身利益相关的问题及其他公共事务时的介入和参与。人民的参与，比精英治国或代议民主对民意的"聚合"更能反映民主的实质、目的和价值追求。参与式民主认为，处在社会底层的普通民众对公共决策和治理过程的直接参与，能够产生新的价值和变化，尤其是对该项决策直接影响下的"利益相关者"而言，其参与的意义更为重大。因此可以说，公民参与的重点是利害相关者的参与。

如果说杭州市的"开放式决策"、市民投票属于公共决策参与的话，那么，民众对与自己切身利益密切相关的事务的参与就属于直接治理，是公民和政府的协作治理。在这一类型的参与中，最典型的是"重大工程"建设民主参与机制。

"重大工程"是指对城市经济社会发展具有重大影响、与公众利益直接相关的政府投资的城市基础设施、社会文化设施、生态环境设施等公共工程（涉及国家保密要求的除外）。"重大工程"建设民主参与是指与重大工程项目有利益关系的公民、法人或其他社会组织通过直接或间接的合法途径与方式依法行使"重大工程"建设的知情权、选择权、参与权和监督权的行为。"重大工程"建设民主参与不属于公共决策参与范畴，因为公民参与的不是"重大工程"的决策过程，而是对"重大工程"建设进行参与，也就是说，是对执行过程的参与。因此，"重大工程"建设民主参与是一种合作治理或协作治理机制，是公民对长期被政府垄断的城市建设工程的参与。"重大工程"建设中利害相关者与政府对施工过程中出现的问题进行交流与协商、妥协与合作，最后形成一个反馈、回应、互动的协作过程。

杭州市委、市政府在"重大工程"建设中坚持"四问四权"，通过多种渠道和民主形式推动利益相关者参与工程建设，以"民主"的方式确保"民生"目标的更好实现，将"民生工程"做成"民心工程"。利益相关者通过直接参与，建立起了与政府在"重大工程"建设上的协作关系，这一协作治理不仅有利于政府向公众提供优良的公共服务和公共产品，增强政府的能力和效率，同时也提升了政府的合法性，密切了政府与公民之间的关系。

第一节　地方政府角色与公共服务合作提供

一般来说，现代政府的职能主要有这么几项：经济调节、市场监管、社会管理和公共服务。这几项职能在不同层级的政府中占的分量是不同的。政府的层级越低，服务职能的比重上升，管理职能的比重下降。换句话说，地方政府的职能主要是服务，即提供良好的、与公民切身利益相关的公共产品。

在全球化、民主化和后工业化的今天，地方政府职能的发展趋势是更加重视居民的日常生活，服务对象越来越多元化，第三部门影响日趋扩大，公民参与日益广泛，信息化对地方政府职能实现具有越来越重要的影响。另外，对于公民而言，政府的价值主要表现在政府能够通过向社会提供公共产品和公共服务，提高和改善公民生活和福利。公民将一部分权利交给政府，目的就是为了让政府去处理那些公民个人无法处理的问题、提供那些公民个人无法提供的服务，从而促进社会的公共利益，这一点对于地方政府尤为重要。由此可见，公共产品和公共服务的提供，是地方政府的头等大事。

中国政府正在经历着从管治型政府向服务型政府的职能转变。改革开放以前，中国地方政府的机构设置和管理方式，都是建立在计划经济基础上的，这种体制要求政府事无巨细、全盘包揽，通过对自然资源、劳动力和资本的全面占有和控制，对经济社会事务进行直接指挥和管理，政府成了无所不能、无所不包的全能政府。① 改革开放以来,为了适应市场经济的发展的要求,政府职能也在发生着相应转变。尽管中国走了一条政府主导型的经济社会发展道路,但在这个过程中,政府职能也发生了巨大变化,地方政府的职能转变尤为明显,概括来说,主要表现在三个方面:

(1)在政府与社会的关系上,政府由统揽一切向搞好公共服务转变。对地方政府来说,其主要职责是提供服务,政府要将核心工作定位在公共服务上,这些公共服务包括法律服务、政策服务、市场服务和具体的公众生活服务。政府要将现代企业经营和管理理念,如成本、品质、顾客满意度、服务至上等注入政府管理之中,变政府管理部门为社会服务部门,为社会提供更多、更好的公共产品和服务。

(2)在政府与市场的关系上,政府要由直接干预微观经济活动向主要提供公共产品转变。政府要将经济管理的重点从直接抓项目、办企业转到制定经济发展规划、建立市场秩序、创造各类市场主体公平竞争的环境上来,使政府从直接办企业、管企业的状况中退出来,由社会资源的分配者变为监管者,从市场的行为主体变为监控者。

(3)在政府的能力和权限的关系上,政府要由全能政府向有限政府转变。在政府权力和个人权利之间划定边界,打破政府对社会公共事务的垄断,允许私营部门、非政府组织以及公民个人参与公共管理过程,使政府由管理无限型向服务有限型转变。

因此,从管治型政府向服务型政府转变,是地方政府职能转变的方向。从管治型走向服务型,即从对社会事务的公共管理转变为向地方社会提供公共产品和公共服务。在管治型模式里,地方政府以一种居高临下的姿态,更多地从有利于自身管理的角度,寻求实现职能的手段和方式,很少顾及自身可能对民众带来的不便;在服务型模式中,地方政府将真正从"公民第一"的角度,摆正政府与公民的位置,从服务民众的角度出发来寻求实现职能的手段和方式,把政府职能看成是对民众应负的责任。因此,政府要依法行政,扩大公民参与,倾听民众意见,加强政府与民众的交流与沟通,要实现政务公开,通过听证会,建立新闻发布制

---

① 洪银兴、刘志彪:《长江三角洲地区经济发展的模式和机制》,清华大学出版社 2003 年版,第 4 页。

度等增强政府的透明度,建立法治政府、责任政府、透明政府,最终成为一个服务政府。

一、地方政府的角色转换

在明确了地方政府的服务型发展方向后,接下来就面临这样两个问题:第一,地方政府提供公共服务的范围,即什么类型的公共服务是由地方政府提供的。一般而言,社会服务职能主要涉及公共教育、科学技术、文化体育、社会保障、基础设施和环境保护等公共事业方面。第二,公共服务的提供方式。政府是供给还是生产公共服务,直接生产还是间接生产,这些都涉及地方政府与社区之间的关系,地方政府与私营组织的关系以及地方政府与非政府组织、公民个人之间的关系。

治理的兴起意味着地方政府公共服务提供方式的转变。治理是一个比"政府"更宽泛的概念,治理不仅包括正式的、制度化的政府行为,而且包括非正式的权力运作方式,是利益博弈、资源分配和价值创造的规则、机制和过程。著名公共行政学家乔治·费雷德里克森写到,治理意味着重要性,意味着合法性,意味着一种为达成公共目的而作出的崇高而积极的贡献。尽管人们都鄙视政府和官僚体制,但人们却认为治理是可以接受的、合法的,甚至是好的。人们认为传统公共行政是层级节制的、效率低下的、缺乏想象力的,认为治理是具有创造力和回应力的[①],治理的基本逻辑是公共服务和公共产品的多元化提供,在公众看来,多元化供给能够带来更优的公共服务。

在治理系统中,政府将会扮演什么角色? 在公共产品和公共服务的多元化供给中,地方政府被认为是服务的控制者和协调者,是要求更好服务的消费者压力集团,是对不断增加和变化的需求作出反应的中介。

第一,政府在网络治理结构中继续扮演一种控制角色,制定治理原则,保证规则得以遵守。第二,政府帮助解决多元主体之间的利益和资源分配关系,在各主体之间扮演一种平衡、协调和促进网络边界之间关系的角色。第三,政府对网

---

① ［美］乔治·费雷德里克森:《公共行政的精神》,张成福等译,中国人民大学出版社 2003 年版,第 78 页。

络之间的相互作用进行监控以确保民主和社会公平的原则在具体的网络内部以及不同网络之间得以维护。政府必须确保民主过程得到维护并确保公共利益最终得到满足和实现。

概言之,地方政府主要提供的是与公民利益直接相关的基础设施和民生服务。在地方治理的框架下,地方公共服务的提供方式是多元的,政府在其中的角色是规则的制定者、资源的分配者和合作网络的监控者。

二、城市化进程中的政府服务提供

近年来,杭州市委、市政府准确把握时代发展脉搏、城市发展规律和城市自身发展特点,更新城市管理理念,优化城市发展战略。杭州市政府认识到:一个城市要融入现代城市发展体系,必须具有自己的城市特色,走差异化、独特性发展道路。2002 年杭州市提出塑造"精致和谐、大气开放"的城市人文精神,2004年确立"和谐创业"的城市发展模式,2006 年出台建设"生活品质之城"的城市发展目标,2008 年杭州市提出了"城市有机更新",形成了立足本土资源、人本主义导向、体现时代精神、探索杭州特色的城市发展之路。

为此,杭州市在城市建设中势必要经历一个老城改造和更新、城区优化和拓展的过程。2000 年以来,杭州市先后实施了西湖综合保护、西溪湿地综合保护、运河综合保护、背街小巷和危旧房改善、停车新政、"免费单车"系统建设以及一系列的道路拓展和提升工程。在这一系列关乎民生的重大工程中,通过建立健全"以民主促民生"工作机制,培育社会复合主体,杭州政府不断拓宽民主参与渠道,创新民主参与方式,健全民主参与制度,创新社会管理。杭州市的社会民主管理模式,不仅有效地改善了民生,而且促进了社会的和谐稳定。杭州市城市建设中的民主管理实践,使普通市民真正成为民生工程实施的参与者、监督者和受益者,真正做到了"人民城市人民建,建好城市为人民"的城市建设理念,也将"发展依靠人民、发展成果由人民共享、发展成效让人民检验"落到了实处。

三、公共服务提供中的公民参与

地方政府的公共服务职能凸显政府行为的公共性,这就决定了政府绩效不仅强调效率，更要重视公平与社会责任。埃莉诺·奥斯特罗姆认为，"虽然效率准则规定稀缺资源应被用到其能生产最大纯收益的地方，但公平的目标则可能缓解这一目的，致使有利于（特别是）非常贫困的人群的实施得到发展"。① 随着社会的发展，公众对公共产品和公共服务的需求日趋多样化、个性化，既要求政府部门提供高效、便捷的服务，又要求服务的公平、公正。因此，要实现政府公共服务的便捷和公平，就需要增强政府过程的透明性，扩大公民参与。

联合国人居中心的良好城市治理标准认为，"良好治理的城市"是一个公平参与决策的城市，是一个包容性的城市，也是一个公民参与和体现公民权的城市。公平参与决策过程指的是分享权力和公平地使用资源；包容性城市是指为每个人提供平等机会，获得基本的、适宜标准的营养、教育、就业和生计、保健、住房、安全的饮水、卫生和其他基本服务；公民参与和公民权体现为："人是城市的主要财富，对于实现可持续的人的发展而言，人民既是对象，也是手段。"在城市中，公民必须积极参与谋取共同的福利，必须拥有权力以有效参与决策过程。②

从上述标准中我们可以看出，西方的城市治理在很大程度上都要求政府下放权力或者提倡公民参与到政府的政策制定中来，强调治理主体之间的伙伴关系和多中心治理。政府治理并非政府单方面行使权力的过程，而是政府与公众的互动过程。正如托马斯所说，城市的公共管理者发现了公民参与的大量好处与优势：公民参与能够建立良好的沟通渠道；促进市政项目的执行实施；有助于政府少花钱多办事；帮助政府免受过多的批评；形成公共预算过程中的影响力。③ 公民参与政府公共服务的提供过程，可以实现如下目的：

首先，公民参与可以反映公众的需求和偏好，使政府提供的公共服务与社会中大多数公众的需求相契合。一方面，每一个公民个体的存在都具有独特性与不可替代性，不同的公民个体与社群的利益需求具有多样性与差异性。在这种情况下，每一个公民只有尽可能地参与民主政治，才能更好地表达自己本身的需

---

① ［美］埃莉诺·奥斯特罗姆等：《制度激励与可持续发展》，上海三联书店 2000 年版，第 131 页。

② 钱振明：《基于可持续发展的中国城市治理体系：理论阐释与行动分析》，《城市发展研究》2008 年第 3 期。

③ ［美］约翰·克莱顿·托马斯：《公共决策中的公民参与》，吴爱明等译，中国人民大学出版社 2010 年版，第 8 页。

求,维护自己本身的利益。因为公民的利益不仅具有相同的一面,也有个体差异的一面,所以不仅需要共同的利益代表,更需要尽可能地亲身参与。正如密尔在《代议制政府》中所言,"每个人或任何一个人的权利和利益,只有当有关的人本人能够并习惯于捍卫它们时,才可免于被忽视。"①公民越具有参与的能动性,就越可能更好地表达与维护自己的利益。另一方面,人的本质是社会关系的总和,人的社会性本身就内含着一种公共生活的意蕴。人除了自己的私人生活以外,不可避免地也要参与公共活动、参与公共生活、面临公共问题。在相互联系和交往过程中,公民彼此之间、公民与政府之间进行沟通、协调和合作,进行利益聚合,创造共同价值和偏好。从而使政府能够提供更合适的公共产品和公共服务。可以说,公民参与对公共服务的认定和辨识,具有重要的意义。

其次,公民参与能够促进政府决策的理性和科学性,优化公共服务提供过程。一方面,普遍公民的参与,有利于广泛调动社会智识,克服有限理性的弊端,集思广益。公民参与能够有效表达每个公民基于自己生活实践所形成的个体认知与体验,这些个体认知和体验经过公共领域的协商和辩论,能够为集体决策提供信息参考,从而提高公共决策的理性与有效性。一般而言,一种观点不可能是全部错误的,必然包含部分的正确性。不同主体相互间的充分协商与论辩使得每个人都可以切实了解对方的立场,更为全面地考虑问题,以纠偏补漏,达成一致。因而,充分的公民参与可以为公共决策提供有用的、全面的信息。另一方面,广泛而深入的民主参与有利于克服政治权力的僵化与异化趋向。公民借助社会团体、行业组织以及承担社会责任的大众传媒,利用现代政治过程提供的各种途径,通过利益表达、意见综合、监督评议、选举质询等方式,可以实现对国家权力的有效制约。这样一种参与式制约将权力制约的主体扩展到了整个社会领域,无疑比权力相互之间的制约要广泛得多,其有效性也必将大大增强。

再次,公民参与有助于对公共服务结果的合理评估。政府的职能不是管制,而是服务,应该用公众是否满意来评价政府工作的绩效。评价政府,不是看政府投入多少资源、做了多少工作,而是要考核它所做的工作在多大程度上满足了社会、企业、公众的需求。"满意原则"应作为政府绩效评估的最终准则,其主要应

---

① [英]约翰·密尔:《代议制政府》,汪瑄译,商务印书馆1982年版,第44页。

包含下列内容：经济性评估要求政府树立成本意识，节约开支，少花钱多办事；效率性评估测定的是政府的投入产出比；效益性评估关注的是组织工作的质和社会最终结果，效益最终要体现在人民满意和社会经济发展上；公平关心的问题是，接受服务的团体或个人是否得到公平的待遇，需要特别照顾的弱势群体是否获得更多更好的服务。公民评议公共服务结果反映了政府理念的转变：一方面，从"以政府为中心"向"以公民为中心"的观念转变。纳税人是公共服务的最终出资者。纳税人自然有监督政府部门、接受政府服务的权利。另一方面，从"被动接受纳税人监督"向"主动接受纳税人监督"转变。向广大纳税人提供优质服务是政府最基本的义务，也是纳税人的基本权利和要求。因此，纳税人自然有权对公共服务进行评议和监督。

第二节　杭州市"重大工程"建设的民主参与机制

杭州市的"重大工程"是指包括城市基础设施、社会文化设施和生态环境保护设施等在内的重大民生项目，属于地方政府的公共服务提供范畴。公共服务的供给主体是政府，但公民在服务项目的确定、提供和绩效评估方面，发挥着重要的作用。因此，在地方治理结构下，公民也参与到公共服务提供过程中，成为公共服务提供主体之一，实现对公共事务的协作治理。

杭州市"重大工程"建设民主参与机制"民主促民生"在具体治理过程中的体现是，在城市治理和城市建设中运用民主理念和方法，引入民间智慧和力量，在城市发展和公民利益之间取得双赢，通过协作治理，实现公共利益最大化。

一、"重大工程"建设民主参与机制实施

从 2002 年开始，杭州市实施了西湖综合保护、西溪湿地保护、运河综合保护、历史建筑保护工程等重大生态环境和文化保护工程，实施了"十纵十横""一纵三横""两口两线"等公共交通设施改善工程以及背街小巷改善、庭院改善、公厕提升改造、危旧房改善、物业改善等基础民生改善工程。在这些"重大工程"建设中，杭州市委、市政府"以民主促民生"，充分尊重民意，鼓励民主参与，逐渐形成了"重大工程"建设民主参与机制。这一机制的实施运用民主的力量，将广大

民众纳入工程建设中来,确保这些工程在改善城市民生环境、提升城市生活品质的同时,也能够赢得民众的支持和认同,使"重大工程"成为"惠民工程""民心工程"。

概括来讲,"重大工程"建设民主参与机制主要体现在以下几个方面:

1. 项目公示与"红楼问计"

在"重大工程"建设施工前,行政主管部门应当采用大众媒体或展览会、公示栏、告示牌、公告、通告等方式,向社会公示"重大工程"项目规划、设计、征地、拆迁、施工、评估、管理等方面的有关工程建设内容,并说明工程建设的依据和理由。项目公示的目的是收集公众意见,接受社会公众的监督。

展示"重大工程"项目最重要的平台就是"红楼",因此,项目展示及听取公众意见和建议也被称为"红楼问计"。政府相关部门通过"红楼问计",听取群众建议。例如,在复兴大桥桥型方案、德胜快速路走向、"一纵三横"道路方案、历史文化碎片保护等项目的实施过程中,市有关部门主动听取了群众意见,吸收了市民的不少建设性意见,使工程方案更为合理。

2. 沟通和协商

针对"重大工程"项目涉及面广、与群众利益关系紧密、公众利益诉求多样化的特点,杭州市相关部门通过多种途径和方式,在不同领域、不同层次上相继搭建了多方位、互动式的信息公开平台,以实现政府与公众的沟通与协商。具体而言,包括:(1)建立互联网网络平台。相关部门先后建立了"杭州重大工程招投标网"和"杭州建设项目交易网",在杭州政府网和相关部门网站上开设了"重大工程"项目的专栏,对有关城市建设法规政策进行解读、将有关建设事项进行公示,接受广大网民的监督。(2)充分利用传统媒体平台。市有关部门联合杭报集团、杭州文广集团等多家媒体,利用电视、广播、报纸等多种媒介,开设"重大工程"项目相关节目与专栏,进行宣传报道,征询群众意见,以增进群众对"重大工程"建设的了解。(3)架设热线平台。不但开辟了工程指挥部热线电话、公开电子信箱等渠道,还充分发挥"12345"市长热线的作用,形成了政府部门与社会公众在"重大工程"建设项目上的互动,市长服务热线已成为市民与政府沟通的桥梁。(4)搭建社区平台。注重政府部门与街道社区联动,在居务公开栏、宣传橱窗、社区留言板、小区告示牌等多种载体上,公布本街道、本社区即将实施的建设工程信息，及时听取利益相关居民的意见和建议。通过搭建"重大工程"项目民主参与公共信息平台，有效地维护了公众的知情权、参与权和监督权。

3. 有效参与渠道

要引导社会公众参与"重大工程"建设，必须有可操作性的参与方式，才能够有效地维护公众权益。具体表现在：（1）公众参与指导。对"重大工程"建设，公众参与什么，如何参与，必须加以具体规定，否则会使公众无所遵循，因此政府有必要出台公众参与操作规则。比如在"背街小巷改善工程"中，杭州市城管部门专门制定了市民群众民主参与的《实施方案》。明确市民群众在"背街小巷改善工程"的计划立项、设计调查、设计方案会审、施工方案编写、施工进度安排、监理方案编制、工程考核验收评比等建设领域中的参与形式和途径。（2）社会听证制度。"重大工程"建设若有可能涉及周边相关单位和社区居民的房屋设施所有权、土地使用权，以及通行、采光、通风等相邻权的行使时，行政主管部门应当依职权或者应当事人申请，依法召开相关听证会，听取利益相关群众的意见。例如，在道路整治工程的实施中，对涉及群众日常生活的公交线路调整、港湾式站点设置、"一户一表"水管走向、住宅立面整治、建筑材料选用、弱电管线割接、排水设施改道、管线保护方案制订、抢修预案落实等问题，注意听取市民的意见，使建设项目尽可能兼顾不同群众利益，赢得群众的理解和支持。（3）维护公众权益。杭州市国土资源、房管部门在实施集体土地征用、城市房屋拆迁等与群众利益密切相关的事项中，坚持深入相关乡村、社区，向当地群众宣传有关法规，解答相关政策，公布征迁方案，公开评估结果，认真听取各方意见，尽可能减少与被征地拆迁地区群众的矛盾冲突，取得利益相关方的理解与谅解。

4. 群众参与工程管理和监督

在"重大工程"建设中，杭州市委、市政府重视发挥社区基层组织、群众性组织的作用，使公众能通过一定的组织形式，参与"重大工程"建设与管理。具体而言，包括：（1）发挥社区基层组织的作用。在实施"背街小巷改善工程"中，杭州市城管部门注重发挥社区基层组织的作用，在一些社区中建立了以社区党委为牵头单位、以楼道党支部为基础力量的"背街小巷管理党员责任区"，形成了党员责任区领导机制、工作小分队和纪委监督组"三位一体"的管理体系，有效推进了背街小巷改造后的长效管理，确保了小巷的整洁、美观、畅通。（2）发挥公益性群众组织的作用。在"重大工程"实施过程中,有关部门不但注重发挥社会中介组织、民间团体的作用,更注重群众志愿者、义务顾问团、社区监督员等公益性群众组织的培育和建设。杭州市城管部门、城管执法部门会同妇联、共青团组织,建立了城市管理义务监督员队伍和群众志愿者队伍。不少社区经居民自荐,组成了离退休老干部、热心市民和沿线单位负责人参加的义务工程顾问团和监督团。

二、"重大工程"建设民主参与机制实施绩效

21世纪以来,杭州市先后实施了西湖综合保护、西溪湿地综合保护、运河综合保护、市区河道综合整治与保护开发、背街小巷改善、危旧房改善、庭院改善、"三口五路"综合整治、"一纵三横"道路综合整治、"五纵六路"道路综合整治、"两口两线"及扩大范围建设整治、中山路综合保护与有机更新、农贸市场改造提升、"停车新政""免费单车"系统建设等一系列重大工程,有力地推动了杭州市基础设施工程的发展,极大地改善了民生。每一项重大工程的成功实施,都和公众的大力参与分不开。换句话说,"重大工程"建设的民主参与机制,既通过民主参与深化了民主,又通过"民主促民生"极大地改善了民生环境,促进了城市的发展和市民生活品质的提升。

反之,如果没有民主参与机制,即使政府提供了很好的公共产品和服务,也可能因为没有公众的介入而不能达到预期效果。政府在公共服务上投注了很大的财力和人力,但却有可能适得其反。这是因为公民不单是政府治理的客体,而且本身就是主体之一。与公民利益相关的问题,一定要听取公民意见。正如杭州前任市委书记王国平所说:"老百姓是杭州这座城市的主人。大家的事大家来办,杭州的事杭州老百姓来办。"没有民主参与机制,危旧房中的厕所改造以后会分不下去,庭院改善以后日常管理经费会收不上来,甚至连一个车棚要不要盖、一块绿地要不要建、一堵围墙要不要拆等细节问题都会难以妥善解决。

总而言之,"重大工程"建设民主参与机制的实施,以公众参与为媒介,在城市建设和公众利益之间建立起了关联,使公众有了主人翁的感觉,从而自觉参与到"重大工程"建设中来,建立政府与公众互动合作的新格局,形成公共服务的政府与公众协作的提供模式。

"重大工程"建设民主参与机制,贯穿于杭州市重大建设项目和民生工程中,

具体实践如下：

在 2002 年西湖综合保护工程中,工程实施前,公开展示规划设计方案,广泛听取市民、专家和社会各界的意见;工程实施中,邀请媒体人士、专家、市民对工程进行监督;工程建成开放前,专门组织各方面专家和市民代表"挑毛病",并及时整改到位,使每一个景点、每一处建筑都经得起群众的检验、专家的检验、历史的检验,成为"专家叫好、百姓叫座"的"世纪精品、传世之作"。

在同年的运河综合保护工程中,通过民主参与机制,有效地解决了涉及很多市民切身利益的拆迁问题。如在小河直街历史文化街区保护工程实施中,杭州市委、市政府在制定搬迁政策时广泛征求原住民的意见,提出了"鼓励外迁、允许自保"的政策;规划方案制定后,公开征求原住民的意见;工程实施中,由规划、园林、建筑、文史等方面专家和原住民代表,共同参与工程的各个环节。正因为有民主机制的保障,在小河直街搬迁过程中,搬迁户主动配合,仅仅两个多月时间就完成了近 300 户搬迁户的腾空交房工作。

在 2003 年西溪湿地保护工程中,充分发扬民主参与精神,健全民主参与机制,广聚民心、广集民智,让人民群众成为工程的参与者、实施者、监督者、受益者。工程实施中,无论是方案论证、规划展示、历史文化遗存开发利用、民居村落规划布点,还是景点取名都公开听取市民意见。比如在拆迁安置过程中,广泛征求拆迁户对安置房的意见,请群众自己设计房屋户型结构,提出安置房的面积配比等。工程建成开园前,还组织人大代表、政协委员、市民代表对景观建设提意见。

在 2004 年背街小巷改善工程实施过程中,建立了"三会一公示"制度,通过召开调研会、听证会、座谈会、设置现场公示牌等形式,深入社区倾听民声、落实民意;落实"一路一表一方案",对每条道路施工都细排了进度计划表,尽可能减少工程对沿线居民生活的不利影响。几年来,共有 160 多名专家、35000 多位市民直接参与了改善工程,收到市民对改善工程的各类建议和意见 5829 条,其中被采纳的有 4546 条,采用率达 78%,有 3400 余名市民成为背街小巷改善工程志愿者,2200 余名市民自愿担当背街小巷长效管理义务监督员。

2006 年开始实施的农贸市场改造工程,其中一条重要的经验就是坚持以让老百姓满意为改造标准,以民主方式推进工程实施。一是改造标准公开。市场整合改造提升工作领导小组办公室召开各类座谈会，广泛听取农贸市场举办者、经营户和市民的意见。二是改造方案公开。农贸市场改造实施方案不仅请农贸市场举办者、经营户进行评选，还制成180块画板在武林广场、城西广场、吴山广场、运河广场、庆春广场等处展示，并在《杭州日报》等媒体刊登，请广大市民评选。三是改造政策公开。农贸市场改造提升的补贴标准、操作程序全部公开，不仅让市场经营户知晓，还印制5万余份宣传画和塑料宣传扇，张贴到社区，送到居民手中。工程实施过程中，组织新闻媒体、社区居民考察农贸市场改造工地，并聘请由30名人大代表、政协委员、民主党派人士、社区居民、青年志愿者组成的义务监督员，每个月对农贸市场改造和管理情况进行督查。

2007年，杭州市全面启动危旧房改善工程。改善前，问计于民，通过入户调查、设计方案公示和召开住户听证会"三部曲"，充分听取住户意见，确定是否需要改善、改善内容和改善方式。改善过程中，加强安民告示与现场监督，进场施工前3个工作日，将安民告示发往各住户，并张贴在项目施工现场主要出入口处，以便住户了解工程情况，监督现场施工；成立"义务监督员巡查小组"，对项目质量、扰民情况、施工安全情况进行监督。改善后，问绩于民，邀请义务监督员和住户代表参加竣工验收会，对提出的有关质量方面的意见，限期要求施工单位进行整改；建立危旧房改善工程质量回访制度，对改善效果、施工质量等进行用户回访。

2007年，中山路综合保护与有机更新工程正式实施。在工程实施中，通过建立和完善民主恳谈、民情访谈、重大事项公示、聘请义务监督员等制度，把中山路综合保护与有机更新工程作为探索建立"以民主促民生"工作机制的实施阵地。施工过程中，市建委还邀请了30多名热心市民担任义务监督员，对工程文明施工进行监督；组织12支党员志愿者服务队，与中山路沿线17个社区开展共建活动，向沿线社区居民发放宣传资料18000多份，征集社区居民意见建议380余条，为社区服务100多人次。

同年实施的市区河道综合整治与保护开发工程，通过方案公示、民主恳谈等方式，做到设计方案市民共定、工程实施市民共议、建设成果市民共享，充分发挥市民的主体能动性和积极性。如2008年5月，在"红楼"举办了"杭州市城区旅游河道整治方案展"，大到旅游线整体规划，小到慢行系统的材质、绿化树种，都认真听取市民意见。在工程推进过程中,杭州市河道建设中心积极与"三河"沿线文新、朝晖、上塘等 9 个街道近 30 个社区开展共建活动,始终坚持"工程建设进一程、社区困难带一把"。在工程开工前向沿线社区发放公开信万余封,从社区居民中聘请义务监督员百余名,同时以党员志愿者活动为依托,先后走访沿线街道社区困难户,取得了社区居民的理解和支持,也激发了他们积极参与的热情。如在"三河"新建桥梁征名的过程中,和平苑社区老人调查编写了《21 座老桥历史文化》,为桥梁命名献计献策。

2008 年,实施公厕提升改造工程。计划立项阶段,实行公示制度,在每个拟建公厕的现场公示立项计划为时 7 天,设立社区联络员,上门征求居民意见;设计阶段,向市民公示方案,在街道和社区召开座谈会或听证会,征求市民对公厕朝向、层高、厕位数等问题的意见,设计方案会审有街道、社区、居民代表、专家等各方参与;施工阶段,设置安全文明告示牌,畅通市民反映问题的渠道;竣工验收阶段,实行"两步"验收,第一步进行工程质量验收,第二步进行综合验收,邀请市民、媒体、专家参与验收。

以上工程是杭州市近年来实施的"重大工程"的部分例子。从中可以看出,在工程建设中,政府相关部门首先要进行项目公示,通过各种渠道征求群众意见,召开座谈会、恳谈会、听证会等,与群众进行沟通和协商,鼓励、邀请市民对工程建设进行监督和评估。

"重大工程"民主参与机制实施,提高了公民对工程的认可度和满意度。工程实施中体现出来的政府与公民之间的良好合作关系,赢得了公众对政府的信任,密切了双方之间的关系。

下面小节以庭院改善工程为例,剖析公民参与在其中所扮演的角色,考察在公共服务提供过程中公民与政府的协作治理模式和绩效。

第三节　庭院改善工程中的公民参与

2007 年年底,杭州市委、市政府决定,由市城管办牵头,在背街小巷改善工程的基础上,从 2008 年起用三年时间完成 745 个庭院、3365 幢房屋的整治。

两年来,杭州市共完成了 663 个庭院的改善任务,涉及 3195 幢民居、13.4

万户居民，受益人口达 46.9 万人。

杭州市城管办在 2010 年再投资 6.9 亿元，对 1158 幢房屋进行庭改。到 2010 年年底，主城区范围内完成庭院改造的房屋将达到 4523 幢，超过 2007 年调查的 3365 幢。超量的主要原因是，2007 年庭院改造需求摸底调查时，针对的是 7 层以下、无物业管理、1990 年前建成的小区。但是，随着改善工程的不断推进，普通老百姓也看到了庭院改善带来的实实在在的好处，使改造范围不断扩大，1991 年至 1995 年之间建成的、无物业管理的小区也成了改善对象。整个庭院改善工程预期可覆盖 1000 个庭院、5000 幢民居，受益人口可达到 80 万人。

一、庭院改善工程的缘起

庭院改善工程是由背街小巷改善工程引发的。2004 年，杭州市为了改善民生，提升城市生活品质，全面实施以"交通序化、道路洁化、环境美化、景观亮化"和保护历史文化遗存等为主要内容的背街小巷改善工程。杭州市、区各有关部门按照市委、市政府提出的"让人民群众参与、让人民群众做主、让人民群众受益、让人民群众满意"的要求，扎实推进背街小巷改善工程。市、区两级财政累计投入 16 亿元。在工程实施过程中，建立了"三会一公示"制度，通过召开调研会、听证会、座谈会、设置现场公示牌等形式，深入社区倾听民声、落实民意；落实"一路一表一方案"，对每条道路施工都细排了进度计划表，尽可能减少工程对沿线居民生活的影响。此外，还建立了定期"专家门诊"机制，除邀请专家参与设计会审外，平均每两周邀请一次专家来踏看工程现场，及时调整或整改不足之处。这些措施，创造了背街小巷改善的"杭州模式"，也创造了历史文化名城保护的"杭州模式"。

四年来，共有 160 多名专家、35000 多位市民直接参与了改善工程，收到市民对改善工程的各类建议和意见 5829 条，其中被采纳的有 4546 条，采纳率达 78%，有 3400 余名市民担当背街小巷改善工程志愿者，2200 余名市民做背街小巷长效管理义务监督员。截至 2009 年 11 月底，杭州市共改善背街小巷 2808 条，总长度 894 公里，受益人数 200 万人，受益家庭 19479 户。据杭州市统计局抽样调查显示，群众对背街小巷改善工程的满意度高达 98.3%。

小巷改善了，而小巷周边的老旧庭院环境明显不协调，存在功能缺失、环境污染、设施陈旧、路面坑洼等问题。居住在这些庭院里的居民通过各种方式向市委、市政府反映情况，要求采取相应的改善措施。针对老百姓反映的庭院环境问题，杭州市城管办在 2007 年进行了调研。从调研结果来看：一是老(旧)小区庭院建成时间早，规划方案简单、设计标准偏低、整体布局先天不足、配套设施不全。二是庭院产权形式多样，管理主体不清、管理责任模糊。处在单位不愿管、社区无力管的失管状态。三是庭院设施长期以来建、管脱节，配套设施得不到维护，存在着管道设施陈旧老化、路面破损积水、油污污染地面、乱搭乱建乱挂景观等问题。由于年久失修，庭院内的环境质量与城市道路的环境质量差距越拉越大，老(旧)小区的庭院已成为城市更新和现代化城市管理的盲区和空白点。通过深入调研，相关部门基本掌握了全市改善需求，市区需改善的庭院有 745 个、房屋 3365 幢，投资估算 18.5 亿元，涉及群众 55.5 万人。

二、庭院改善的范围、内容以及预期目标

2007 年，杭州市实施庭院改善工程，计划用三年时间完成 745 个庭院、3365 幢楼房的改善目标，让 55.5 万名受益群众享受到宜居舒适的庭院环境。

庭院改善工程，是杭州市继背街小巷改善和危旧房改善工程之后实施的又一项办在老百姓"家门口"和"家门里"的"民心工程""实事工程"。目的就是要大力改善"民生"，提升杭州市民的生活品质和幸福感。

1. 改善范围

在 2007 年年底庭院工程开始时，确定优先改善的庭院是主城区无物业管理的、七层以下的、1990 年前建成的小区。这些小区长期失管，存在着道路坑洼、雨污合流、屋顶漏水、排水不畅、基础设施不配套、绿化不足、管线凌乱、楼道破损、房室外地面陈旧、缺乏物管、缺少休闲和运动设施等问题。这些小区的"脏、乱、差"，不仅严重影响居民的生活品质，而且与整个城市的环境极不协调。因此，这些小区需要优先改善。

另外，对于个别有物业管理的老庭院，如果民众改善需求强烈，街道(社区)改善积极性高，则由区政府报杭州市庭院改善领导小组同意后实施改善。

2009 年，随着改善工程的深入，老百姓看到了庭院改善带来的实实在在的好处，1990 年后建成的房屋要求列入改善的呼声也日渐强烈。经过初步统计，

当时未列入庭院改善范围且无物业管理的 1991—1995 年之间建成的、七层以下的房屋有 750 幢左右。为此,市城管办计划对这些小区进行摸底调查,根据小区居民的意愿,结合市重点工程逐年实施庭院改善。

2.改善内容

庭院改善主要包括功能完善、房屋整治、环境整治三方面的内容。具体分为道路平整、景观照明、截污纳管、立面整治、园林绿化、城市家具、公厕改造、违章建筑拆除、缓解交通两难、架空线"上改下"、平改坡、危房修缮、标志牌多杆合一、缆线序化、楼道洁化、车棚改造、公用管线一户一表配置、增设休闲健身设施、公共活动空间设计、太阳能安装、晾衣架设置等 22 个项目。

2009 年,根据群众需求,相关责任单位在 22 个具体项目的基础上又增加了小区外围封闭式围墙、物业管理房设置、消防设施完善、监控设施配套、拆围建绿(拆除小区内部分割围墙,增加绿化)5 项内容。

这 27 项改善内容是杭州市城管办在试点中总结出来的、老百姓普遍反映的要求。当然,具体落实到每个庭院该如何实施改善,仍需听取老百姓的意见。

同时,为了确保庭院改善工程的整体效果,小区配套的幼儿园、小学、卫生服务中心等公共建筑也一并纳入庭院改善工程。

3.改善后的预期目标

杭州要在中国大城市中脱颖而出,要避免"千城一面",很重要的一点就是要通过实施背街小巷、危旧房、庭院、物业管理四大改善工程,真正让"生活品质之城"的阳光洒到杭州的每一条背街小巷、每一处庭院楼宇、每一户家庭、每一位杭州人和"新杭州人"。

庭院改善工程是"民心工程""生态工程""畅通工程""文脉工程"和"竞争力工程"。改善后的小区庭院要实现路平、水畅、灯明、功能相对齐全的目标。

在庭院基础服务设施更新、配套的基础上,对一些有历史文化内涵的庭院,要做好传承历史文脉、丰富文化内涵、增加交流空间、提升绿化品位等工作,使经过改善后的庭院在历史、人文或景观方面特点鲜明、成效明显。

2007 年 1 月,"生活品质之城"正式成为杭州城市品牌。生活品质意味着人们日常生活的品位和质量,生活品质涵盖经济、政治、文化、社会生活的方方面面。对生活品质的追求体现了城市治理以人为本、以民为先的理念,它从人们日常的、根本的需求角度来审视城市治理,使城市与市民紧密相连,使城市的经济社会发展对市民有了更多的实际意义。

中国社会科学院学部委员田雪原说:"杭州提出创建生活品质之城的理念,不仅及时,而且处于一种前沿状态。生活品质的概念,是个综合全面的概念,把杭州产业、文化、风景、历史等诸多方面都融合在了一起。"①

通过实施庭院改善工程,不仅切实提高了杭州市老百姓经济生活品质、文化生活品质、政治生活品质、社会生活品质、环境生活品质,而且改善了城市面貌,进而提高了杭州市的知名度、美誉度和竞争力。

三、庭院改善工作的组织结构和资金来源

庭院改善工程按照"重心下移、属地管理"和"统一领导、分级负责、以块为主、条块结合"的原则进行组织管理。杭州市政府成立市庭院改善工作领导小组,由副市长兼任领导小组组长,市政府副秘书长、市城管办主任和房管局局长等为副组长。市庭院改善工作领导小组下设庭院改善工作办公室,办公室设在市城管办,市城管办主任兼任办公室主任。各区建立区一级庭院改善工作领导小组和办公室。

市区庭院改善工作建立"市、区、街道、社区"四级联动机制。由市庭院改善领导小组统一领导,市庭院改善办公室具体负责组织、指导、督促、协调、考核各区开展庭院改善工作;各区改善小组和区庭院改善办公室负责组织实施本辖区范围内的庭院改善工作。在坚持市区结合、以区为主的基础上,推动"条块结合、以块为主"继续向基层延伸,做到区街结合、以街为主,街道和社区结合、以社为主。杭州市有关部门则要做好配合协调工作。

庭院改善项目的资金来源如下:

纳入改善计划的庭院,环境整治涉及的道路平整、雨污水管道改造和收水口设置、环境及休闲设施设置、环卫设施改造、绿化改造等纳入人工招标范围的项目以及电力"上改下"所需的土建费用,由杭州市、区两级按工程决算审计价1:1

---

① 袁亚平:《生活品质之城——杭州市新景象新内涵》,参见人民网:http://www.people.com.cn/GB/other4583/4595/5840/5261945.html,2007年1月9日。

配套解决。

纳入改善计划的庭院,房屋整治涉及的"平改坡"、外立面和楼道等房屋公共部位的整治,原已明确资金政策的按原资金政策执行,未明确部分市、区两级按工程决算审计价1:1配套解决。

产权单位的房屋整治由产权单位承担整治费用。确有困难需减免整治费用的由产权单位向区政府提出申请,经区政府审核报经市庭院改善领导小组同意后,减免的费用由市、区两级按工程决算审计价1:1配套解决。

对招标合同工程清单以外且必须结合的内容,需经社区、街道及监理部门对工程内容进行确认,经认可后报市、区庭院改善办公室审定,经市、区"改善办"审定的项目方可实施。审计部门须对项目资金进行严格审计。

弱电杆线"上改下"和"合杆序化"梳理的费用由各产权单位承担;电力杆线"上改下"的电气配套费及一户一表的改造经费由市电力局承担;管道煤气的建设(改造)费用由杭州市燃气集团承担;自来水一户一表居民按相关规定交纳开户费,其余由市水务集团公司承担;涉及的太阳能安装、阳台晾衣架,原则上由居民个人承担费用。

庭院改善工程原则上免交工程涉及的绿化迁移、苗木补偿、占道挖掘、综合管线因市政工程需要的管线迁移等费用。工程实施单位必须根据相关主管部门的要求,按标准做好绿化恢复和路面修复。

四、庭院改善工程中公民权力保障

庭院改善工程提升了百姓的居住环境,改善了城市的面貌,是一项利民惠民工程。可是要把"惠民工程"变成"民心工程",就需要有利益关系的民众积极参与。

杭州市前市委书记王国平认为:"要坚持以'民主促民生'。我们办任何事情,即便是'民心工程',也未必是普惠的、均等的,也必然涉及老百姓切身利益的调整。解决'民心工程'实施过程中涉及老百姓切身利益的调整问题,不能由领导拍板、不能靠行政干预,只能通过发扬民主特别是基层民主的办法来解决,真正做到杭州的事大家来办,老百姓的事老百姓来办。只有发扬民主,才能改善民生;只有改善民生,才能体现民主;只有做好民主民生文章,社会才能和谐。"反之，即使党委、政府花钱来改善民生，但由于民主不到位，最终很可能连民生问题也解决不了。在这样的理念指导下，"民主促民生"成为杭州以民主方式推进民生难题解决的施政理念和生动实践。

庭院改善工程，是"民主促民生"模式的一个缩影，是"重大工程"建设民主参与机制的具体实践。在庭院改善工程中，"四问四权"保障了公民的权力。

1. 庭院改善工程中的"四问"

庭院改善和老百姓切身利益直接相关，而且每个人都有特定的需求，想法也不一样。通过公民民主参与的方式，畅通民主渠道，使得老百姓的需求能够自由地得到表达。为此，杭州市城管办在背街小巷改善民主参与经验的基础上，在庭院改善过程中提出了"四问四权"制度，通过"问情于民""问需于民""问计于民"和"问需于民"，推进民主决策，保障民主权利，畅通民意渠道，落实老百姓的知情权、参与权、选择权、监督权，保障老百姓对庭院改善工程拥有民主决策的权利。

"问情于民"。庭院"改不改"，由老百姓说了算。(1)百姓意见全覆盖。庭院改善工程在立项前，各区首先对改善区域内居民的改善意愿进行问卷调查，发放调查表，做到庭院内居民100％入户书面调查。(2)少数服从多数。一般情况下，居民都愿意自己的庭院得到改善。但有的庭院里一楼的居民不愿意改，因为居民自己建造了一些违章建筑。在这种情况下，就要举行投票，区域内有2/3以上的住户有改善要求的庭院方可列入改善计划。

各区"改善办"根据百姓意见，向杭州市城管办申报立项。市改善办在各区上报的立项资料基础上，通过向住户电话回访或上门走访的方式，对每个庭院选取不少于5％比例的《庭院改善工程居民需求调查表》，以确保改善工作能获得2/3以上住户的同意。

正如杭州市前任市委书记王国平所说的那样："民心工程"实施过程中的任何事项，最后都要由当地老百姓说了算。老百姓说改，我们就改；老百姓说暂时不改，我们就不改。

"问需于民"。"改什么"让百姓选择。(1)多数人同意可以更改设计方案。庭院改善安排的改善内容多达22项，包括背街小巷改善工程实施的道路平整、积水治理、截污纳管、立面整治、园林绿化、景观照明、城市家具、公厕改造、违章建筑拆除、缓解交通"两难"、架空线"上改下"、平改坡、危房修缮、标志标牌多杆合一等14项内容和庭院改善新增的缆线序化、楼道洁化、车棚改造、公用管线一户一表配套、增设休闲健身设施、公共活动空间设计、太阳能热水器安装、晒衣架设置等8项内容。这个清单后来根据市民的需求，又增加了5项，包括监控、消防、物业管理等。每个庭院具体如何实施，都要听取老百姓的意见。住户对改善项目出现分歧，以投票方式决定，少数服从多数。(2)"三会一公示"。对列入改善计划的项目，要进行"三会一公示"，要召开座谈会、沟通会和会审会，通过设置社区公告栏、开通热线电话、发放居民需求调查表等形式，让居民选择具体需要改善的内容。

"问计于民"。"怎么改"听百姓意见。(1)民主协商。设计单位在现场踏勘时必须入户与居民面对面；社区必须召开楼道党支部会议、居民代表大会广泛收集民众需求；初步设计方案出台后，必须召开居民听证会。(2)双向沟通。设计单位在工程实施过程中，必须实行全程服务。在改善庭院的主要出入口设置工程公示牌，在每个单元门口张贴改善公告，将管理人员联系方式等内容告知于众，及时收集百姓对工程的要求。对于百姓的信访投诉，责任单位要在5个工作日内予以答复。监理、施工单位设置专门人员(或兼职)人员负责信访处理。(3)市民监督。组织专家、义务监督员、青年志愿者检查改善工程，听取他们对工程的意见；建立市、区、街道信访处置三级工作网络，每个意见层层溯源、层层落实，定期汇总分类研究解决复杂问题，实现落实一个意见带动一类问题解决。同时，鼓励支持社区居民建立"居民自治小组""住户协商会""义务监督员巡查小组"、"和事佬"协会等基层民主自治形式，让社区居民参与民主协商和工程的监督管理。

"问绩于民"。"改得好与坏"让百姓打分。工程完成前，通过问卷形式了解群众对工程的满意度，只有达到90%以上才能拆除脚手架。通过意见收集汇总，需要进一步完善的地方必须在七天内解决，解决后达到98%以上的满意度才能通过验收，验收过程也需要社区及居民代表参与。

开展"问绩于民"回头看活动，并印发《关于深入开展"问绩于民活动"的通知》，要求施工单位在老百姓提出的意见建议没有处理好之前，不得轻易撤除立面整治脚手架；进一步畅通诉求渠道，在每个庭院改善工程项目现场设置一块项目告示牌的基础上，将项目责任单位和责任人的联系电话同时在每幢楼房的每个单元门口张榜公示。明确规定市民意见未整改和市民不满意的工程不得进入工程验收程序。

根据杭州市统计局的抽样调查，群众对庭院改善工程的满意度达到了92.7%。

表6-1　庭院改善工程上门调查表

道路平整	路面破损			增设停车位	
	低洼积水		改善交通	完善交通标志	
改善排水设施	雨水			增设路名牌	
	污水			新增（改建）自行车棚（库）	
公共照明	增设路灯		小区安全	新建（改造）传达室	
	增设楼道灯			增设电子监控	
一户一表配置	电力		物业管理	社区管理	
	煤气			专业管理	
	自来水				
美化环境	屋顶"平改坡"		改建公厕		
	建筑立面清洗		增设（改造）垃圾筒、垃圾倒放处		
	建筑立面涂装		增设运动、休闲设施		
	保笼统一改平		新建（改造）宣传栏		
	统一安装雨棚、晾衣竿		历史文化挖掘（古建筑保护）		
	楼道洁化		备注：		
	架空线入地/共杆梳理				
	广告标牌序化				
	拆除乱搭乱建				
	整治绿化				

资料来源：杭州市庭院改善办公室。

2. 庭院改善工程中体现出来的"四权"

在庭院改善工程中，公民的知情权、参与权、选择权、监督权被落到了实处。城市治理的主旨是改善城市居民的民生，发展的目的是为了人民。因此，事关老百姓福祉的民生问题,应该让老百姓自己来做主。实施庭院改善工程涉及人民群众切身利益的调整,对于这样的利益调整问题,只能通过发扬民主的办法来加以解决。

"老百姓有权知道政府在干什么,要最大限度地把群众呼声体现到政府决策中。"时任杭州市市长蔡奇说道,"凡是涉及百姓利益的建设工程、实事项目、政策措施,都要向群众公开,具体的实施过程,也要努力让群众了解和参与,充分尊重群众的民主权利。"杭州市确立了事关民生、事关发展的重大项目必须举办民主恳谈会和民主听证会、重大事项必须公示制度。2008 年以来,杭州市政府常委会实行"开放式决策",推进实现政务公开,保障老百姓的知情权和参与权。

公民的选择权主要体现在具体的改善项目确定上。27 项改善内容是市城管办在试点中总结出来的老百姓普遍反映的要求。落实到每个庭院,具体如何实施,则由老百姓说了算。比如,对凤起路 558 号的自行车棚要不要拆、围墙要不要打开这样的问题,最终都要由老百姓来决定。只要不是违法建筑,就要由老百姓说了算。再比如,小区的年轻人希望泊车位多一点,老年人希望绿化多一点,怎么办? 通过投票,由老百姓自己决定。

公民的监督权体现在居民通过各种形式监督整个工程的施工进展上。有的社区专门设立了社区庭院改造新闻发言人,适时召开发布会,让全体社区居民都来关心和监督工程进展;有些社区还成立了"民间庭改办",直接参与庭院改善相关工作;有的社区由有着多年建筑、机械工作经验的"内行人"组成"居民监理队",对工程进行监督。

上城区劳动路小区"民间庭改办主任"老曹对落实"四权"特别是选择权有一个非常形象的比喻。他说,庭院改善工程好比给老房子穿新衣裳,这件衣服的式样、颜色、面料应由老百姓说了算。江干区北景东苑的庭院改善就是这样做的。根据老百姓的意见建议,改善后的北景东苑,房屋外立面有两种色调。老百姓穿衣服各有喜好,有人喜欢红颜色,有人喜欢蓝颜色。除了西湖景区、街道旁边等可能影响城市主色调的房屋以外,一些庭院内的房屋完全可以采用不同色调。这样做,既能体现对群众意见的尊重,又能体现城市建筑色调的多元化。

总之,庭院改善工程中公民的权力表现在很多方面。工程实施过程中的主要问题,最后都由当地老百姓说了算。而且,有的社区还建立起了自治组织,比如,下城区凤起路 558 号的和乐苑小区成立了自治管理小组,不仅参与庭院改善工作,而且承担起了管理任务。

五、庭院改善工程中媒体的作用

在庭院改善工程实施中,各媒体积极主动参与,围绕庭院改善工程不仅发挥了传统的桥梁纽带作用,而且成为民意表达和沟通协商的公共平台,成为"以民主促民生"工作机制的强大推动力。

首先,媒体采用直观性较强的新闻图片、现场采访报道、现场直播等形式,对庭院改善工程进行全方位的报道,增强民众对这一民生工程的理解,进而提高他们的参与积极性。

其次,通过新闻评论、主持人和嘉宾的现场访谈、论坛栏目、读者来信等方式,进行信息披露和分析,引起市民和政府的关注,从而促进问题的合理解决。

再次,通过互联网和交互数字电视调查系统投票等方式,吸引广大市民参与庭院改善工程中具体问题的讨论,提出对策和建议,为有关方面出谋划策。

最后,通过对庭院改善工程出现问题的追踪报道,对后续的问题解决情况实行监督,促使民生工程落到实处。此外,还通过电话、短信等多种互动方式,为市民切实提供实效。

总之,通过多种形式,媒体让普通百姓充分发表对改善工程的建议和意见、探求问题解决之道;通过论坛和直接交流的形式,为市民和政府工作人员创造了对话的平台和空间,不仅为庭院改善工程献计献策、更好地体现"问计于民"和"问需于民",而且也成为解决问题、体现"问绩于民"的有效途径。

另外,在庭院改善工程中,老百姓反映需求和问题的主要途径是社区,通过社区反馈给工作部门。因此,通过媒体反映问题的,很可能是通过正常的途径解决不了的。对于这样的问题,就存在一个少数利益和多数利益、个人利益和群体利益的关系问题。对于此类诉求,媒体的作用就更多地表现为做说服、解释工作上。在这种情况下,一定程度而言,媒体只能是一个不良情绪得以缓解、疏导甚至发泄的渠道和平台。

第四节　公民参与和协作治理

"身边的民主"，最容易吸引广大人民群众积极参与，这是推进民主的强大动力。推进民主不是为了追求某种抽象的理念和固定的模式，而是为了建立能够有效维护最广大人民群众的权利和利益的制度。民生问题事关人民群众的切身利益，容易引起共鸣，人民群众关注和参与的热情也就相对较高。民生问题又是发生在广大群众日常生活中的问题，人民群众在这些问题上行使民主权利不需要具备多少专业知识，对自己的利益所在和其中的利益关系一目了然，民主参与的方式也比较便捷，对民主行为能力的要求相对较低，可以达到民主参与面的最大化。"以民主促民生"的成效也直接彰显在广大群众面前，便于检查监督，也容易产生成就感。① 总之，对于公民个人而言，参与要有助于个人利益、权利和效能感的提升。可以说，公民参与最终实现的是公共利益，是"善治"的获得。众多的个人利益会汇成"真正的"公共利益，而不是与普通大众毫无关系的"公共利益"。只有同每个人切身利益息息相关的参与才有恒久的动力，尽管对利益的理解在自由主义者和共和主义者之间可能存在着分歧。

站在政府的立场上来说，公民参与能够提供多元化的信息和知识，改进公共政策的质量；决策阶段更多的参与有利于政策的执行；更多的参与还有助于强化公民对政府的信任，增强政府的合法性，等等。

公民参与是地方治理的核心要件，也是城市治理模式转换的关键。

城市治理意味着政府权力和责任的下移，意味着公共物品的多元化供给。政府通过赋权给私营部门、非政府组织和公民团体甚至公民个人，使其成为城市治理中的多元主体，合作提供公共物品，从而形成了一种协作治理结构。

在过去的城市管理模式中，政府是唯一的主体，政府"包打天下"。杭州市"重大工程"建设民主参与机制，是城市管理向城市治理转换的必然选择。"重大工程"建设民主参与机制通过赋权给公民，建设过程中全面引入公民参与，在城市建设中开始借重公众的力量。

---

① 蓝蔚青：《"以民主促民生"战略：杭州市的实践及其经验》，《毛泽东邓小平理论》2009 年第 3 期。

　　"重大工程"建设民主参与机制在杭州市庭院改善工程中的运用，公民和政府共同参与政策的制定和执行，从而有助于民众对政策的接受和认可；政府与民众的沟通、协商和合作，有效地避免了一些矛盾的激化；通过对民众自治能力的强调，也减轻了政府的政策压力和负担，有利于政府职能的转变；政府和公民在庭院改善工程中的集体行动，大大拉近了两者之间的距离，密切了两者间的相互关系，有助于新型政府与公民关系的建立；最后，通过"以民主促民生"，让公民参与民主决策、民主管理、民主监督，提高公民的政治效能感和民主意识，有助于增强公民的主体意识和行动能力。从这个意义上讲，庭院改善工程不仅是提升市民生活品质的民生工程，也是增强市民民主意识、提高民主质量的"民生工程"。

第七章　杭州市参与式治理的实践及其意义

　　参与式治理是民主和治理理论的汇合,因此也就有了两个重要使命,即深化民主和实现"善治"。佩特曼认为,真正的民主应当是所有公民、充分参与公共事务决策的民主,从政策议程的设定到政策的执行,都应该有公民的参与。只有在大众普遍参与的氛围中,才有可能实践民主所追求的基本价值,如负责、妥协、个体的自由发展、人类的平等等。① 参与式治理关注的正是普通民众通过直接参与带来的新变化,这些变化不仅有利于政府转型和治理优化,而且对参与者的自我发展也有很大贡献。

　　尽管参与式治理被很多学者定义为一种普通公众参与政府或公共管理决策、合作治理的规则或制度框架。但是,规则或机制并不是参与式治理的核心要件,参与式治理的核心是其民主维度。参与式治理是参与式民主与治理理论的有机结合。参与式治理通过普通民众对公共事务的直接参与和治理,不仅扩展和深化了民主,更重要的是实现了治理的优化,促进了个人和社会的发展。

　　相对于参与民主、协商民主等现代民主理论,参与式治理关注的是民主的治理绩效,更看重的是民主的结果和治理的绩效。从这个意义上说,在参与式治理中,"参与"的落脚点是"治理",深化民主的目的是为了走向"善治"。杭州市的"民主促民生"战略与参与式治理可谓不谋而合。参与式治理是一种治理理念,也是一种新的治理模式。参与式

---

① ［美］卡罗尔·佩特曼:《参与和民主理论》,陈尧译,上海世纪出版集团 2006 年版,第 39 - 40 页。

治理的出现，是地方政府制度创新和治理转型的结果，反过来又推动了地方政府的治理转型，形成了一种新的治理模式。参与式治理在全球范围内不同形式的试验和实践，反映了人类对新环境的思考和新的应对方式的孜孜追求。

在现代社会，政府是治理的主体或负主要责任者，即使在"多中心治理"下也不例外。因此，治理转型实质便是政府治理模式的改革与转变。在国家与社会或者政府与公民关系深刻变化的背景下，政府治理模式的转变要在这方面寻找答案。要抛弃"政府统治"的传统做法和"公民治理"的浪漫主义理想，在两者之间寻找最佳的结合点。参与式治理无疑是一个可行的选择。

参与式治理通过制度化的公民参与机制，使普通公民参与到政府治理过程中来，包括公共决策和政策执行等，从而影响公共资源分配，实现政府与公民对公共事务的合作治理。参与式治理将普通民众引入公共决策和执行过程，可以优化政府过程，实现科学决策和便利政策执行；通过协作治理，在政府与公民之间构建良性互动协作关系；公民参与的扩大和深化能够促成塑造"良好公民"，为"良好政府"的获得培植土壤和环境，获致政府行为和治理模式的转换。参与式治理和治理一样，最终目标是"善治"或"优良的公共生活"。

参与式治理，是普通公众对公共决策和管理过程的直接参与，从而产生积极的治理变化。因此，从宽泛的意义上讲，当公民参与能够给地方治理带来直接的变化时，这样的公民参与便可以称之为参与式治理模式。公民参与作为参与式治理的核心变量，承担着深化民主和优化治理的双重功能。"当公民参与成功时，它能给公共管理带来一些实质性的益处，如更加有效的公共政策，感到满意和支持政策的公民，更为重要的是，它更加强有力地促进了民主。"①因此，杭州市的"民主促民生"是宽泛意义上的参与式治理。

第一节　参与式治理的本土实践

参与式治理指的是与政策有利益关系的公民个人、组织和政府一起参与公

---

① ［美］约翰·克莱顿·托马斯：《公共决策中的公民参与》，孙柏瑛等译，中国人民大学出版社2005年版，第2页。

共决策、分配资源、合作治理的过程。从 20 世纪 80 年代以来，在治理转型的大背景下，参与式治理在许多国家得以实施，并得到大力推广。参与式治理的实践，改善了当地的政治生态，提升了公民的主体意识，促进了当地经济和社会的发展。

参与式治理是"一个决策框架"，是利益相关者对直接参与公共决策、分配资源和合作治理的过程。公民参与作为参与式治理的核心变量，承担着优化治理和深化民主的双重功能。在现代社会，成功的决策执行都必须以公民对政策的接受为基础，没有公民参与，让公民接受政策几乎是很难想象的，或者至少是困难重重的。对于政府而言，公民参与是发展公民与政府之间双向协商、沟通的有效机制，促使政府成为一个负责、透明、回应、民主的组织的重要途径。参与式治理是一个吸纳"民意"的过程，也是一个政府得到公众认同的过程。通过政府与民众的互动，使得政府决策更加科学化、民主化和规范化，获得民众的理解和支持；通过民众对政府决策过程的参与、对话和磋商，政府行为也获得了合法性和正当性，从而提高了政府效率和执政能力。

对于公民而言，参与式治理通过公民参与深化了民主。现代意义上的民主已经不是反对者所简单化理解的"多数决定论"，也不是片面的"选举式民主"，它不仅是一种从国家权力产生、国家权力结构安排，到公民权利保护的国家制度，也是一种公民享有充分自由，广泛参与社会和公共事务的生活方式。① 民主的本质在于参与，对于公民而言，通过公众参与能够生成一种期待，即他们的意见会得到认真对待乃至实施，这既增强了公众的政治效能感，又增强了公众对政策过程的理解和对政府的信任。

一、杭州"民主促民生"战略是本土的参与式治理实践

参与式治理和一般意义上的公民参与的不同，主要体现在两个方面：其一，参与的主体不同。参与式治理的主体主要是指与政策有直接利益关系的、长期被排斥在决策过程之外的普通公民或"草根"群体。这一点与公民参与中的"公民"有细微区别。其二，参与的后果不同。在参与式治理中，利益相关者通过对

---

① 蔡定剑：《重建民主或为民主辩护——对当前反民主理论的回答》，《中外法学》2007 年第 12 期。

公共决策的参与,目的是改变决策,从而实现预期的治理效果。公民参与强调的是民主参与的过程。和公民参与不同,参与式治理更多的是关注参与带来的治理绩效和变化。

从这个意义上说,参与式治理是通过利益相关者的参与(民主)来达到(对民生问题的)治理,"以民主促民生"战略就是参与式治理。杭州的"民主促民生"战略,是地方治理结构向普通公众的开放,是公民对地方政治和社会生活的有效参与、影响甚至控制,也是公民参与制度创新的结果。

杭州公民参与的制度创新贯穿了现代民主的理念,是参与民主、协商民主的实践,从广义上理解,这些创新举措都可归为"民主促民生"模式。然而,从治理的角度考虑,只有对政府决策和执行过程的直接参与才属于参与式治理的范畴。因此,发生在政府决策和执行过程中的"民主促民生"被看做是参与式治理,这也是对"民主促民生"的狭义理解。

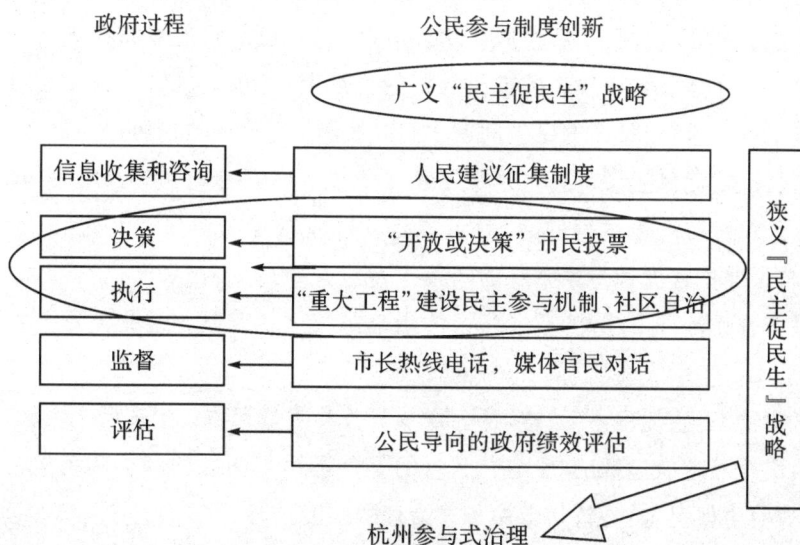

图 7-1　杭州市"民主促民生"战略示意图

因此,杭州"民主促民生"的参与式治理模式主要由以下几方面内容组成:
(1)"开放式决策";
(2)市民投票;
(3)重大工程建设中的民主参与;

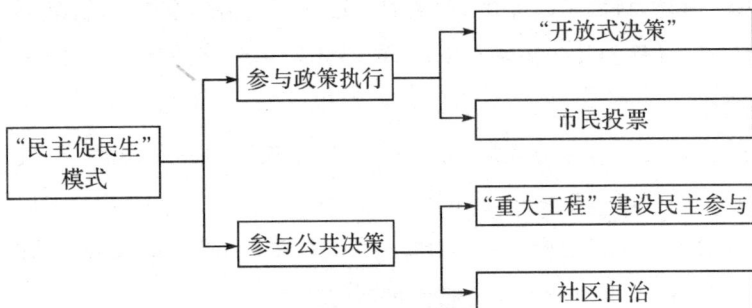

图 7－2　杭州参与式治理模式示意图

(4) 社区自治。

以上四个方面的治理实践可以分为两类,一是公民对公共决策的参与,包括开放式决策、市民投票;二是公民参与政策执行,和政府一起,对城市公共事务进行直接治理,主要包括重大工程建设民主参与机制和社区参与式治理等。

杭州的"民主促民生"新型城市治理战略,是公民和政府对城市进行合作治理的模式。在涉及城市发展的重要问题的决策上,通过公民参与集中公共智慧和动员市民力量;在具体的民生问题上,由公民直接参与加以解决。因此,相应地,杭州"民主促民生"战略,也形成了两个类型:决策参与和协作治理,如果说前者是公民参与决策过程的话,后者则是公民直接参与政策执行过程,也就是说,参与长期被官僚和专家垄断的政策执行过程,普通公民和政府一起,对公共事务进行合作治理。当然,后者所谓的治理是狭义的,和管理同义,不包括决策过程。

杭州的"民主促民生"战略,从公众参与公共决策和协作治理两个方面,体现了普通民众对政府过程的"参与",其目的是促进民生问题的解决和民生福利的实现。"民主促民生"是杭州市参与式治理的实践。"民主促民生"模式通过大力推进公民参与,推动了政府决策过程的开放化、政府决策的科学化和政府决策执行的合法化,提高了政府的有效性和效率;同时,通过政府与公民的互动协作,密切了双方之间的关系,有利于公众对政府的理解和认同,增强了政府的合法性。进一步讲,"民主促民生"带来政府行为方式也即治理模式的转换,有利于建构一种新的治理模式。

二、杭州市参与式治理的发生逻辑

21世纪以来,杭州市在政府管理体制上出现了很多制度创新,不仅有力地促进了杭州市经济社会的发展和城市生活品质的提升,而且提升了政府的治理水平。"民主促民生"模式是制度创新的产物,也是对其所作的总结。问题是:"民主促民生"作为新型的城市参与式治理模式,为什么会出现在杭州?或者说,参与式治理的形成,需要具备哪些因素?

总体而言,参与式治理的出现,是应对政府合法性和有效性压力和挑战的产物。在新变化和新背景下,政府的能力和有效性受到质疑,政府管理成本增大、效率低下,"官僚制"的弊病也都暴露了出来。"政府的政策与计划不仅没有给人们的生活带来益处,反而还降低了人们的生活质量,政府自身造成的公共问题比所解决的问题还多。"[①]同时,政府的合法性也遭到挑战,代议制民主和专家治国的政治结构远离了政治的公共性。要使政府更有效,需要从根本上改变政府决策过程,引入公民力量;要使国家公共性获得充分实现,就必须从根本上改变国家与社会的关系,让公民充分参与国家事务。

理论认识上的深化也使得这种改变成为可能。随着现代民主理论的发展,民主不仅仅被看做是价值、话语,更是治理方式,无论是参与民主、强势民主还是协商民主,都要和治理绩效相连,才有生命力和意义。参与式治理正是参与民主、协商民主的治理实践。民主认识的深化也迎合了新公共服务的民主诉求。[②]

因此,"参与式治理是一个治理方式的转变,也是一个生活方式的转变。人们通过参与到治理活动中,关心他们的公共事务,参与式的政府能够有效回应他们的需求,他们对这种安排表示满意。"[③]

上述现实的挑战和理论的发展是参与式治理出现的共同背景,而各个国家、

---

① [美]史蒂文·科恩等:《新有效管理者》,王巧玲等译,中国人民大学出版社2001年版,第1页。

② "新公共行政学"对以往"效率至上"的管理主义进行了反思和批判,强调应把社会公平即公共性作为公共行政所追求的目标,倡导一种社会性效率,即效率必须与公共利益、个人价值、平等自由等价值目标结合起来,主张公共行政组织通过与广大民众进行对话、沟通来消解公民对政府的信任危机。

③ Rinus van Klinken. Operationalising local governance in Kilimanjaro. *Development in Practice*. Vol. 13, No. 1, 2003.

各个地区的参与式治理,又有其不同的经济、社会和制度环境。杭州市参与式治理的出现,有以下几方面原因:

1.公民参与的政治经济学分析

政治经济学认为,经济基础对个人政治行为和选择起着重要作用,经济环境的变化能够影响个人的政治态度和情感。这一点和马斯洛的需求层次说相互印证,随着经济状况的改善,个人会自然产生参与公共事务的愿望和诉求。

改革开放以来,杭州市的经济取得了长足发展,杭州近十几年来 GDP 一直保持两位数增长。经济发展直接带来了人民生活水平的提高(见图7-3)。

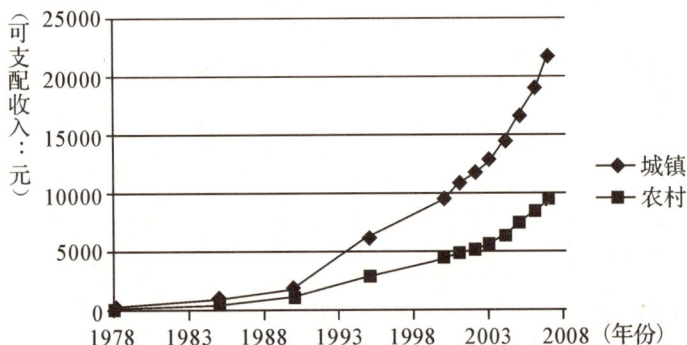

图 7-3　杭州城镇居民和农村居民可支配收入

随着经济环境和生活水平的改善,人民群众的权利意识、民主参与需求和热情得以提高。1999 年 11 月 6 日,杭州市政府通过当地报纸、网络发布公告,向社会各界公开征集次年市政府为民办实事项目,在短短的二十多天里,就收到社会各界实事项目 1000 多件。杭州的"停车新政",仅通过互联网就征集到了 28 万字的意见建议,从白发老人到妇女儿童,从社区的工作人员到杭州市委、市政府领导,都"卷入"热议,建言献策。

杭州市民对公共事务的关注和积极参与,也与杭州的经济构成成分有关系,这也是杭州区别于其他城市的地方。杭州市民营经济发展迅速,是"中国民营经济最具活力城市"之一,民营经济实力位居全省第一,500 强民企数量位居全国第一,民营经济在全市经济总量中的比重超过 50%。2007 年,杭州市民营经济提供的财政收入达 298.58 亿元,同比增长 36.7%,高于财政收入总额增幅 10.4

个百分点。民营经济财政收入占全市财政总收入的比重达37.9%,比上年提高2.9个百分点。

民营经济的发展和"和谐创业"模式的提出,使得部分杭州市民有了自己创造经营的企业。他们从自己的企业发展和自身利益出发,对宏观城市环境和城市发展建言献策。在他们看来,他们贡献了很大比例的财政收入,城市公共事务直接关系到他们的利益。通过对公共事务的积极参与和利益表达,私营业主、创业者等群体更好地维护和实现了自己的利益。

公民参与的最大动力来自于对自身利益的关切,这尤其表现在与公民切身利益息息相关的事务上。2004年杭州市开始背街小巷改善工程,市民参与面之广在杭州市历史上尚属空前。庭院改善工程因为直接关系到个人利益,参与的程度也非常之高。对切身利益的关注激发了市民对城市发展和城市治理的直接参与热情。市民通过各种渠道与政府官员和职能部门互动交流,这或出于公共利益的考虑,或出于自身维权的需要。

公众对自身利益和公共利益的关注和参与热情,对政府行为和治理模式提出了新的要求。

表7-1 杭州市民对政治大事的关注度(%)

		厌倦	与我无关	关心	非常关心
职业状况/所属行业	党政机关、事业单位	—	2.1	77.9	20.0
	国有企业从业人员	—	4.2	78.6	17.2
	集体企业从业人员	—	5.3	80.1	14.6
	三资企业从业人员	—	6.4	80.3	13.3
	私营企业从业人员	—	10.3	66.9	22.8
	退休人员	10.5	1.5	73.1	14.9
	失业、下岗人员	9.8	10.8	75.6	3.8
	个体经营者		19.7	66.2	14.1
	农民	15.3	2.1	65.6	17

续表

		厌倦	与我无关	关心	非常关心
月均收入水平	1000 元以下	3.5	9.0	78.2	9.3
	1000—2000 元	—	5.0	79.2	15.8
	2000—3000 元	—	1.0	84.2	14.5
	3000—4000 元	—	1.2	85.0	13.8
	4000 元以上	—	12.0	58.5	29.5

资料来源:陈剩勇、钟冬生、吴兴智等:《让公民来当家》,中国社会科学出版社 2008 年版。

从这个表格中可以看出,就职业层面来说,私营企业从业人员和个体经营者对政治的关注热情很高,分别为 22.8％和 14.1％,农民对政治"非常关心"的也有 17％;从收入水平来讲,一般情形下,收入较高者比较关心公共事务,高收入者(月均收入 4000 元以上)对政治的关注度最高,达到 29.5％。

政治凭借公共政策对资源进行分配。分配统计数字说明,在社会转型期,社会各阶层对与自身利益相关的公共政策非常关注。这也是公民参与的深层动机。

2.公民参与的社会文化与制度环境

海奈特和斯密斯认为,参与式治理的成功取决于文化。[1] 参与式治理的运转需要普通公民持续地、积极地参与。人们努力维护自身利益,但对公共事务的介入缺乏持久的热情,这就存在一个对"公私"关系的正确辨识和对个人利益的合理认定问题。对此,需要公民具备相当的知识和理解力,才能形成参与型公民文化。

杭州市民在公民参与的政治环境下形成的参与性市民文化和社会风气,反过来推动了参与的持续和深入。[2] 文化是制度的产物,杭州市民积极参与文化的形成,是其经济基础发展到一定阶段的作用使然。

---

[1] Hubert Heinelt and Randall Smith. *Sustainability, innovation and participatory governance: a cross-national study of the EU eco—management and audit scheme*. Burlington, VT: Ashgate, 2003.

[2] 陈剩勇等:《让公民来当家》,中国社会科学出版社 2008 年版,第 234 页。

在中国,随着制度环境的深刻变迁,拥有相对独立的利益结构的地方政府通过各种行政博弈,在中央下放的自主权基础上获得了一个具有扩张性的自主性空间,借此地方政府不仅能够根据自身的偏好选择性地执行中央政策,履行自己的职能,根据自己的效用目标来配置其拥有的越来越丰富的公共资源,甚至还可以在一定程度上凭借自己的以往决策经验或者地方的经济实力,超越自身权限,突破政策界线,自主地把握政府行为的边界。①

21世纪以来,杭州市在公民参与城市治理方面进行了一系列制度创新,从公民直接参与政府决策到政策执行,从信息咨询到绩效评估,通过各种机制保证了公民参与权利。参与式治理模式是这些制度的总结,也是制度创新的深化。

由杭州市公民普遍参与的制度创新和城市的民主发展历程,为参与式治理提供了制度保证。

3.地区性的社会转型压力

参与式治理的出现,是政府治理转型的需要。传统的官僚制已经无法应对日益复杂的经济和社会问题,将政治与行政分离的政府管理模式日益僵化、缺乏回应性和效率低下。与此同时,随着政府职能的扩张,官僚机构和公务员队伍也相应膨胀。为解决市场失灵问题而产生的凯恩斯主义经济学却带来了政府失灵问题。治理理论正是在此背景下应运而生的。治理理论的提出意味着政府治理模式从"统治"到"治理"的转变。参与式治理倡导政府与社会的伙伴关系,认为只有培育公共精神,培育公民社会,改革传统的行政管理体制,才能缓解政府的合法性危机,实现治理转型。

目前,杭州市已处在人均GDP突破1万美元的发展阶段上,经济体制的深刻变革,社会利益格局的深刻调整,社会主体多元化和利益关系复杂化对政府治理提出了挑战。据杭州市信访局统计,2005年市信访局接收的建议量占信访总量的20.03%,2006年、2007年该比例分别为24.6%和22.2%,三年累计收到市民建议40109条。由此可见,市民对城市治理的建议逐渐增多,他们热心关注着城市建设,并乐于为城市的发展出谋划策。同时,随着改革的不断深入,利益

---

① 何显明:《市场化进程中的地方政府角色行为模式及其变迁——浙江现象的行政学解读》,《浙江社会科学》2007年第4期。

格局的深刻调整加大了政府治理的难度,政府转型变得势在必行,政府对民间智慧和力量的汲取则既能提高政府的决策质量,又有助于政策执行过程的改善。

此外,普遍性的政府转型及社会转型的压力和挑战,是杭州市"民主促民生"参与式治理模式产生的又一重要因素。

第二节 杭州参与式治理的核心变量

杭州市的"民主促民生"参与式治理模式,通过赋权于公民,使各利益相关者广泛深入地参与到公共事务的决策和管理过程中,在政府、公民个人、媒体和社会团体之间建立起平等协作、良性互动的伙伴关系。通过政府与社会之间的分权,培育公民社会,催生公民参与的制度空间,为公民社会的自组织参与拓宽渠道,从而实现地方治理的转型与可持续发展的目标。

杭州的参与式治理模式,包括了公民决策参与和协作治理两个面向,概括为"四问四权",建立了党政、民众、媒体"三位一体"的工作机制。赋权、参与、协作和网络是参与式治理的基本属性,因此,我们可以以这四个维度为切入点,深层剖析杭州市参与式治理的内在机理。

一、赋 权

冯和赖特认为,参与式治理并不排斥政府的作用,只是政府权力的性质和行使的方式发生了变化。① 作为一种新的治理形式,参与式治理强调普通公民对治理过程的参与和权力分享,政府不再是唯一的治理主体。政府的权力要下移、要和其他主体分享。从纵向来看,权力由中央向地方政府、基层政府转移,从横向看,政府给其他主体赋权,实现多主体分享权力的体制。

参与式治理通过赋权给普通公民,使他们的声音能被各个层次的决策层听到,从而使政策能够更有针对性和回应性,能够更有效地解决民生问题。彼得斯

---

① Archon Fung and Eric Olin Wright. *Deeping Democracy*:*Institutional Innovations in Empowered Participatory Governance*. New York:Verso, 2003.

认为,员工若能得到充分授权,将会产生许多积极的成果。①

公民有效参与公共政策的前提就是政府要给公民赋予相应的权力,没有赋权,便没有真正的参与。阿斯汀认为,公民参与是公民权力的另一种表达方式,它是权力的重新分配。公民参与的目的是使目前被排斥在政治和经济过程之外的公民,有意识地在将来被包容进来。公民参与是一个战略,通过公民参与,被排斥者做出相应决策:信息如何分享,目的和政策如何制定,税收和资源如何分配,项目如何实施,利益如何共享。总之,公民参与是方法,通过它人们能够推动重要的社会改革,从而使其在富足社会里共享利益。② 在阿斯汀看来,公民参与的实质是掌握权力。没有赋权的参与只是毫无意义的信息收集和公示,或者说是对公民的教育和安抚,这样的"假性参与"对公共决策不会有任何实质影响。冯和赖特也将赋权看作是参与式治理的一个核心要件。③ 因此,参与式治理的第一步就是赋权,使权力从政府官员和专家手中转移到普通公民手中,或者至少使得普通公民和技术官僚一起分享权力。

公民参与的直接目的通常是影响政府的公共政策和政治进程,但其最终目的则是最大限度地增进公共利益,是走向"善治",为此需要实现公民和政府之间的积极合作。对于公众而言,没有政府的支持、妥协和合作,就无法达到改变政府决策,增进公共利益的目标;对于政府而言,如果没有公民的理解、信任和支持,公民的参与行动也就很可能演变为反政府的政治对抗和冲突。因此可以说,公民和政府在政治生活中的良好合作,是"善治"的实质所在。

因此,赋权于公民,首先要求政府与和公民有进行合作的政治意愿,同时形成保障公民参与的规范、制度或者法律框架。在现行中国政治框架下,赋权给公民就意味着公民的行为得到政府的认可和支持,这需要有正式的政府文件加以确认并形成制度。

杭州市的"民主促民生"治理模式,是杭州市城市民主实践的总结。杭州市

---

① [美]B. 盖伊·彼得斯:《政府未来的治理模式》,吴爱明等译,中国人民大学出版社 2001 年版,第 63 页。

② Sherry Arnstein. A Ladder of Citizen Participation. *Journal of American Planning Association*, Vol. 35, No. 4, 1969.

③ Fung, Archon, and Erik Olin Wright. Deepening Democracy: Innovations in Empowered Participatory Governance. *Politics and Society* 29 (1), 2001.

出台了《关于建立以民主促民生工作机制的实施意见》,确认并推进"以民主促民生"的工作机制。"民主促民生"体现在两个方面,即决策参与和协作治理。在决策参与方面,杭州市正式出台《开放式决策程序规定》,将公民参与市政府常委会以正式文件的形式加以制度化,并通过大众传媒加以公开。杭州市通过多次会议、媒体报道,将①以规则形式公示于众。而且在规则设定中,赋予了公众一定的权重,以正式文件的形式规范整个投票过程。在协作治理方面,杭州市出台了《关于构建"重大工程"建设民主参与机制的实施办法》等文件,建立了重大工程建设的民主参与机制。

杭州市以政府文件和正式机制的形式确认公民参与,体现了政府与公民合作的意愿,保障了公民的民主权利,进而实现了参与式治理的规范化、制度化。

二、参 与

公民参与是民主政治的核心问题之一。民主政治的价值和意义,只有通过持续不断的公民参与才能真正实现。没有公民参与,就不可能有民主政治。在现代政治图景下,公民参与数量的扩大拓宽了民主的规模,公民参与范围的扩大深化了民主的程度。

公民参与是参与式治理的关键特征。参与式治理对公共参与的强调,来自于其理论渊源之一的参与民主的核心关照。"民主的本质是参与决策。"②中共十七大报告指出,要增强决策透明度和公众参与度,在制定与群众利益密切相关的法律法规和公共政策时,原则上要公开听取公众意见。

倡导积极参与治理的人士认为,更好的决策取决于公共参与,而不是依赖于官僚人员或技术人士。③ 从行政机关与专家的封闭式决策,转向对社会公众公开的开放式决策。这一转向产生了一系列积极的后果:公共事件得到解决,公众诉求得到回应,行政机关的权威不仅没有受损反而使其合法性得到了增力。也就是说,通过积极的、深入的公民参与,一方面能更好地实现公民的切身利益,

---

① 重大事项的市民投票结果。

② [美]卡尔·科恩:《论民主》,聂崇信等译,商务印书馆1988年版,第219页。

③ [美]B.盖伊·彼得斯:《政府未来的治理模式》,吴爱明等译,中国人民大学出版社2001年版,第83页。

解决民生问题,另一方面能够增强政府合法性,同时也有助于塑造更好的公民。

"民主促民生"模式的亮点就是公民参与,这一参与既包括参与公共决策,也包括直接参与管理。公民参与不仅体现在重大事项的市民投票上,也体现在公民能够在政府会议上参政议政,还体现在公民能够直接参与到重大工程建设中去。通过多种参与渠道,公民得以更好地实现其知情权、表达权、选择权和监督权。

杭州市"民主促民生"模式中的公民参与,虽然离完全的公民控制和公民治理还有差距,但其对普通公民实质性参与的强调,对民主参与和民生问题之间相关性的关注,与参与式治理的追求是完全相同的。实质上,完全的公民控制和公民治理是一种颇具浪漫主义的理想,是不现实的。参与式治理并不追求公共事务的公民主宰,寻求的是"公民参与"和"政府回应"的结合,是一种合作治理的美好蓝图。

三、协　作

协商和合作是参与式治理的又一特征。协作既是民主的要求,又是治理的必须。没有协作,就无法实现集体行动。在参与式治理中,公民参与并不必然会带来共识,引发集体行动。在参与式治理中,必须通过谈话、协商创造公共空间。[①] 通过在公共空间平等对话,自由而独立的公民表达自己的利益和诉求,倾听别人的关注,促使不同意见在辩论和协商过程中达成共识,并进行合作以确定公共决策或资源分配。

治理是对"一切依赖市场"和"一切依靠政府"这种二元对立思维模式的超越,参与式治理延续了治理的这一思维,力图探求一种新的治理模式。在政府的地位和作用这一根本问题上,不追求政府作用的大或小,而主要关注政府的作用方式,即政府是如何以一种新的方式来实现其治理目的。

"民主促民生"模式是治理形式,也就是说,是一种集体行动的方式。将公民引入决策和直接治理过程中,通过公民与公民、公民与政府之间的充分协商和沟

---

① Gianpaolo Baiocchi. Emergent Public Spheres: Talking Politics in Participatory Governance. *American Sociological Review*, Vol. 68, No. 1, 2003.

通,理解各方意见并对其进行深入分析,使相关各方了解并尊重彼此的立场、观点和诉求,在追求公共利益的前提下,达成各方共同接受的政策或问题的解决方案。协商的目的是为了进行合作,共同解决民生问题。有学者认为,合作在五个方面有助于民主:通过合作生活的内在价值,培育公共美德和提高政治技巧;提供对权力的抵制和适当限制政府的规模;提高代表的质量和平等性;加快公共协商;为公民个人和群体创造直接参与治理的机会。①

"民主促民生"模式是建立新型政府与公民合作模式的积极探索,政府、媒体、市民"三位一体"的工作机制保证了合作治理的达成,其中媒体发挥了重要的公共协商平台和公共理性建构的作用。

四、网 络

网络可以简单定义为三个或更多组织为了实现共同目标而建立起来的结构。这种结构不是依靠等级科层制联系在一起的,而是以契约或授权的形式建立起来的。政治学或公共行政学所说的网络,一般是指治理网络(见表7-2)。

表7-2 不同治理方式比较

	市场	科层制	网络
规范的基础	契约—产权	雇佣关系	互补的力量
沟通的手段	价格	例行程序	关系
解决冲突的方法	讨价还价—诉诸法庭	行政命令—监督	互惠的规范—声望的关注
灵活性的程度	高	低	中
当事人之间承诺程度	低	中	高
风气或氛围	精确性和/或怀疑	正式的、官僚的	无明确限制的,互利
行动者偏好或选择	独立	从属	相互依存

资料来源:何增科:《公民社会与民主治理》,中央编译出版社2007年版。

---

① Gene Rowe and Lynn J. Frewer. Public-Participation Exercises: A Research Agenda. *Science, Technology, & Human Values*, Vol. 29, No. 4, 2004.

网络治理的涵义可以理解为以下几点①：(1)一个持续互动、相互依赖的过程。(2)强调公共价值、责任与公共参与等原则。(3)强调利益相关者参与政策规划与政策制定过程，而非仅止于政策执行。(4)突破政府组织界限、让各部门人员有平等而开放的参与机会。(5)通过参与机制的安排，进行实质咨询、协商，建立合作与共识。(6)寻求集体治理结果的正当性，赢得各方利益相关者的承诺。

参与式治理结构就是一个共享的治理网络。在参与式治理网络中，治理主体是多元的，治理结构是高度分权的，主体之间的关系是平等的，他们依靠正式的、非正式的制度联结在一起。网络的作用在于其能完成单个组织通过独立行动无法完成的任务。网络对于公共的民生问题如改善公共服务、健康保障、治安以及社会救助等最为有效。②

杭州市"民主促民生"模式的目的之一是发挥多元主体在城市治理中的作用，建立起一个地方治理的网络结构。"民主促民生"模式以公民多渠道参与建立公共平台，政府、媒体、市民"三位一体"，党政界、媒体界、行业界、学术界"四界联动"③，形成一个"公民导向、多元主体、政府主导、合作治理"的城市治理网络。

概言之，杭州市"民主促民生"模式通过公民参与推进社会主义民主政治建设和社会治理，正是参与式治理的主旨。"民主促民生"模式要求公民参与公共决策和协作治理，是参与式治理的参与决策、分配资源和合作治理的体现。"民主促民生"作为杭州市参与式治理的实践个案，推进了社会主义民主政治建设，优化了政府决策，实现了对公共事务的合作治理。其不仅以民主的力量推进民生问题更好的解决，增强了政府合法性，而且建构了良性互动的政府与公民关系，创造了"优良的秩序"和"优良的生活"。

---

① D. F. Kettl. *The Transformation of Governance：Public Administration for Twenty-First Century America*. The John Hopkins Uni. Press, 2003.

② Keith G. Provan, Patrick kenis. Modes of Network Governance：structure, Management, and Effectiveness. *Journal of Public Administration Research and Theory* 18，August 2，2007.

③ 杭州市的"社会复合主体"概念，即是"由党政届、知识界、行业界、媒体界等不同身份的人员共同参与、主动关联而形成的多层架构、网状联接、功能融合、优势互补的新型创业主体"。毛寿龙认为，"社会复合主体"是城市治理的新结构，将推动杭州市进一步促进城市经济社会发展，进一步改善民生，提升城市生活品质，并进而推动政府自身的改革和创新，即治道变革。参见毛寿龙、李文钊：《杭州市社会复合主体与城市治道变革》，人民网：http://politics.people.cn/GB/30178/10740872.html，2010年1月11日。

第三节　杭州参与式治理的制度绩效

参与式治理是政府治理转型的合适选择路径。杭州市"民主促民生"的参与式治理模式,提升了政府决策过程和执行过程的科学化、民主化水平,使政府实现从"封闭式"向"开放式"转变;推动政府与民众在公共事务上的合作,实现从"精英治理"向"协作治理"转变。这一新型的治理模式产生了积极的后果,提高了政府的效率和有效性;密切了政府与民众的关系,增强了民众对政府的认同和信任;而且在参与过程中教育和塑造了公民。杭州市"民主促民生"模式,有力地推动了地方治理的转型,带来了明显的治理绩效。

一、转变政府决策机制

国家和社会关系的转变带来政府与公民关系的深刻变化,这一变化表现在政府管理中,就意味着从管理本位转向服务本位。传统的政府管理是从方便管理的立场出发,新的政府治理模式是从保障公民利益的立场出发,是公民参与治理的有效过程。杭州市"开放式决策"是从"管理式"的政府管理逐步向"参与式"的政府治理的转变。在参与式治理模式下,普通公民被纳入治理过程中,成为治理主体之一,公民权利得到彰显,其建议和诉求也被更多采纳和考虑。

"开放市决策"的实施,推进了政务公开,扩展了公民参与的深度,建立起了"开放-参与式"的政府决策机制。"开放式决策"是"民主促民生"模式在公共决策上的体现,不仅推动了政府决策的民主化、科学化,而且形成了对政府行为行之有效的民主监督机制。主要体现在:

"开放式决策"提高了公共决策的质量,确保了在 2008 年 4 月 2 日召开的第26 次常务会议审议《杭州市高校毕业生和留学回国人员创业三年行动计划》时,许多市民的意见建议被采纳。例如,大学生创业者杨杰建议参照大学生创业园区建设,在校园内开辟"大学生创业孵化园"的意见,在后来的《杭州市人民政府关于鼓励和扶持大学生在杭自主创业的若干意见》(杭政〔2008〕7 号)中获得了采纳;市政协委员罗朝盛提出的大学生创业就业在税收和房租方面实行优惠的相关建议,也在杭州市政府的配套政策《关于鼓励和扶持大学生在杭自主创业的若干意见》中获得了采纳。

2008 年杭州市"两会"前,市政府在网上公示《政府工作报告》草案,征求市民群众意见,收到各类意见 938 人(次),最后有 68 条意见被直接吸纳写进政府工作报告。

2009 年,杭州市民代表提出的"扩大医疗保险联网支付覆盖面""加强妇幼保健工作""引导学校等单位内体育设施节假日向社会开放""扩大老小区物管覆盖面""表彰扩大就业先进企业""加强劳动监察工作,及时纠正和查处欠薪等违反劳动法律的行为"等意见建议均被吸收采纳,写入《政府工作报告》。群众反映比较集中的扩大消费、公交路线、住房、新建小区配套设施、统筹城乡区域发展、外来务工人员生活保障、优化城市生态环境等合理建议获得《计划报告》的采纳。廉租房补贴、旅游设施投入、消费券发放、国有资产管理、人才引进机制、民生保障与从严控制会议、接待、出国和公车购置使用经费等被采纳写入《财政报告》。

在 2008 年 12 月 10 日召开的第 39 次杭州市政府常务会议审议《杭州市个人信用信息征集和使用管理办法》时,市民代表和网民在个人信用信息征集的范围和使用、征信中介机构设立等方面争论比较激烈。市政府常务会议认为出台该《办法》的时机还不成熟,决定暂不通过,而是交由有关部门再做深入研究。

市民投票更是公民对公共政策的确定,是对传统"精英决策"模式的超越,体现了普通公民的权力。可以说,在参与式治理模式中,公民对公共决策的直接参与改变了政府的决策机制,使其从"封闭—管理式"走向"开放—参与式"。

二、优化政策执行过程

参与式治理,会改变各参与主体之间权力的相互制约机制。决策者要考虑公众的利益,但最后的决策权还是掌握在领导者手中。由于决策者吸收了大量的公众意见与建议,了解到不同主体的诉求,因此可以找到一个各方都能接受的契合点。在参与式治理中,公共决策的形成是大家讨论、协商的过程,决策的结果势必有利于理性程度的提高,保证执行的顺畅。

通过发展公民与政府间新的沟通渠道并保证对政府的监督,公民参与增进了政府和公共管理者的责任性。更加有力的公民参与还促进了公民对政府决策的接受性,不仅为政府提供了合法性的基础,而且便利了政策的执行。

通过政府与公民的互动,"开放式决策"增强了公民对政府过程和政策本身的了解。市民对决策结果的认知度提高,各部门对公共政策的内容、自身职责的理解更加透彻,将更加有助于各部门的协调和相互配合,有利于政策的顺利实施。通过建立政府决策事前公示制度,人大代表、政协委员、市民代表列席市政府常务会议制度,开辟市政府常务会议进行网络视频直播互动交流等途径,广大市民能够充分了解政府的重要决策,尤其是事关群众切身利益的各项决策,增强对公共政策的认同感,从而便利政府政策的执行和落实。

在协作治理中,公民直接参与政策实施过程,极大地降低了政策的执行成本。"重大工程"建设的民主参与机制,在城市建设中维护人民群众的知情权、选择权、参与权和监督权,按照城市建设"问情于民""问需于民""问计于民"的思路,拓宽了公民的民主参与渠道,充分调动起了人民群众、专家学者、社会组织、新闻媒体参与城市建设的积极性、主动性和创造性,整合社会各方力量,形成了"政府主导、专家领衔、公众参与、民主决策、规范运行"的民主参与机制,有效地降低了工程项目的执行难度,最大限度地发挥了"重大工程"建设的经济、社会和环境效益。

三、政府与公民的协作治理

参与式治理通过公民参与、"四问四权"构成了对政府行为的有效监督和制约。"开放式决策"的"公开"和"透明",使得权力在决策的每个环节都受到严密的监督,从而避免了权力寻租、政绩工程、面子工程、随意决策的发生,使公共政策更加符合民意。地方政府的"开放"和决策过程的公开透明则进一步增强了政府的公信力。

公民参与治理将极大地促进人们对政府角色的认识和理解,也促使人们更好地了解政策发展的复杂性、多元化利益间达成共识的困难度及公共行政管理者的本质,[1]进而有助于公民对政府的认可。参与式治理主张通过公民的共同

---

① [美]理查德·C.博克斯:《公民治理:引领 21 世纪的美国社区》,孙柏瑛译,中国人民大学出版社 2005 年版,第 37 页。

讨论、共同协商、共同行动来解决公共事务,实现集体行动。

参与民主认为,民主政治是立足于公民身份的政治,公民不只是民主选举过程中的选民,也不仅仅是政府的服务对象。对公民而言,公民自身也是治理活动中的参与主体。因此,公民必须积极参与公共事务的讨论、协商和决定。民主不是"多数决定制",不是"代表政治",民主即民治,是社会范围内的自治或自主。①正如郭秋永在梳理当代民主理论发展时所言,"民主政治"的核心就是公民参与政治。② 现实的需要和理论的发展深化了人们对民主的理解,也引发了人们对政府与公民关系的新思考。在"参与式民主"理论框架下的政府与公民关系中,公民不仅是服务客体,更是参与主体。

对公民而言,政府价值主要表现在政府能够通过向社会提供公共产品和公共服务,更有效地发展社会生产力,改善人民生活。公民将一部分权利交给政府,目的就是为了政府去处理那些公民个人无法处理的问题,尤其是公民之间的公共事务,进而促进社会公共利益的实现。

对于大部分公民来讲,政府是一个抽象的存在。公民对政府的认识来自于他们曾经打过交道的官员,公民从与官员的对话、交流和协作中,获得对政府的印象。

在杭州市的参与式治理中,随着民主参与机制在各项民生工程实施中的推广,逐步形成了市民广泛参与、部门密切配合、媒体大力支持、社会充分理解的良好氛围,为办好各项民生工程提供了可靠保证。具体表现在:一是减少了矛盾冲突。通过民主参与机制,不仅把民生工作从事后应急补救转到事前沟通交流上,也使党政部门能全面准确地了解到群众希望党委、政府提供什么、怎么提供,从而根据群众意愿作出正确决策,避免一些矛盾的激化,有效地减少信访问题的发生。二是拉近了官员与民众的距离。通过"以民主促民生",党政部门与人民

---

① 1971年帕特曼出版的《参与和民主理论》一书成为参与民主理论兴起的标志。科恩在《论民主》一书中将民主定义为:民主即民治;民主决定与参与——即受政策影响的社会成员参与决策。巴伯在《强势民主》一书中提出了"强势民主"概念,认为"强势民主"乃是现代形式的"参与民主",是公民的自治政府;是积极公民直接的自我管理,他们并不必要在每个层次和每个事件上进行具体管理,但是,在作出基本决策和进行重大权力部署的时候他们必须经常充分地和详尽地参与。20世纪八九十年代以来哈贝马斯的话语民主理论、博曼等人的协商民主理论都积极倡导参与民主。

② 郭秋永:《当代三大民主理论》,新星出版社2006年版,第10页。

群众现场交流、同台对话,大大拉近了干群之间的距离。三是便利了政策实施。通过"以民主促民生",让人民群众参与民主决策、民主管理、民主监督,尊重人民主体地位,使许多重点、难点工作得以顺利开展。

四、治理优化与城市生活品质的提升

城市治理是治理概念在城市中的运用,城市治理和城市管理的区别在于权威主体和权力运作方式的不同。在城市治理中,治理行为是由政府、私营组织、非政府组织以及公民团体等多元主体实施的,权力运作的方向不是单向的,而是各种利益主体之间互动、协调和合作的过程。权力运作的方式是多样化的,是围绕城市公共事务治理展开的众多方法和手段的总和。和治理一样,城市治理涉及国家与公民之间关系的深刻转变。

城市治理涵盖了几乎整个城市公共空间,其包含城市公共事务的决策、执行、反馈、监督等各个环节。"在现代城市中,对公共事务的最佳管理和控制已不再是集中的,而是多元、分散、网络型以及多样性的,这就涉及中央、地方、非政府组织、个人等多层次的权利和利益协调——这种由各级政府、机构、社会组织、个人管理城市共同事务的诸多方式的总和就是城市治理"。[①]

"民主促民生",就是要以民主的方式、民主的程序、民主的力量来解决民生方面的难题,真正为老百姓谋福利、办好事。

21 世纪以来,杭州市先后实施了西湖综合保护、西溪湿地综合保护、运河综合保护、市区河道综合整治与保护开发、背街小巷改善、危旧房改善、庭院改善、地铁一期、"三口五路"综合整治、"一纵三横"道路综合整治、"五纵六路"道路综合整治、"两口两线"及扩大范围建设整治、中山路综合保护与有机更新、农贸市场改造提升、"停车新政"、"免费单车"系统建设等一系列重大工程,一以贯之、持之以恒"破七难"[②],有力地推动了杭州城市的整体发展,极大地改善了杭州普通

---

① 顾朝林:《发展中国家的城市治理研究及其对我国的启发》,《城市规划》2001 年第 9 期。

② 2007 年,根据形势发展需要,杭州市委、市政府充实拓展了"破七难"的内涵,在原有的"困难群众生活就业难""看病难""上学难""住房难""行路停车难""办事难""保洁清洁难"的基础上,把环境保护和食品安全问题作为"破七难"的重要内容,形成解决人民群众最关心、最直接、最现实利益问题的"7+2"框架。

民众的民生福祉。每一项重大工程和重大举措的实施,都离不开政府、市民、媒体"三位一体"的"以民主促民生"这一工作机制的保障。

正如杭州前任市委书记王国平所言,城市民生工程项目如果不依靠人民民主、基层民主,就难免会出现政府投入不少、却得不到百姓叫好的现象。从这个意义上来说,"只有发扬民主,才能改善民生;只有改善民生,才能体现民主;只有做好民主、民生文章,社会才能和谐"。

第四节　杭州参与式治理的经验

杭州市"民主促民生"战略在杭州市城市治理中发挥了重要的作用,解决了一批关系广大市民衣食住行、安居乐业的最现实、最直接、最紧迫的民生问题,创造出了一个新型的城市参与式治理模式。"民主促民生"战略有力地推动了杭州经济社会的快速发展,提高了杭州的城市生活品质,也使得杭州市的政府治理创新得到了社会各界的巨大关注。① "民主促民生"战略能够成为杭州城市治理新模式并取得很大成绩,有这样一些经验:(1)"以民为先",从杭州市民的实际需求出发。(2)"三位一体",政府、市民、媒体"三位一体"是建立"以民主促民生"工作机制的主要途径,在实施民生过程中,坚持政府主导、市民主体、媒体推动。(3)"四问四权"。(4)民主决策和关注少数。在实施民生工程中,一方面,坚持服从多数、关注少数,另一方面,顾及少数人的利益,避免出现"多数剥削少数"的现象。(5)民主权利的依法行使。

总体来看,杭州市"民主促民生"参与式治理模式的成功运作离不开以下几个要素:

一、政府主导和官员强势推进

---

① 2009年12月5日,由杭州市委、市政府、《光明日报》社、中国社会学会共同举办的第四届生活品质全国论坛在杭州举行。来自中央政研室、中央编译局、国务院研究室、国务院发展研究中心、国家行政学院、新华社、《求是》杂志社、《光明日报》社、中国社科院、中国发展研究基金会、中国社会学会、清华大学、中国人民大学、北京师范大学、南开大学、复旦大学、浙江大学等单位的近30位领导和专家就"推进民主民生、建设和谐社会"这一主题展开了热烈讨论。学者们对杭州实施的"民主促民生"战略给予了很高的评价。

　　"参与式治理"需要一个强大的公民社会,需要积极参与的公民文化。这两者在中国都很欠缺。因此,中国式的"参与式治理"注定是要在政府的主导下,通过对公民参与的大力倡导和推动,逐渐培育公民的公共精神和主体意识。同时,在政府职能转变和"授权"下,公民社会得以成长起来,成为公共事物的治理主体之一。因此,公民参与推动了政府治理模式转变,而政府治理模式的转变反过来又带来了"参与式治理"的实现。可以说,在中国,新型的治理模式也离不开政府的主导作用,但政府必须和公民建立良性互动的合作伙伴关系,才能够实现"善治"和可持续地和谐发展的目标。

　　杭州市领导集体特别是主要领导层先进的执政理念是参与式治理的基本经验之一。蓝蔚青认为,杭州市委、市政府坚持为人民服务的根本宗旨和以人为本的执政理念,把改善民生作为全市工作的重点,力求在解决人民群众最关心、最直接、最现实的利益问题上走在全国前列。在这样的执政理念指引下,杭州市的领导层高度重视民生问题和城市的民主建设,积极探索建立城市民主治理模式。在他看来,以人为本的发展理念和发展目标是杭州实现"以民主促民生"的根本原因。①

　　博克斯在《公民治理:引领21世纪的美国社区》一书中反复强调,选择什么样的社区治理模式,最关键的是社区政治领导者选择怎样的社区政策导向和社区发展态度,即我们是偏好于一个封闭的、排斥性的社区治理体系,还是更加偏好于一个欢迎公民参与的、公民易于进入政策过程的治理体系;我们是将社区看作一个市场体系,极力要求扩张其商业能力(倡导强有力的经济增长),还是将社区看作是一个生活环境,极力保护公民净化的生活空间(倡导弱经济增长或者反经济增长);我们是将行政管理职业者当成控制者,还是当成公民自主管理的促进者和辅助者。这一系列政策导向的选择最终会左右地方领导者的治理价值观,决定政府对公民的态度以及与公民的关系。②

　　21世纪以来,杭州市委、市政府敏锐地意识到城市竞争的重要性。要避免"千城一面",在城市之间的竞争中胜出,就要凸显城市的特性和差异性,找准城

----

　　① 蓝蔚青:《"以民主促民生"战略:杭州市的实践及其经验》,《毛泽东邓小平理论》2009年第3期。
　　② [美]理查德·C.博克斯:《公民治理:引领21世纪的美国社区》,孙柏瑛译,中国人民大学出版社2005年版。

市的定位。杭州市先后确立了"精致、开放、和谐、大气"的城市气质和"生活品质之城"的城市品牌,找到了独特的城市定位。城市之间的竞争也是城市治理模式的竞争,合适的治理模式,不仅有助于城市治理目标的实现,而且会形成独特的城市底蕴和文化。这是推动"以民主促民生"的深层原因。

杭州市委、市政府对民主、民生问题认识的深化是参与式治理得以成功推行的重要原因。近年来,党政领导对民主、民生的认识不断深化。2007 年杭州市委第十次党代会进一步把"民生民主"与"创业创新、做强做优、文化文明"明确为新一届市委的工作重点;2008 年,时任杭州市委书记王国平提出"民主促民生、民主保民生"和建立政府、媒体、市民"三位一体"的"民主促民生"工作机制。主要领导认识的不断深化推动着民生工作的不断深入。2002 年以来,杭州市委、市政府在广泛调研民情民意的基础上,梳理出"困难群众生活就业难""看病难""上学难""住房难""行路停车难""办事难""保洁清洁难"等七大民生难题,实施了背街小巷、危旧房和庭院改善工程等民生工程。

可以说,杭州市的参与式治理很大程度上是依靠政府的推动,在"三位一体"工作机制中,党委、政府是主导,在党委、政府主导作用的背后是主要领导层的高度重视和自上而下的强势推动。① 杭州参与式治理的成功运作归功于前任市委书记王国平和市长蔡奇等人的大力倡导和支持。"民主促民生"战略的出现和他们对民主、民生问题的认识是分不开的,是他们执政为民理念深化的结果。② 而这一模式的成功推行,又和他们自身的权威和强势地位连在一起。否则,"民主促民生"战略在推行过程中可能会遇到很多阻力。

在参与式治理模式中,杭州党委、政府发挥了主导作用。党委、政府在城市治理过程中,坚持"问情于民、问需于民、问计于民、问绩于民",在各个工作环节落实人民群众的知情权、参与权、选择权、监督权,扩大公民的有序参与。杭州市党委和政府的主导作用,是"民主促民生"模式持续发展和取得成功的关键。

---

① 蓝蔚青:《"以民主促民生"战略:杭州市的实践及其经验》,《毛泽东邓小平理论研究》2009 年第3 期。
② 王国平在第四届生活品质全国论坛上的发言中强调,"民主是一种生活方式。人民当家做主是社会主义民主政治的本质和核心。参与民主、协商民主是人民群众最直接、最现实、最基本的民主,是直接民主和实质民主。可以说,民主就在我们身边,就在我们生活之中。"参见王力、邓国芳:《第四届生活品质全国论坛在杭召开》,《杭州日报》2009 年12 月6 日。

二、民生领域导入的社会民主路径

如果政治民主是通过"竞争选举公职人员"而制约权力的制度安排的话,那么,社会民主就是通过公民对社会事务的直接参与治理社会事务。社会民主体现出来的是一种社会权力。如同郑永年所言,社会民主主要在地方和部门层面进行,和参与者的直接利益相关。如同党内民主,社会民主也有助于社会成员和社会群体之间发展出民主规则和民主文化。地方民主规则和文化的形成将非常有利于国家层面的民主化进程。①

在现代政治图景下,公民参与正是民主的价值所在。只有广泛的、积极的公民参与,才能更好地实现公民的切身利益,民生问题的解决有赖于公民的广泛参与。公民通过广泛的、实质性的参与,实现对国家权力和公共生活的控制。由此可以说,民主参与最有效的舞台在地方层面,在与公民切身利益相关的领域。

从"身边的民主入手"②,在民生问题上引入参与式治理,是参与式治理模式成功的基本经验之一。民主不是抽象的价值符号,民主是互惠的生活方式。民主需要激励,这种激励可能是物质的,也可能是精神的,前者指的是现实的利益,后者指的是政治效能感和成就感。有利益驱动的公民参与才是持久的。对"身边事"的参与,能更直接地满足公民的物质利益和成就欲望。托克维尔认为,民主是从地方自治开始的,地方自治是民主社会的重要基础。地方层面的民主训练能够培养公民,教会公民如何享受民主。③

以公民参与为核心的参与式治理,能够反映地方居民多元化的需求偏好,实现资源配置的效率,通过有效的激励机制和合理分权,实现公共服务提供与生产的竞争性供给,实现公共服务制度产出的边际成本最小化和收益最大化,维持地方公共服务的灵活性和回应性,鼓励社群和公民自治管理,保障受益者权利享有的公平性,等等。

杭州市"民主促民生"的参与式治理模式,就是从关乎老百姓切身利益的事

---

① 郑永年:《中国模式:经验与困局》,浙江人民出版社 2010 年版,第 96 页。
② 蓝蔚青:《"以民主促民生"战略:杭州市的实践及其经验》,《毛泽东邓小平理论》2009 年第 3 期。
③ [法]托克维尔:《论美国的民主》,董果良译,商务印书馆 1997 年版,第 349－354 页。

情做起。老百姓的切身利益就是民生问题。因此,在民生问题上引入民主参与机制,公民就会有浓厚的参与热情,参与的积极性就会很高。民生问题又是发生在普通民众身边的,公民有足够的信息和知识在这些问题上行使民主权利。身边的事情由于距离公民很近,事情的性质也比较简单,民主参与的方式非常灵活,对参与能力的要求比较低,参与的成本也就比较低,因此可以实现最广泛的参与。最后,由于参与的是"身边事",民主参与的成效也便于公民直接核查,有利于满足公民个人效能感和成就感。

杭州市参与式治理从"身边的民主"入手,增强公民的公共精神、民主意识和参政议政的能力,使公民成为解决民生问题的重要主体。对于公民而言,公民参与"从身边事"入手,一方面能保证公民有足够的参与动力和参与热情,公民的信息和地方知识也有助于民生问题的解决;另一方面,在参与解决"身边事"的过程中,公民的切身利益得到维护,增强了公民的政治效能感,而此政治效能感会成为进一步深化民主参与的动力。对政府而言,公民对"身边事"的直接参与和治理,减轻了政府的负担,消除了政府与公民之间不必要的误会,有利于政府转变职能,形成良好的政府与社会、政府与公民关系。

三、多元主体和公民权利保障机制

杭州市参与式治理能取得成效,还归功于党政、媒体、市民"三位一体"的"民主促民生"工作机制。"民主促民生"工作机制以党政为主导、以市民为主体、以媒体为平台,通过民主协商的方式达成共识,共同致力于问题的解决,是一个多元主体的合作机制。换句话说,在"民主促民生"的实践中,党委政府发挥主导作用,市民是民主参与和民生问题解决的主体,媒体是公共协商平台和舆论导向的引导者,"三位一体"保障"民主促民生"模式的成功推行和持续发展。

在杭州市参与式治理模式中,要特别强调一下媒体的作用。媒体具有传播社会信息、引导公众舆论和监督政治权力的功能。在转型期的中国,大众传媒逐渐成为政策系统中各种利益表达与聚合的公共平台,成为影响公共政策的重要变量。媒体为政府与公众的互动提供了便利,一定程度上促进了公众参与公共权力机构的立法、决策和治理过程。在公共参与中,传媒、公众、政府已经构成了一个互动的三角关系结构，其中任何一方的变化都会影响到其他两方。[①]

在"民主促民生"战略中，各媒体积极主动参与，不仅发挥了媒体的传统桥梁和纽带作用，而且成为了民意表达和沟通协商的公共平台。

如果说"三位一体"是参与式治理的动力机制，那么以"四问四权"为特征的公民权利保障机制则是建立参与式治理的程序保证。在实施民生工程中，必须坚持"问情于民、问需于民、问计于民、问绩于民"，"干不干"让百姓定，"干什么"让百姓选，"怎么干"让百姓提，"干得好与坏"让百姓评，切实落实人民群众的知情权、参与权、选择权、监督权，真正做到"大家的事大家来办、杭州的事杭州老百姓来办"。

---

① 贾西津：《中国公民参与》，社会科学文献出版社 2008 年版，第 229 页。

第八章 地方治道变革的方向与路径

　　"政治"乃是人们力图互惠地生活在一起的方式。① 政治的使命是营造"优良的公共生活"。为了实现这一目的,人类社会就必须采取一定的组织形式和集体行动方式,对公共事务进行管理。从这个意义上讲,政治就是对国家公共事务的管理,这一管理不仅是公共秩序的获得,而且是对所有社会成员人生幸福(经济利益、自由权利)的一种安排。政治学孜孜追求的目标便是汉密尔顿所说的:"人类社会是否真正能够通过深思熟虑和自由选择来建立一个良好的政府,还是他们永远注定要靠机遇和强力来建立他们的政治组织。"②可以说,政治学的发展过程便是人类追求"优良"制度安排和生活方式的漫长历史进程。

　　国家和社会、治者和被治者的二元对立背离了政治的本意,导致"民有"无法实现"民治"。少数人的精英统治使政治远离了普通民众的生活,造成政治的专业性凌驾于公共性之上。在全球化、民主化和信息革命的时代,这一模式受到了严峻挑战。

　　现代民主发展的一个基本方向就是不断发展各种新的参与形式,提高、增强社会公众对社会公共事务管理的介入程度,由此发展和深化民主。参与民主理论的核心理念就是"凡生活受到某项决策影响的人,都应该参与那些决策的制定过程",而这正是民主的最初意义。

　　20世纪90年代中期,民主理论开始转向研究协商问题,由此产生了现代民主理论的又一形式——协商民主。协商民主又译为审议性民

---

① 郭秋永:《当代三大民主理论》,新星出版社2006年版,第145页。
② [美]汉密尔顿等:《联邦党人文集》,程逢如等译,商务印书馆2004年版,第3页。

主、商议民主等。学者们从哈贝马斯和罗尔斯那里寻找理论资源，为民主理论和实践的发展提供方向。

协商民主理论家们认为，协商民主是一种决策机制，也是一种民主治理形式，平等、自由的公民以公共利益为取向，在对话和讨论中达成共识，通过公共协商制定决策。在协商过程中，公民敞开心扉聆听不同意见、理性思考并讨论公共议题，寻求公共利益与"共同善"。由此可见，协商民主侧重的也是社会民主。

当现代民主走向参与民主、协商民主时，社会事务的管理进入了民主理论的范围。也就是说，治理绩效已经成为衡量民主质量的一个重要指标。而这，也契合了治理理论的核心关注。治理从社会学意义上讲，是寻求新型国家－社会关系、重新定位政府与公民关系的过程；而在政治学意义上，治理便是寻找一个既有民主又有绩效的人类互惠合作的新模式。治理背后的假设便是国家与社会关系变迁背景下权力回归于民、公民社会兴起和国家政府权力的相对弱化，这也正是现代民主发展的趋势。

在民主意识和公民权利意识日益高涨的背景下，治理的提出，一方面是对政府治理能力的提升，另一方面是对割裂的政府与公民关系的矫正。治理通过模糊国家与社会的界限来改变治者与被治者、少数与多数的对立，寻求公共事务的集体行动和合作治理。治理的实质是社会集体做出选择、分配公共资源以及创造共同价值的过程。

治理对当代参与民主和协商民主理论的吸收，为其注入了持续发展的动力，增强了其合法性。公民组织的大力发展和公民积极参与公共事务管理是治理得以有效运转的物质基础。政府向社会的分权，鼓励公民参与地方或是社区的公共事务，倡导培育和提升公民自主组织和管理能力，则是当代治理变革的重点。兼顾有效性与民主合法性的治理模式，成为了治理转型的合适选项，也是政治发展的新路径。

治理的提出，同时也是寻求新型国家－社会关系的过程，是重新定位政府与公民关系的过程。治理暗含了国家与社会关系变迁背景下权力回归于民、公民社会的兴起和国家政府权力的相对弱化。治理对当代参与民主和协商民主理论的吸收，为其注入了持续发展的动力，增强了其合法性。公民组织的大力发展和公民积极参与公共事务管理是治理得以运转的物质基础。政府向社会的分权，鼓励公民参与地方或是社区的公共事务,倡导培育和提升公民自主管理能力,则是当代治理变革的重点,也是地方政府治道变革的新方向——参与式治理。

第一节 参与式治理的再思考

国家－社会的图式在现实中体现为政府与公民的关系。从理论上讲,政府与公民之间的关系是委托－代理关系,公民是政府权力的来源,政府的存续基于民众的同意和认可,政府与公民之间的关系依赖于责任机制。责任机制是一种交互式的制度安排,即管理者和被管理者相互交换各自所需要的权利。[①] 然而在现实中,政府与公民的关系被颠倒了,政府对公民的责任被悬空。政府掌握了所有的资源,在社会生活中处于强势地位,民众的利益福祉皆依赖于政府。因此,治理要求在政府与市场、公民社会之间建立伙伴关系。治理的成功离不开一个成熟的市场,离不开繁荣、活跃的公民社会和公民组织的自主管理。治理意味着政府作用的弱化和权力的转移。虽然政府的作用在弱化,但政府仍然是最主要的行为者和负责任者。在这一点上,治理和新公共管理运动对政府的理解是一致的:政府的职责是"掌舵"而不是"划桨"。在这里,"掌舵"是指把握方向,确定宏观政策目标,"划桨"则指采取具体行动以实现目标。

一、有效治理的民主转型

民主与民主化,是中国政治发展和政府治理转型都无法回避的议题。西方社会的经验认为,民主与效率是两种独立的价值。然而,近年来,政治学界对民主问题讨论,更多地与治理相关联,或研究民主(包括基层民主)之治理绩效,或研究治理实践之民主导向。[②] 戴蒙德认为,具有更好绩效的民主体制将持续更

---

① [澳]欧文·休斯:《公共管理导论》,张成福等译,中国人民大学出版社 2007 年版,第 279 页。
② 2009 年 9 月 11 日和 12 日,浙江大学公共管理学院与台湾大学社会科学院在杭州召开了"民主与治理绩效"研讨会。主办方称,这是中国大陆第一个集中讨论民主、民主化与治理绩效关系的研讨会。会后由浙江大学出版社在 2011 年出版了《民主、民主化与治理绩效》一书。

长时间,提高治理绩效是巩固和深化民主体制和民主政治的关键。① 景跃进从中国的政治发展经验出发,提出选举缺乏的情况下,是否可以从回应、问责、责任等治理的角度来思考民主发展?② 林尚立也认为,中国发展之核心变量是政治的有效性,是有效政治带来的大国成长。更多的学者则从基层民主、地方治理、公民社会、政府创新等领域入手,思考中国政治未来发展的可能路径。可以说,治理研究与民主发展研究,在中国政治学界已经合流。也就是说,从有效治理的角度来思考中国的民主走向,成为当前的一个热门研究方向。

不可否认,在民主转型过程中,政府仍是我们所仰仗和依赖的,但是,政府必须改革,不仅要改革自身结构,还要改革权力运作方式。正如奥斯本和盖布勒在《改革政府》一书中所写的:"我们不需要大政府或者小政府,我们需要一个更好的政府。说得更精确一点,我们需要更好的政府治理。"③在全球化时代,政府的作用不是减弱了而是加强了。

日益复杂多变的内外环境对政府能力的要求越来越高。今天,一个有效的政府是越来越多国家的努力方向。现代化转型的核心内容之一就是建设一个有能力的政府,政府能力的增强是政治发展的一个重要指标。④ 要增强政府能力,就必然要转变政府职能,实现政府治理模式的转换。

从政府服务对象的角度来讲,全球化、民主化和新科技革命的推动,使公民主体意识出现复苏并得到增强。政府作为集体行动的手段和方式,必须还原其责任性和公共性。传统政府治理模式的精英主义、技术取向和官僚与民众的背离,不仅导致了政府与公民的相互怀疑和不信任,加大了治理的难度和成本,而

---

① [美]戴蒙德:《民主与治理绩效:"第三波浪潮"民主国家的实践》,载余逊达、徐斯勤主编:《民主、民主化与治理绩效》,浙江大学出版社 2011 年版,第 16 页。

② 景跃进:《民主化理论的中国阐释——关于一种新的可能性之探索》,载余逊达、徐斯勤主编:《民主、民主化与治理绩效》,浙江大学出版社 2011 年版,第 89 页。

③ [美]戴维·奥斯本等:《改革政府——企业精神如何改革着公营部门》,周敦等译,上海译文出版社 1996 年版,第 20 页。

④ 根据派伊的定义,政治发展包括以下几个方面:第一,社会成员政治参与的扩大和公民型政治文化的形成;第二,政治系统能力的增强;第三,政体组织结构的分化与专门化。参见 Lucian W. Pye, *Aspects of Political Development*. Boston: Little, Brown and Company, 1996.

且不利于公民全面和自由发展,从而与民主政治的目标南辕北辙。① 合法性危机构成了政府治理转型的深层次原因。

　　总之,我们需要政府应对现代化转型过程中的不确定性和风险,我们需要政府提供公共产品和公共服务,我们需要更好的政府治理。我们需要重塑政府治理,寻找一个既能带来绩效又能实现民主的治理模式。好的治理不仅能满足民主诉求,改变政府和公民之间的关系,还能促进政府治理目标的达成,实现"善治"理想。

二、绩效与民主:参与式治理的基本诉求

　　参与式治理是治理理论和民主理论的新探索和实践,为政治和公民带来了积极的变化。参与式治理通过在决策过程中引入的"利益相关者"的参与,改善了决策中的"输入",从而提高了决策的质量;通过参与将公民拉近政府治理过程,搭建政府与社会、官方与民间的桥梁,在地方政府层面建立一套民主化的、制度化的机制安排;通过公民直接参与治理过程,探讨政府角色和职能的合适定位,重塑政府,并使政府和其他行为主体一起,共同实现对公共事务的治理,从而实现传统政府向现代服务型、责任型、法治型和有限型政府的转变。

　　对参与式治理的理解应该放在治理转型的大视野下去把握,在国家与社会关系中考察人类社会治理方式的转变。参与式治理有两个基本诉求,即绩效和民主。绩效和民主本身是两种不同的政治价值,要实现鱼和熊掌的兼得,最合适的途径就是公民参与。公民参与作为工具,可以优化政府决策,弥合政府与公民之间的裂痕,实现政府与公民的良性互动,增强政府本身的合法性;公民参与作为目的,可以提升公民的政治效能感和主体意识,塑造良好公民。对于政府治理转型而言,公民参与更多的是一种手段和工具,是政府治理模式转换的推进器和

----

　　① 林尚立对政治的定义是:政治是创造一种有序的公共生活,从而实现个人和社会的全面发展。参见林尚立:《政治建设与国家成长(纪念改革开放 30 周年)》,中国大百科全书出版社 2008 年版。笔者认为,政治的落脚点在于个人和社会的全面发展,有序生活是实现这一目的的条件。当然,社会和个人的发展本身也存在着张力,因为社会的发展和个人的发展在很多时候是不合拍的。社会的发展和个人的发展什么时候合拍呢? 还是回到马克思那句话:每个人的自由全面的发展是所有人全面自由发展的条件。既有个人的自由,又有社会的良好治理,才是个人和社会的全面发展。

催化剂。总而言之,实质有效的公民参与意味着权力的重新分配,其将直接带来治理结构和模式的改变。

第二节　公民参与能够获致治理优化吗?

从理论渊源上看,参与式治理是民主理论和治理理论的交叉产物,这注定了它要追求两种基本价值,即民主和治理绩效。政治是选择的艺术,是在各种价值之间寻找汇合点,参与式治理也不例外。因此,参与式治理的最大假设在于:公民参与能够产生更好的公共政策,深化民主能够带来治理绩效,合作治理能够实现利益最大化。

这些假设能够成立吗? 公民参与一定能够获致治理优化吗? 民主一定能带来治理绩效吗? 或者说,协商一定能达成共识吗?① 公民权力是否必然是公民的福利? 参与式治理的未来,取决于对此假设的回答和验证。不同的答案将导致不同后果:肯定的回答会使参与式治理模式得到持续发展和完善,否定的回答将使参与式治理成为应景之作,昙花一现。

然而,如果我们再进一步思考,就会发现,参与式治理的假设和我们对民主的理解是连在一起的。如果我们认同多数人的智慧、认同民主能够带来更好的生活和福利以及更好的发展的话,参与式治理的假设就是成立的。从人类的历史来看,民主是目前为止能够找到的最好的治理方式。因此,参与式治理的假设是成立的。

通过对杭州市参与式民主的案例分析,我们可以看到:普通公民参与到公共决策和协作治理中,提高了公共决策的质量,转变了政府决策过程,降低了政策执行的成本,密切了政府与公民关系,培养了公民的民主意识和政治能力,改

---

①　怀疑者认为,磋商会议伪装成真正的协商,实则变成了一种管理工具。这样的协商,其发起总是来自上层,其操作所遵循的条文又是由专业的顾问构建。协商的过程依赖于专家设计的"程序、技术和方法",程序本身由专门的会议推进者负责执行,而会议推进者的职责是协助对参与者进行管理。这不是一个参与者平等互动的论坛。熟练的会议推动者受雇前来创造合适的环境与合意的结果。我们所看到的只是协商的假象与受操纵的现实。有人将商议式民主看作一个用来对参与者进行情绪控制的媒介。在这里,真正的政治辩论和对话是没有容身之处的。人们可以协商,只要他们最终达成"正确的决定"。参见[英]弗兰克·富里迪:《恐惧的政治》,方军、吕静莲译,江苏人民出版社 2007 年版,第 104 - 107 页。

善了民生环境,提升了城市生活品质。也就是说,公民参与带来了实实在在的治理绩效。结合参与式治理在许多国家和地区的开展与推广,我们可以说,参与式治理的实践改善了地方的政治生态,提升了公民的主体意识,促进了地方经济和社会发展。因此可以说,参与式治理将会是未来治理模式的合适图景。

然而,我们不得不承认,参与式治理在实施过程中,必须协调好这样几对关系:①"参与"和"主导"、"地方知识"和"专业知识"以及"外部力量"和"内部力量"的关系。也就是说,在参与式治理中,必须明确参与过程中"谁来主导";要协调集体行动中地方知识与专业知识的平衡;而且,很多参与式治理项目和实践都是由政府或外来的志愿组织或民间团体推动的,参与式治理如何产生"内生的力量"也是一个问题。通过何种途径或措施协调诸多价值之间的冲突,对参与式治理来说是一个挑战。

一、"参与"和"主导"

有的学者认为,参与式治理的成功需要三个条件:作为催化剂的外部机构,当地组织,政府和公民社会的战略合作伙伴关系。② 但问题是如何处理好参与式治理中的多元治理主体之间的关系? 参与式治理要求利益相关者的参与,是政府、民间组织和公民个人的合作治理。在治理过程中,相关各方要充分协商,做出决策并加以执行。如何协调政府、公民组织甚至外部团体的行动就是一个大的难题,他们之间的矛盾和冲突通过协商来解决。然而协商产生分歧怎么办?

---

① 冯和赖特列出了六点针对参与式治理的主要批评观点:(1)如何处理好协商和支配的关系? 参与者在协商过程中,产生分歧后谁说了算? 如果公民服从地方当局和专家,地方民主的民主特性就会被腐蚀;如果地方当局和专家服从公民,公民对于具体问题的过分关注可能不利于他们自己的长远和整体利益。(2)如何解决好外部权力和参与议题设置的问题? 外部机构可能限制公民参与的规模和控制议题的设置,仅仅参加一些适合他们的议题或设置一些适合他们的项目。(3)如何解决权力寻租和公共物品提供的问题? 参与可能被利益集团接管,从而不可避免地导致寻租。(4)在政府层面,参与式治理的权力的转移特性可能损害集体行动的能力,出现无中心、无人负责的局面。(5)参与式治理可能引发不现实的希望,如果希望不能满足,公民的参与热情很快消退,从而造成参与冷漠。(6)任何一个实验仅能成功一段时间,随后只能衰退。如何保证参与式治理的稳定性和可持续性,是一个问题。参见 Archon Fung and Eric Olin Wright. *Deeping Democracy: Institutional Innovations in Empowered Participatory Governance*. New York: Verso, 2003.

② Rinus van Klinken. Operationalising local governance in Kilimanjaro. *Development in Practice*, Vol. 13, No 1, February 2003.

事实上,我们并不能保证公众参与会形成统一而又专业的公众意见。但是,如果公众表达的是众多的单个意见和个体利益,然后由行政机构决定其重点考虑哪些以及忽略哪些,那么这个程序的合法性又将遭到质疑。① 也就是说,如果仍然是政府说了算,那么参与式治理就只是一个"时髦的口号";如果公民组织说了算,那么如何保证公民组织不被利益集团收买或占据? 参与式治理认为公民社会能够沟通政府与公民之间的关系,并承担治理责任,使政府从那些管不好也管不了的领域中退出,从而促进政府角色的合理转变。但公民组织也受其组织利益驱使,它们很可能会追去自身私利,从而绑架公共利益。② 另一方面,即使真正做到了赋权于民,这时候又可能会出现"集体行动的困境"。

而且,如同治理一样,参与式治理对"平等参与""伙伴关系""多中心"的过分强调可能模糊了各行为主体的责任和界限,导致治理过程的无权威和无中心,可能"瓦解公共利益形成的基础,使得任何建设性的公共领域成为不可能,并进而削弱针对重大政治问题达成共识和采取集体行动的能力"。③ 参与式治理对协作和网络的过分倚重可能会导致公共责任的悬空。有人说,参与式治理从两个方面弱化了责任。第一,也是最重要的,改革可能会降低政治责任;如果参与者负更多的责任,很明显,政治家必然负更少的责任。第二,通过合同或其他途径把政府的部分职能交由私营部门来执行,政府不再干预,将会降低公共责任。④

二、"地方知识"与"专业知识"

公共事务的治理到底谁说了算? 长期以来,我们将公共事务托付于专业人士。随着民主观念的深化,公共事务大家做主成为发展的趋向。建立在现代

---

① 刘平,鲁道夫·特劳普—梅茨:《地方决策中的公众参与:中国和德国》,上海社会科学出版社2009年版,第6页。

② 斯蒂芬·弗里德曼认为,参与式治理只是"组织有组织者",不能真正改变"草根"阶层和弱势群体的状况。参见 Steven Friedman. Participatory governance and citizen action in post-apartheid South Africa. *International Institute for Labor Studies*, Discussion paper, DP/164/2006.

③ 郁建兴、刘大志:《治理理论的现代性与后现代性》,《浙江大学学报(人文社会科学版)》2003年第2期。

④ [澳]欧文·休斯:《公共管理导论》,张成福等译,中国人民大学出版社2004年版,第310页。

民主理论基础之上的参与式治理的最大假设正是：公共参与能够带来"善治"。于是接下来的问题就是：如何协调治理过程中的"民主"和"专家（或官僚）"的关系？也就是说，如何处理好地方知识和专业知识、多数人和少数人的矛盾。正如余逊达所言：在一个分工的时代，人民是否真有足够的能力和知识去参与公共事务的处理？①

理查德·博克斯认为，民众往往从具体的事务中组建、提取并建立概念，他们并不习惯广泛而抽象地思考问题。公共管理当局与公民委员会经常会在观点上产生分歧，并且很难就某些议题达成一致。② 张康之认为，在官僚制的层级结构中，无论怎样动员或接纳公众的参与，也不能够改变权力由少数人执掌和行使的现实，至多只是赋予了权力更加温和的面目和愿意妥协的假相，其实，权力支配过程的性质并不会发生改变。所以，关键在于政府采用什么样的体制或制度。公众对政府事务的参与并不能确保政府的过程和程序必然处在公共利益实现的轨道上，一个普通的公民担任了政府职务或参与到政府运作过程中来，也不必然不会染上官僚主义作风，并不必然就能够长期地保持住平民意识和作风。可是，热衷于参与治理的学者们并没有意识到这一点，而是努力去探索如何改善参与治理。③

三、"外部动力"与"内部动力"

很多参与式治理的实践都是在非政府组织的推动下进行的，因此就存在一个问题：外部的支持和推动能否转化为公民参与的内部动力，如果能，这个转化如何完成？

"参与式治理"的落脚点在"治理"上，而治理，尤其是地方治理，归根到底与公民最为利害攸关，因此公民才是根本的力量。政府和志愿团体的参与，是为地方治理提供外部支持的资源。问题是外部力量推动的革新和改变，只能持续一段时间。一旦外部的支持没有了，公民的参与热情退去，一切又将恢复以往。有

---

① 余逊达、赵永茂：《参与式地方治理研究》，浙江大学出版社 2009 年版，第 1 页。

② ［美］理查德·C.博克斯：《公民治理：引领 21 世纪的美国社区》，孙柏瑛译，中国人民大学出版社 2005 年版，译者序言。

③ 张康之：《论参与治理、社会自治与合作治理》，《行政论坛》2008 年第 6 期。

学者因此认为,参与式治理的成功取决于政府的意愿。① 如果想保持参与式治理实践的长期稳定性,就需要培植"内部力量"。参与式治理通过政府的赋权、志愿组织的推动、公民在决策和实施过程中的切实参与,来培育公民的民主素养和公民精神。从这个意识上讲,一些学者将参与式治理称为"民主的学校"。从"民主的学校"学到的民主素养和公民精神,就是公民自身的"内生"力量。即使去掉外力,这个力量也能确保参与式治理的良性运转。海奈特和斯密斯写道,参与式治理被认为能够带来更好的政府,更好的决策和更好的公民。但是,它的积极作用很大程度上取决于文化和该地区的社会背景。② 他们所说的文化和地区背景,正是"参与式治理"需要的"内部动力"。

第三节　杭州市参与式治理的问题及改进之策

杭州市的参与式治理以"民主促民生"战略出现,简言之,就是以民主的方式解决民生问题,在治理过程中引入公民参与机制,从而改善民生,优化治理。参与式治理的杭州模式包括公民决策参与和协作治理两个方面,形成了"开放式决策""市民投票"和"重大工程"建设民主参与等具体机制。杭州模式的经验主要有政府主导、民生领域的导入路径、多元主体和公民权利保障机制等。杭州市的参与式治理,同样要注意上述几个问题,同时,还要注意其自身的特殊性。

一、杭州市参与式治理的深层问题

和国外以及国内其他地区的参与式治理实践比较,杭州模式的最大特点是政府的作用过于突出,这也是杭州模式存在的最大问题。除此之外,公民参与动力不足及参与领域、参与渠道有限也需要加以改进。

这些问题的出现,与整个中国的国情和文化有关。虽然经过多次改革,但政府的全能主义色彩仍然存在,政府职能仍然没有完全实现从"划桨"到"掌舵"的

---

① Steven Friedman. *Participatory governance and citizen action in post-apartheid South Africa.* International Institute for labor studies Discussion paper DP/164/2006.

② Hubert Heinelt and Randall Smith. *Sustainability, innovation and participatory governance: a cross-national study of the EU eco-management and audit scheme.* Burlington, VT: Ashgate, 2003.

转变,政府垄断了几乎所有资源,仍是公共事务管理的最后负责任者。

另外,与参与式治理紧密相连的是公民社会的概念。有的学者认为,参与式治理获得成功的关键要素包括:一个强大的组织良好的公民社会,提供支持力量的政府,有利于普遍参与和商议的制度设计。① 然而,中国公民社会发展迟缓和不成熟,无法满足参与式治理的要求。王敬尧认为,随着中国公民社会的形象日益清晰化,政府治理理论中也越来越强调居民参与和治理的作用,政府不再被认为是合法权力的唯一来源,公民社会同样也是合法权力的来源,治理过程是民主行政的一种新的实现形式。② 但在目前这还只能是一种理想。

中国传统的政治文化属于一种依附型的臣民文化,在这种文化影响下,公民公共精神缺乏,参与意识淡漠,对政府"家长制"的期望使得公民习惯了让政府为其做主。虽然改革开放以来,我们已处在一个"走向权利的时代"③,但由于传统观念和思维方式的根深蒂固,再加上法治的不健全,公民甚至不能主动通过合法参与方式有效地捍卫自己的权利,更不要说有效地参与公共事务和参政议政。由此可知,公民参与动力严重不足。

如此国情决定了任何的改革和制度创新都主要依赖于政府的主导和推动,政府创新的最大动力来自于主要官员的执政理念和决心,甚至包括对其自身地位的稳固性的考虑。下面我们来详细分析。

1.官员推动与长效机制

杭州市的参与式治理主要依靠政府推动,在"三位一体"工作机制中,党委、政府是主导,在党委、政府主导作用的背后是主要领导层的高度重视和自上而下的强势推动。④ 杭州市参与式治理的成功运作归功于前任市委书记王国平和市长蔡奇等人的大力倡导和支持。"民主促民生"模式的出现和他们对民主、民生

---

① Andrea Cornwall. Engaging citizens, Lessons from Brazil's experiences with participatory governance. *InfoChange News & Features*, December 2006.

② 王敬尧:《参与式治理——中国社区建设实证研究》,中国社会科学出版社 2006 年版,第 17 页。

③ 夏勇:《走向权利的时代》,中国政法大学出版社 1995 年版。

④ 蓝蔚青:《"以民主促民生"战略:杭州市的实践及其经验》,《毛泽东邓小平理论研究》2009 年第3 期。

问题的认识是分不开的,是他们执政为民理念深化的结果。① 而这一模式的成功推行,又和他们自身的权威和强势地位连在一起。然而,"民主促民生"战略要深化和完善并持续发展,就必须排除"因人成事""人走政息"的"人治"色彩,尽快走向制度化。很多地方政府创新的项目,最后都因主要领导人的变更而无疾而终。如何能保证改革和制度创新"不因领导人的改变而改变,不因领导人的看法和注意力的改变而改变"②,这是一个很大的问题。

2.政府主导的悖论

参与式治理通过公民参与实现公民的知情权、表达权、选择权和监督权,使公众享受到发展的成果。通过制度安排,实现资源的公平和合理的配置,最终实现个人和共同体的全面和可持续的发展。在参与式治理中,政府主导也是必需的,政府在参与式治理中,应以召集人、催化剂和仲裁者的角色出现。参与式治理不能寄希望于志愿精神,否则很容易走向无政府状态。但是,政府主导不等于全面干预,政府不能包办整个过程,地方政府和公民以及非政府组织是平等的参与主体。目前看来,这一理想状态在中国还不是很现实。

在杭州模式中,政府的作用十分突出。无论是"三位一体"中政府的主导力,还是"四问四权"中的施动者,政府的掌控无处不在。在"开放式决策"、市民投票和"重大工程"建设民主参与机制中,政府设置议题、主导议程并掌控参与过程。这种对政府作用的过分强调会妨碍到其他主体作用的发挥,尤其是普通公民的参与渠道和空间会受到影响。因此,这是一个悖论,政府的过分介入会削弱参与式治理的实质意义,政府的全面放手不仅不现实,而且会导致公共责任的缺失。

3.公民参与的深入和持久

公民参与可以在国家与社会之间稳妥地矫正政府行动与公民的意愿和选择之间的矛盾。一方面,从工具理性的角度来看,公民通过政治参与,表达自己对资源和价值分配的意愿和选择,并施加压力,使政府的行为不至于和公民的意愿

---

① 王国平在第四届生活品质全国论坛上发言中强调,"民主是一种生活方式。人民当家做主是社会主义民主政治的本质和核心。参与民主、协商民主是人民群众最直接、最现实、最基本的民主,是直接民主和实质民主。可以说,民主就在我们身边,就在我们生活之中。"参见王力、邓国芳:《第四届生活品质全国论坛在杭召开》,《杭州日报》2009年12月6日。

② 参见《邓小平文选(第2卷)》,人民出版社1983年版,第146页。

和选择发生重大矛盾,从而影响甚至左右政府的决策。另一方面,从价值理性的角度来看,公民通过政治参与,理解政府过程,提高政治效能感,获得成就感,学会宽容、妥协和集体行动,获得个人发展和自我价值的实现。政治的历史是企图抑制政治参与的政府同谋求政治参与的公民之间纠缠不休的历史。① 如果加上所谓的社会参与的话,公民参与就是公民试图影响和控制外部事务的努力。②

公民参与是参与式治理的核心变量,没有公民参与,便没有参与式治理。公民参与动力的不足直接影响到参与式治理的运转。公民参与必须和公民的利益相关,才能有产生持久的动力。依靠公共精神和公民责任推动的参与是不能长久的,政治热情会随着时间消退。参与必须受到激励,包括物质的或情感的激励。杭州市的"民主促民生"取得成效的一个原因就是从与公众切身利益相关的民生问题入手,从邻里和社区事务出发,这样才能保证公民的参与积极性和热情。但是,如此一来,又出现了公民对涉及自身利益的事情积极参与,对公共事务参与动力不足的问题。比如在"开放式决策"中,两年来只有 38.5 万人(次)网上参与,杭州城市标志市民投票第一轮也只收到 12 万张选票。

海贝勒认为,两个原因阻碍了效能感的发挥,从而降低了公民参与的积极性,包括:(1)民众中家长式的国家理解,即国家要负责一切事务,其任务就是寻找解决问题的办法;(2)寻找非正式的解决方法(通过"关系"或个人的努力),其原因是政治制度化的程度低。③

很多人认为,公共事务是"肉食者谋之",只是政府或少数人的事,与自己关系不大;也有人认为公民参与多半是走走形式的政治作秀而已,因此没有参与兴趣。

站在普通公民的立场上,就能更好地理解这个问题。普通公民终日为生计奔波,思想日趋理性化,不是职责相关、利益相关或兴趣相关的问题不愿参与。特别是对现实中某些虚假的或无效率的参与,大部分人不感兴趣。只有出现与

---

① [日]浦岛郁夫:《政治参与》,解莉莉译,经济日报出版社 1989 年版,第 6 页。

② 笔者认为,政治是一种公共的生活方式。因此,公共参与是对公共事务的全面卷入,不仅包括传统意义上的政治参与,还包括个人对公共生活的介入。因此,本文没有对政治参与和社会参与作出区分,统称之为公民参与。

③ [德]海贝勒、舒耕德:《从群众到公民》,张文红译,中央编译出版社 2009 年版,第 169 页。

自身利益攸关的问题,并且不能在社会层面加以解决时,广大公民才会热衷于寻找政府,采取政治参与的方式。①

因此,如何激发公民参与的动力和提升公民参与问题的层次,是接下来必须面对的问题。真实有效的、制度化的参与能起到示范作用,使民众意识到参与不仅能够维护个人利益,还能够维护公共利益,对公共事务产生切实的影响,这就需要赋权给公民,并与之有效对话②,进行有效互动,提高公民的政治效能感和成就感,而这反过来将会成为公民参与的精神动力。

4.改良政府与塑造公民

参与式治理通过公民参与实现治理转型,从而产生了一种新的政府治理模式。从本质上来说,参与式治理是普通公民或非政府组织"参与"到长期以来被精英垄断的治理过程中,因此,参与式治理是以政府为本位的。另外,参与式治理和其他治理模式的不同就在于它还是一个民主理论或模式,所以其还是"民主的大学校",起着塑造和培育公民的功能。公民不是群众,"公民乃是试图通过共同的讨论、决策及行动,而来解决相互冲突的邻居,绝非政策的旁观者和顾客"③。

参与式治理给公民创造了学习的机会和空间,增进了公民的政治知识,提高了公民的政治效能感,有利于公民价值的自我实现。具体到杭州案例中,就是要通过参与式治理,让民众在参与中学习政治知识,养成民主习惯,提高公民的公共意识和责任意识,增强公民参政议政的能力。公民和政府是相互影响的④,有什么样的公民,就有什么样的政府。现代民主社会,既要有积极的政府,也要有积极的公民。或者说,要提高民主治理的质量,必须具备两个要素:一是具有"公共美德"的公民,二是具备民主思想的政府。因此,参与式治理的成败一方面取决于政府的支持,另一方面取决于公民的素质。

然而,在参与式治理中,公民不仅被期望要参与制定公共政策,还被期望参

---

① 陈剩勇等:《让公民来当家》,中国社会科学出版社 2008 年版,第 252 页。
② 对话不是互相喊话,不是各说各的,"你和我必须对话,必须用心地倾听,这才是对话的人性意义."参见 John forester:《面对权力的规划》,中国台湾五南图书出版公司 1995 年版,第 189 页。
③ 郭秋永:《当代三大民主理论》,新星出版社 2006 年版,第 108 页。
④ 赵光勇、陈邓海:《梁启超公民教育的当代意义》,《新视野》2009 年第 4 期。

与执行公共政策。但这也许是对公民过高的期望。在今天,许多人不愿意参与公共事务,尤其是年轻人,对公共事务兴趣甚少。

总之,杭州市"民主促民生"的参与式治理模式,存在着制度化程度较低、政府作用过分突出和公民参与不足的问题。参与式治理是政府治理模式的转变,最终目标是"善治",是个人和社会的全面发展。要实现此理想,不仅需要政府转变观念,进行制度创新和治理模式转型,而且需要公民公共精神的培育、公民社会的发育和公民组织的成熟与壮大。

二、杭州市参与式治理实践的改进对策

当然,作为一种新的治理模式,"杭州模式"还在实践和继续探索中,还需要继续深化和完善。本书结合对上述问题的思考,对杭州市"民主促民生"战略提出以下几点建议,以便更好地推动地方政府转型和治理模式转变。

1.完善公民参与机制的规范化、制度化建设,实现"民主促民生"模式的长效发展

参与式治理是普通公民参与公共事务的框架、规则和机制的总称,参与式治理要成功运作,需要政府官员的大力支持和推动。但是,如果规范化、制度化程度不够,参与式治理就很可能只是官员政绩考量的一时冲动,久而久之便会缺乏持续发展的动力。杭州市"民主促民生"模式,包括好几个方面的具体机制或举措,要使这些机制或举措进一步规范和完善起来,真正实现制度化。从杭州市"民主促民生"实践操作来看,很多制度尚处在初创阶段,各项工作还不完善,很多方面无章可循,操作的随意性很大。因此,完善"民主促民生"模式,首要的工作就是建立一整套全面系统的规则,把各个层面的具体机制或做法制度化、程序化,从而走出政府创新"因人成事、因人废事"的怪圈。

2.加大对公民社会的培育,发挥其他社会组织的作用

一个积极的、有活力的公民社会是参与式治理的成功要素之一。没有公民社会的发育和成熟,单靠政府"一家独大"是无法实现"天下大治"的。在杭州市"民主促民生"模式中,政府的作用过于突出,公民个人、团体和其他社会组织的影响很小,距离参与式治理所要求的协作伙伴关系还很远。因此,政府要放权赋权,加大对公民团体和组织的扶持力度,尤其是要采取有效措施使弱势群体的声

音能够被听到；继续推进社会复合主体的培育；通过各种形式与其他组织建立协作关系，从而使公民个人、团体和其他社会组织都有能力、有渠道参与到城市治理中来，形成一个政府、市场和公民社会相互合作的治理网络。要知道，政府的主导作用虽是重要的，但并不是垄断的、无所不在的，社会要有其自身的韧性。

3. 培育和塑造政治参与型公民，通过利益关系的调整和公共精神的提升，
　增强公民参与的积极性

一方面，随着经济社会的发展，公民要求参与公共事务的愿望增强。另一方面，对普通公众来说，很多人仍然对公共精神颇为冷漠，不愿意参与到公共事务中来。因此，杭州市"民主促民生"模式从社会公众普遍关心的焦点问题和同公民利益攸关的实际问题做起，能够调动广大公民的参与积极性。

然而，这又会出现新的问题，即公民很可能只关注与自己切身利益相关之事，对公共事务漠不关心，参与的热情和动力严重不足。如何改变这种状况？一方面，在对身边事物的参与中教育公民，培育公民的公共精神，使公民更好地理解公共利益和私人利益之间的联系，使其意识到"公共利益"是"个人利益"的聚合，公共事务攸关每个人的福祉。如果大家都不参与的话，公共利益就可能被特殊利益绑架，从而危及公民的福利和幸福。另一方面，通过参与实效的成功示范，让公众认识到公共参与不是走过场，不是政治秀，是能够发生实质影响和效果的行动。参与有可能会对利益分配施加重要影响。因此，政府要放下身段、摆正心态，认真解决和积极回应公众在参与中提出的问题，这将有利于提升公民的政治效能感和成就感，产生积极的示范效用。如果说，利益驱动是公民参与的原始动力，那么参与效果便是公民参与的持续激励和推动力。

第四节　参与式治理、地方民主与"善治"

杭州市"民主促民生"参与式治理模式，是杭州地方政府创新和城市治理的经验总结，也是地方治理转型和民主政治发展的合适路径，可以说，杭州市"民主促民生"模式，通过公民参与的制度创新，实现从"善政"走向"善治"的转变。杭州市参与式民主实践是地方政府结合本地具体情况所进行的政府创新，有力地推动了地方治理的转型与优化。总体而言，杭州市"民主促民生"取得了很大成

功,正在初步形成一种新的治理模式。在中国整体转型的背景下,杭州模式的经验不仅对于杭州市和浙江省,而且对于中国其他地区的地方政府制度创新和治理转型,都具有重要的借鉴意义和启示。

杭州市参与式治理的经验,对于整个中国的治理转型和"善治"的实现,具有重要的意义。中国的治理变革和转型,从地方层面突破,以政府创新和公民参与为发力点,在国家与社会、政府与公民关系深刻变化的背景下,寻求出路。参与式治理是一个合适的、具有可操作性的地方民主和政治发展选项。

一、地方政府治道变革的方向

中国的现代化转型,是政治、经济、社会生活的整体性变迁。在这其中,治理转型,也即政治体制的变革和现代化,是整个现代化转型的关键。

中国的治理变革,不仅是政府组织结构的改革与重组,更重要的是政府职能和治理方式的转型与改变。王江雨认为,中国政府的治理水平在世界范围内来看是相对较高的。世界银行的治理指数表明,中国政府的有效性高过世界上60％的国家。然而,从宏观的角度看,中国的政府治理依然存在着严重问题。中国当前的种种社会矛盾,根源在于政府自我定位的不适当和政府良好治理的不足。[①] 因此,政府治理模式的转变迫在眉睫。

在现有政治架构下,地方政府成为了治理变革的主力。地方政府在内外动力的驱使下,通过制度创新,寻求治理模式的转变,以推动地方发展和实现地方"优良"治理。

新的治理模式意味着政府与公民关系的转变。政府与公民关系要摆脱二元对立格局,寻求合作治理的新结构。参与式治理所要建立的正是这一新的治理结构。参与式治理最合适的舞台在地方层面。通过公民对地方和社区事务决策和执行的全面参与,建立一种新的治理结构和模式,进而对地方政府治道变革产生积极的影响。

参与式治理是政府治理转型的合适选择路径,是一种试图将民主和绩效、有

---

① 王江雨:《中国的治理:在盛世与乱世之间的抉择》,《联合早报》2008 年 10 月 3 日,参见:http://www.zaobao.com/special/china/reform/pages/reform081002b.shtml。

效性和合法性结合起来的治理模式。参与式治理是一个双向的过程：政府自上而下地将普通公民引入决策和管理过程，促进政府组织和行为的改变；公民自下而上地参与公共事务，在参与过程中，获得政治效能感，习得公共精神和公共理性。这一双重过程在政府和公民两个方面都带来了变化。

对于政府治理转型而言，一方面，参与式治理培育公民社会，为政府职能转变创造环境和条件；另一方面，通过公民参与消除"民主的赤字"，改革传统的政府管理体制，建立新型的政府治理模式，以缓解政府的合法性危机。总而言之，参与式治理的最终目的是从"善政"走向"善治"。

具体来说，参与式治理作为新的治理模式，对于我们正在进行的治理转型与政府改革，尤其是地方政府的改革和创新，具有以下积极的意义。

1. 转变政府决策过程，提升政府决策的科学化和民主化

参与式治理作为一个"决策框架"，有利于转变政府决策过程，提升政府决策的科学化和民主化。参与式治理的一个基本假设就是：公共部门提供的公共产品和服务与低层公务员和普通公民的利益密切相关，相关的政策对他们影响最大，而他们对此掌握的知识和信息也最多。因此，如果排除公众对决策的参与，就会造成政策上的失误而不能实现预定的治理目标。参与式治理认为，要使政府的功能得到更好的发挥，最好的办法就是纳入那些长期被排除在决策范围外的成员，使他们有更大的影响决策和参与决策的空间。目前我国各地的人民建议征集制度、听证制度、公民会议、参与式预算等实践，正是参与式治理的不同形式的具体体现。通过公民广泛参与决策，不仅确保了政府决策的科学化，而且转变了政府决策机制，实现了政府决策向"开放一参与式"的转变。

2. 实现协作治理，密切政府与公民关系

参与式治理有助于重塑政府与公民的关系。在参与式治理中，政府和公民社会同为治理活动的主体，因此，必然要求建立二者之间的互动合作关系。这一新型的政府与公民关系模式是对传统政府与公民两极摇摆关系的超越。在传统模式下，政府与公民关系处在两极摇摆的状态：一个极端是将一切推给社会，放大社会自主领域，政府干预越少越好；另一极端是社会发育不起来，一切依赖政府，"家长制"全能政府大包大揽一切事务。参与式治理旨在在公民社会和政府之间建立互动合作的伙伴关系。参与式治理所倡导的公民会议和民主协商，在

政府与公民之间创设了一个对话交流、协商合作的平台；媒体和互联网公共论坛的发展，增强了政府的回应性，成为政府与公民沟通和理解的新纽带和桥梁。参与式治理力图实现政府治理与社会自治的"无缝"对接，塑造良性互动的政府与公民关系。另外，参与式治理中的公民参与预算和政府绩效评估，也强化了政府的责任意识和政府与公民的有效关联。

3. 培育公民社会，塑造现代公民

"参与式治理"通过培育公民社会，增强公民社会的自治能力，从而在政府与社会之间进行合适的权力划分。政府与公民社会的关系如同吉登斯所说，"国家和公民社会应当开展合作，每一方都应当同时充当另一方的协作者和监督者"，"在政府和公民社会之间并不存在永久的界限，根据情况的不同，政府有时候需要比较深入地干预公民社会的事务，有时候又必须从公民社会中退出来"。① 要达到这一点，首先要有成熟的公民社会。然而，不同于西方的是，中国的国家与社会向来没有清晰的分野。健康的公民社会的缺失使得我们对"大政府"极其偏爱，"大政府"反过来又强化了社会的脆弱性和延缓了公民社会的自我发育和成熟过程，如此导致的公民社会发展的滞后是中国政治发展和治理转型的一大障碍。

地方治理的概念告诉人们，地方政府职能的转变绝不仅仅是地方政府自身的事情，它取决于政府间的横向和纵向关系，取决于政府和各种非营利组织、公民、企业的关系。因此，培育公民社会是地方治理转型的应有之义。没有一个强大的、成熟的公民社会，一切依靠政府，政府大包大揽，不可避免会陷入政府治理的"收放循环"：一收就死，一放就乱，乱了又收，收了又死。没有公民社会，社会就无法实现有效的自组织。对于地方治理转型而言，公民社会的缺失不利于政府权力的回归和政府职能的转变，更无法构建起新型的政府与社会关系。"参与式治理"就在于通过公民的全方位参与和"投入"（civic engagement），来培育一个强大的公民社会。强大的公民社会整合"原子化"公民个人的力量，对内维持社会自组织的韧性，在外部推动政府治理转型，实现政府与公民社会的合作

---

① ［英］安东尼·吉登斯：《第三条道路：社会民主主义的复兴》，郑戈译，北京大学出版社、生活·读书·新知三联书店 2000 年版，第 83 页。

治理。

二、基于有效治理的地方民主的发展

参与式治理不仅是新型的治理模式,而且是新型民主的实践模式。其对于中国的民主政治建设,也具有极其重要的意义。

中共"十七大"以来,"民主"不再是一个需要遮遮掩掩的词汇。民主不仅是普世价值,更是一种社会管理体制和治理方式。民主的实质是人民当家做主、参与公共事务管理。因此,最基本的民主实践是公民对公共权力运行过程的参与和控制,其核心是参与公共政策的制定。从公民参与入手进行民主政治建设,是对民主的深度把握,从而使我们在西方选举民主之外,找到一条新型的民主建设之路。

现代民主理论的发展使我们对民主的理解不断深化。民主是一种组织方式和治理方式,参与、对话、协商、合作是民主的特征,民主既是目的又是工具。对于普通公民而言,民主不是虚无缥缈的价值,而是实实在在看得到、摸得着的东西。

参与式治理模式,通过渐进的、有序的参与民主、协商民主,提升公民的民主意识,增强公民的政治能力,为民主政治建设创造和培育条件。

从邻里和社区层面出发,在与公众利益攸关的领域、信息和知识相对充分的问题上实行民主,这就使得民主对普通公众有了实际价值和意义。从身边事物入手进行民主参与和公民介入,将民主建设和社会建设结合在一起,公众的参与才有热情和动力,公民也才能获得足够的知识和能力。同时,通过公民对身边事物的参与,公民在这个"民主的大学校"逐渐学会民主、更好地理解民主政治,从而不仅能够用民主的方式来参与处理更高层次的公共事务,而且也有利于个人成就感的获得和价值的实现。此外,这也有利于为下一步的政治改革打下良好的心理和能力基础。可以说,社会民主的涓涓细流,便是政治民主的动力之源。

罗卫东在第四届生活品质全国论坛上的发言中说:"杭州模式有几个很重要的特点:第一,杭州从生活领域开始推进民主,并且以民主来提高生活品质,形成了一定的路径。第二,杭州的民主建设不纠缠于民主的性质和它的具体普遍的形式,不照搬民主建设过程当中那种所谓先进国家的经验,而是着力在民主的内容上做文章。第三,杭州在民生领域中推进民主是与新的社会组织建设这样一个工作有机结合在一起的。第四,把生活民主或者说民生性民主与现有行政体系建设进行了衔接。"①郎友兴认为,杭州市"民主促民生"模式是从社会民主入手进行民主政治建设,"是社会主义民主政治的重要切入点,也是社会主义民主政治建设和社会建设的最佳结合点"②。林尚立认为,"民主促民生"实践背后所蕴含的政治逻辑与理论逻辑,对于中国整个国家民主实践与发展有着直接的启示意义,即在中国的建设与发展中,公民参与是中国民主尝试发展的战略途径。从这个角度看,杭州市参与式治理实践具有一定的普适意义。③

民主政治是政治现代化的方向,民主治理是"善治"的理想。公民参与是衡量民主治理的关键指标,公民参与程度与民主治理的程度呈正相关关系。杭州市"民主促民生"的参与式治理模式,从公民参与身边事务入手,以民主方式解决民生问题,而民生问题的解决反过来又推动民主的深化,从而获致民主的生活方式的实现。

　　①　罗卫东:《让"民主促民生"机制持续推行》,第四届生活品质全国论坛,杭州,2009 年 12 月 5 日,参见:http://www.zj.xinhuanet.com/newscenter/2009-12/25/content_18595526.htm.
　　②　郎友兴:《"身边的民主"与地方的民主实践——以杭州市"民主促民生"的经验为例》,《学习时报》,2009 年 7 月 28 日。
　　③　林尚立:《中国民主深度发展的动力之源》,第四届生活品质全国论坛,杭州,2009 年 12 月 5 日,参见:http://z.hangzhou.com.cn/4thshpzlt/content/2009-12/05/content_2940638_3.htm.

主要参考文献

一、中文部分

[1] [澳]何包钢:《协商民主:理论、方法和实践》,北京:中国社会科学出版社 2008 年版.

[2] [澳]约翰·S. 德雷泽克:《协商民主及其超越:自由与批判的视角》,北京:中央编译出版社 2006 年版.

[3] [德]海贝勒,舒耕德:《从群众到公民》,北京:中央编译出版社 2009 年版.

[4] [德]赫尔穆特·沃尔曼:《德国地方政府》,北京:北京大学出版社 2005 年版.

[5] [法]卢梭:《社会契约论》,北京:商务印书馆 1982 年版.

[6] [法]皮埃尔·卡兰默:《破碎的民主——试论治理的革命》,北京:生活·读书·新知三联书店 2005 年版.

[7] [法]托克维尔:《论美国的民主》,北京:商务印书馆 1997 年版.

[8] [加]理查德·廷德尔等:《加拿大地方政府》,北京:北京大学出版社 2005 年版.

[9] [美]罗伯特·达尔:《民主及其批评者》,长春:吉林人民出版社 2006 年版.

[10] [美]B. 盖伊·彼得斯:《政府未来的治理模式》,北京:中国人民大学出版社 2001 年版.

[11] [美]Donald F. Kettl:《有效政府——全球公共管理革命》,上海:上海交通大学出版社 2005 年版.

［12］［美］E·S.萨瓦斯:《民营化与公私部门的伙伴关系》,北京:中国人民大学出版社 2002 年版.

［13］［美］埃莉诺·奥斯特罗姆:《公共事务的治理之道——集体行动制度的演进》,上海:上海三联书店 2000 年版.

［14］［美］埃莉诺·奥斯特罗姆:《制度激励与可持续发展》,上海:上海三联书店 2000 年版.

［15］［美］埃斯诺·奥斯特罗姆:《公共服务的制度建构》,上海:上海三联书店 2000 年版.

［16］［美］奥尔森:《集体行动的逻辑》,上海:上海人民出版社 1995 年版.

［17］［美］保罗·C.莱特:《持续创新:打造自发创新的政府与非营利组织》,北京:中国人民大学出版社 2004 年版.

［18］［美］本杰明·巴伯:《强势民主》,长春:吉林人民出版社 2006 年版.

［19］［美］布鲁斯·布雷诺·德·梅斯奎塔,布尔顿·L.鲁特:《繁荣的治理之路》,北京:中国人民大学出版社 2007 年版.

［20］［美］戴维·奥斯本,彼得·普拉斯特里克:《政府改革手册:战略与工具》,北京:中国人民大学出版社 2004 年版.

［21］［美］戴维·奥斯本等:《改革政府——企业精神如何改革着公营部门》,上海:上海译文出版社 1996 年版.

［22］［美］戴维·奥斯本:《摒弃官僚制:政府再造的五项战略》,北京:中国人民大学出版社 2002 年版.

［23］［美］戴维·H.罗森布鲁姆:《公共行政学:管理、政治和法律的途径》,北京:中国人民大学出版社 2002 年版.

［24］［美］戴维·伊斯顿:《政治生活的系统分析》,北京:华夏出版社 1999 年版.

［25］［美］戴维·赫尔德:《民主的模式》,北京:中央编译出版社 2004 年版.

［26］［美］菲利普·库珀等:《二十一世纪的公共行政:挑战与改革》,北京:中国人民大学出版社 2006 年版.

［27］［美］费勒尔·海迪:《比较公共行政》,北京:中国人民大学出版社 2006 年版.

[28] [美]汉密尔顿等:《联邦党人文集》,北京:商务印书馆2004年版.

[29] [美]加布里埃尔·A.阿尔蒙德,西德尼·维伯:《公民文化——五个国家的政治态度和民主制》,北京:华夏出版社1989年版.

[30] [美]简·E.芳汀:《构建虚拟政府:信息技术与制度创新》,北京:中国人民大学出版社2004年版.

[31] [美]卡罗尔·佩特曼:《参与和民主理论》,上海:上海世纪出版集团2006年版.

[32] [美]科恩:《论民主》,北京:商务印书馆1988年版.

[33] [美]拉塞尔·E.林登:《无缝隙政府》,北京:中国人民大学出版社2002年版.

[34] [美]莱斯利·里普森:《政治学的重大问题——政治学导论》,北京:华夏出版社2001年版.

[35] [美]理查德·C.博克斯:《公民治理:引领21世纪的美国社区》,北京:中国人民大学出版社2008年版.

[36] [美]罗伯特·达尔:《论民主》,北京:商务印书馆1999年版.

[37] [美]罗伯特·达尔:《现代政治分析》,上海:上海译文出版社1987年版.

[38] [美]马克·彼得拉克:《当代西方对民主的探索:希望、危险与前景》,《国外政治学》,1989(1).

[39] [美]迈克尔·麦金尼斯:《多中心体制与地方公共经济》,北京:中国人民大学出版社2003年版.

[40] [美]麦克尔·巴泽雷:《突破官僚制:政府管理的新愿景》,北京:中国人民大学出版社2002年版.

[41] [美]诺斯:《制度、制度变迁和经济绩效》,上海:上海三联书店1994年版.

[42] [美]乔治·费雷德里克森:《公共行政的精神》,北京:中国人民大学出版社2003年版.

[43] [美]塞缪尔·亨廷顿:《变革社会中的政治秩序》,北京:华夏出版社1988年版.

[44] [美]史蒂文·科恩等:《新有效管理者》,北京:中国人民大学出版社2001年版.

［45］［美］文森特·奥斯特罗姆：《复合共和制的政治理论》，上海：上海三联书店 1999 年版.

［46］［美］文森特·奥斯特罗姆：《美国公共行政的思想危机》，上海：上海三联书店 1999 年版.

［47］［美］文森特·奥斯特罗姆等：《美国地方政府》，北京：北京大学出版社 2004 年版.

［48］［美］约翰·奈斯比特：《大趋势——改变我们生活的十个新方向》，北京：中国社会科学出版社 1984 年版.

［49］［美］约翰·克莱顿·托马斯：《公共决策中的公民参与：公共管理者的新技能与新策略》，北京：中国人民大学出版社 2005 年版.

［50］［美］约瑟夫·S. 奈，约翰·D. 唐纳德：《全球化世界的治理》，北京：世界知识出版社 2003 年版.

［51］［美］詹姆斯·博曼：《公共协商：多元主义、复杂性与民主》，载黄湘怀主编：《协商民主译丛》（第 2 辑），北京：中央编译出版社 2006 年版.

［52］［美］詹姆斯·博曼，威廉·雷吉：《协商民主：论理性与政治》，北京：中央编译出版社 2006 年版.

［53］［美］詹姆斯·博曼：《公共协商：多元主义、复杂性与民主》，北京：中央编译出版社 2006 年版.

［54］［美］詹姆斯·W. 费斯勒，唐纳德·F. 凯特尔：《行政过程中的政治：公共行政学新论》，北京：中国人民大学出版社 2002 年版.

［55］［美］珍妮特·V. 登哈特，罗伯特·B. 登哈特：《新公共服务——服务，而不是掌舵》，北京：中国人民大学出版社 2004 年版.

［56］［南非］毛里西奥·登特里维斯：《作为公共协商的民主：新的视角》，北京：中央编译出版社 2006 年版.

［57］［日］浦岛郁夫：《政治参与》，北京：经济日报出版社 1989 年版.

［58］［瑞典］卡尔松等：《天涯若比邻：全球治理委员会报告》，北京：中国对外翻译出版公司 1995 年版.

［59］［英］帕特里克·敦利威：《民主、官僚制与公共选择——政治科学中的经济学阐释》，北京：中国青年出版社 2004 年版.

[60] [英]阿瑟·刘易斯:《经济增长理论》,北京:商务印书馆1983年版.

[61] [英]安东尼·吉登斯:《失控的世界》,南昌:江西人民出版社2001年版.

[62] [英]安东尼·吉登斯:《超越左与右——激进政治的未来》,北京:社会科学文献出版社2000年版.

[63] [英]安东尼·吉登斯:《第三条道路及其批评》,北京:中共中央党校出版社2002年版.

[64] [英]安东尼·吉登斯:《第三条道路:社会民主主义的复兴》,北京:北京大学出版社2000年版.

[65] [英]卡尔·波兰尼:《大转型:我们时代的政治与经济的起源》,杭州:浙江人民出版社2008年版.

[66] [英]弗兰克·富里迪:《恐惧的政治》,南京:江苏人民出版社2007年版.

[67] [英]简·莱恩:《新公共管理》,北京:中国青年出版社2004年版.

[68] [英]约翰·密尔:《代议制政府》,北京:商务印书馆1982年版.

[69] 敖带芽:《私营企业主阶层的政治参与》,广州:中山大学出版社2005年版.

[70] 薄贵利:《近现代地方政府比较》,北京:光明日报出版社1998年版.

[71] 蔡定剑:《重建民主或为民主辩护——对当前反民主理论的回答》,《中外法学》,2007(12).

[72] 曹沛霖:《政府与市场》,杭州:浙江人民出版社1998年版.

[73] 陈家刚:《协商民主:概念、要素与价值》,《天津市委党校学报》,2005(3).

[74] 陈家刚:《协商民主》,上海:上海三联书店2004年版.

[75] 陈金英:《城市社区建设离"参与式治理"有多远——评〈参与式治理:中国社区建设实证研究〉》,《社会主义研究》,2006(6).

[76] 陈剩勇,杜洁:《互联网公共论坛与协商民主:现状、问题和对策》,《学术界》,2005(5).

[77] 陈剩勇,何包钢:《协商民主的发展》,北京:中国社会科学出版社2006年版.

[78] 陈剩勇,吴兴智:《公民参与与地方公共政策的制定——以浙江省温岭市民主恳谈会为例》,《学术界》,2007(5).

[79] 陈剩勇,赵光勇:《"参与式治理"研究述评》,《教学与研究》,2009(8).

[80] 陈剩勇,钟冬生,吴兴智等:《让公民来当家》,北京:社会科学出版社 2008 年版.

[81] 陈剩勇:《协商民主与中国》,《浙江社会科学》,2005(1).

[82] 陈剩勇:《政府创新、治理转型与浙江模式》,《浙江社会科学》,2009(4).

[83] 陈剩勇等:《组织化、自主治理与民主——浙江温州民间商会研究》,北京:中国社会科学出版社 2004 年版.

[84] 陈奕敏:《参与式预算的温岭模式》,《今日中国论坛》,2008(5).

[85] 陈振明:《公共政策学》,北京:中国人民大学出版社 2004 年版.

[86] 陈振明:《中国地方政府改革与治理的研究纲要》,《厦门大学学报(哲学社会科学版)》,2007(6).

[87] 成德宁:《参与式发展与中国城市治理模式创新》,《南都学坛》,2008(3).

[88] 邓小平:《邓小平文选》(第 2 卷),北京:人民出版社 1983 年版.

[89] 董江爱,陈晓燕:《精英主导下的参与式治理——权威与民主关系视角下的村治模式探索》,《华中师范大学学报(人文社会科学版)》,2007(6).

[90] 董克用:《构建公共服务型政府》,北京:中国人民大学出版社 2007 年版.

[91] 范柏乃:《政府绩效评估与管理》,上海:复旦大学出版社 2007 年版.

[92] 冯广志:《要深刻理解"参与式管理"的涵义》,《山西水利》,2006(6).

[93] 傅小随:《中国行政体制改革的制度分析》,北京:国家行政学院出版社 1999 年版.

[94] 高尚全:《政府转型》,北京:经济科学出版社 2008 年版.

[95] 顾朝林:《发展中国家的城市治理研究及其对我国的启发》,《城市规划》,2001(1).

[96] 郭定平:《上海治理与民主》,重庆:重庆出版社 2005 年版.

[97] 郭秋永:《当代三大民主理论》,北京:新星出版社 2006 年版.

[98] 杭州日报报业集团课题组:《着眼民生构筑推进协商民主的媒体平台》,《中共杭州市委党校学报》,2009(3).

[99] 杭州市委党校课题组:《政务决策民主化的持续创新——杭州市政府常务会议开放式决策分析报告》,《中共杭州市委党校学报》,2009(1).

[100] 何包钢,郎友兴:《寻找民主与权威的平衡:浙江省村民选举经验研究》,武汉:华中师范大学出版社 2002 年版.

[101] 何显明:《市场化进程中的地方政府角色行为模式及其变迁——浙江现象的行政学解读》,《浙江社会科学》,2007(4).

[102] 何显明:《信用政府的逻辑》,上海:学林出版社 2007 年版.

[103] 何增科,高新军,杨雪冬,赖海榕:《基层民主与地方政府治理创新》,北京:中央编译出版社 2004 年版.

[104] 何增科:《公民社会与民主治理》,北京:中央编译出版社 2007 年版.

[105] 何增科:《民主化政治发展的中国模式与道路》,《中共宁波市委党校学报》,2004(2).

[106] 何增科等:《中国政治体制改革研究》,北京:中央编译出版社 2004 年版.

[107] 贺雪峰,范瑜:《村民自治的村庄基础》,西安:西北大学出版社 2002 年版.

[108] 贺雪峰:《乡村治理与秩序》,武汉:华中师范大学出版社 2003 年版.

[109] 洪银兴,刘志彪:《长江三角洲地区经济发展的模式和机制》,北京:清华大学出版社 2003 年版.

[110] 胡鞍钢,王绍光:《第二次转型:国家制度建设》,北京:清华大学出版社 2003 年版.

[111] 胡鞍钢:《中国下一步》,成都:四川人民出版社 1995 年版.

[112] 胡鞍钢:《转型与稳定:中国如何长治久安》,北京:人民出版社 2005 年版.

[113] 胡伟:《现代化的道路和模式:中国因素》,《文汇报》,2008 年 12 月 13 日.

[114] 胡益芬:《参与式治理——第三部门与政府关系探析》,《重庆社会科学》,2004(1).

[115] 黄卫平,陈文:《民间政治参与和体制吸纳的互动——对深圳市公民自发政治参与三个案例的解读》,《马克思主义与现实》,2006(3).

[116] 贾西津:《中国公民参与》,北京:社会科学文献出版社 2008 年版.

[117] 蒋成杰,傅白水:《"开放式决策"的杭州样本》,《决策》,2009(1).

[118] 蓝蔚青:《"以民主促民生"战略:杭州市的实践及其经验》,《毛泽东邓小

平理论》,2009(3).

[119] 蓝蔚青:《杭州市构建党政、市民、媒体"三位一体"的"以民主促民生"工作机制研究》,《杭州日报》,2009年1月31日.

[120] 蓝志勇,陈国权:《当代西方公共管理前沿理论述评》,《公共管理学报》,2003(3).

[121] 郎友兴:《浙江杭州"以民主促民生":以社会民主为重点的民主政治建设之路》,《学习时报》,2009年8月4日.

[122] 郎友兴:《中国式的公民会议:浙江温岭民主恳谈会的过程和功能》,《公共行政评论》,2009(6).

[123] 李凡:《参与式预算推动地方政府治理革新》,《中国改革》,2007(6).

[124] 李少惠,贺炜:《农村社区参与式管理下的地方政府行为及职能》,《河北学刊》,2008(1).

[125] 李图强:《现代公共行政中的公民参与》,北京:经济管理出版社2004年版.

[126] 李文经,陆有山,佘运军:《论预算民主与参与式预算》,《当代经济》,2008(3).

[127] 李学忠,陈广胜:《人人享有的民生保障》,杭州:浙江大学出版社2008年版.

[128] 连晓鸣:《浙江现象与浙江学术》,北京:光明日报出版社2008年版.

[129] 林尚立:《公民协商与中国基层民主发展》,《学术月刊》,2007(9).

[130] 林尚立:《国内政府间关系》,杭州:浙江人民出版社1998年版.

[131] 林尚立:《社区民主与治理:案例研究》,北京:社会科学文献出版社2003年版.

[132] 林尚立:《有效政治和大国成长》,《公共行政评论》,2008(9).

[133] 林尚立:《在有效性中累积合法性:中国政治发展的路径选择》,《复旦学报(社会科学版)》,2009(2).

[134] 林尚立:《政治建设与国家成长(纪念改革开放30周年)》,北京:中国大百科全书出版社2008年版.

[135] 林尚立:《制度创新与国家成长:中国的探索》,天津:天津人民出版社2005年版.

[136] 刘军宁等主编：《公共论丛：市场逻辑与国家观念》，北京：生活·读书·新知三联书店 1995 年版.

[137] 刘明珍：《公民社会与治理转型——发展中国家的视角》，北京：中央编译出版社 2008 年版.

[138] 刘平，鲁道夫·特劳普—梅茨：《地方决策中的公众参与：中国和德国》，上海：上海社会科学院出版社 2009 年版.

[139] 刘淑妍，朱德米：《参与城市治理：中国城市管理变革的新路径》，《中国行政管理》，2005(6).

[140] 刘迎秋：《浙江经验与中国发展：科学发展观与和谐社会建设在浙江（总报告卷）》，北京：社会科学文献出版社 2007 年版.

[141] 鲁利玲：《下一步改革的重点是政府》，《社会科学报》，2004 年 12 月 13 日.

[142] 陆立军，任光辉：《发展社会主义市场经济的"浙江模式"》，载连晓鸣主编：《浙江现象与浙江学术》，北京：光明日报出版社 2008 年版.

[143] 陆立军，王祖强：《浙江模式：政治经济学视角的观察与思考》，北京：人民出版社 2007 年版.

[144] 罗伯特·达尔：《论民主》，北京：商务印书馆 1999 年版.

[145] 罗重谱：《"第三条道路"理论与参与式治理模式的构建策略》，《中共四川省委党校学报》，2008(2).

[146] 毛寿龙，李梅，陈幽泓：《西方政府的治道变革》，北京：中国人民大学出版社 1998 年版.

[147] 毛寿龙，李文钊：《杭州市社会复合主体与城市治道变革》，人民网，2010 年 1 月 11 日.

[148] 毛寿龙：《现代治道与治道变革》，《江苏行政学院学报》，2003(6).

[149] 毛寿龙：《坐而论道，为公立学——公共管理与治道变革》，北京：中国法制出版社 2008 年版.

[150] 慕毅飞：《民主恳谈：温岭人的创造》，北京：中央编译出版社 2005 年版.

[151] 浦兴祖：《当代中国政治制度》，上海：上海人民出版社 2005 年版.

[152] 钱振明：《公共治理转型的全球分析》，《江苏行政学院学报》，2009(1).

[153] 冉冉：《参与式透明治理：从第六届全球政府创新论坛透视全球政府创新的主要趋势》，《经济社会体制比较》，2005(6).

[154] 任晓：《中国行政改革》，杭州：浙江人民出版社 1998 年版.

[155] 荣敬本等：《从压力型体制向民主合作体制的转变——县乡两级政治体制改革》，北京：中央编译出版社 1998 年版.

[156] 沈立人：《地方政府的经济职能与经济行为》，上海：上海远东出版社 1998 年版.

[157] 沈荣华，金海龙：《地方政府治理》，北京：社会科学文献出版社 2006 年版.

[158] 沈荣华：《中国地方政府体制创新路径研究》，北京：中国社会科学出版社 2009 年版.

[159] 施九青：《当代中国政治运行机制》，济南：山东人民出版社 2002 年版.

[160] 世界银行：《1997 年世界发展报告：变革世界中的政府》，北京：中国财政经济出版社 1997 年版.

[161] 宋庆华：《中国城市社区参与式治理的实践与探索》，《社区参与行动月刊》，2005(1).

[162] 孙柏瑛：《当代地方治理——面向 21 世纪的挑战》，北京：中国人民大学出版社 2004 年版.

[163] 孙柏瑛：《当代发达国家地方治理的兴起》，《中国行政管理》，2003(4).

[164] 孙立平：《现代化与社会转型》，北京：北京大学出版社 2005 年版.

[165] 唐兴霖：《公共行政学：历史与思想》，广州：中山大学出版社 2000 年版.

[166] 陶东明，陈明明：《当代中国政治参与》，杭州：浙江人民出版社 1998 年版.

[167] 万斌：《2004 年浙江经济发展报告》，杭州：杭州出版社 2005 年版.

[168] 万斌：《浙江改革开放 20 年的理性思考》，杭州：浙江人民出版社 2002 年版.

[169] 王国平：《城市论——以杭州为例》，北京：人民出版社 2009 年版.

[170] 王国平：《培育社会复合主体研究与实践》，杭州：杭州出版社 2009 年版.

[171] 王国平：《生活品质之城——杭州城市标志诞生记》，杭州：中国美术学院

出版社 2008 年版.

[172] 王国平:《生活品质之城——杭州城市品牌诞生记》,杭州:中国美术学院出版社 2007 年版.

[173] 王洪树:《协商民主的缺陷和面临的践行困境》,《湖北社会科学》,2007(1).

[174] 王江雨:《中国的治理:在盛世与乱世之间的抉择》,《联合早报》,2008 年 10 月 3 日.

[175] 王劲松:《中华人民共和国政府与政治》,北京:中共中央党校出版社 1995 年版.

[176] 王敬尧:《参与式治理:中国社区建设实证研究》,北京:中国社会科学出版社 2006 年版.

[177] 王力,邓国芳:《第四届生活品质全国论坛在杭召开》,《杭州日报》,2009 年 12 月 6 日.

[178] 王力:《市民可参与政府八类事项决策》,《杭州日报》,2009 年 1 月 24 日.

[179] 王绍光:《安邦之道:国家转型的路径》,北京:生活·读书·新知三联书店 2007 年版.

[180] 王维国:《公民有序政治参与的途径》,北京:人民出版社 2007 年版.

[181] 王晓燕:《私营企业主的政治参与》,北京:社会科学文献出版社 2007 年版.

[182] 王自亮,钱雪亚:《从乡村工业化到城市化——浙江现代化的过程、特征和动力》,杭州:浙江大学出版社 2003 年版.

[183] 吴锦良:《政府改革与第三部门发展》,北京:中国社会科学出版社 2001 年版.

[184] 夏勇:《走向权利的时代》,北京:中国政法大学出版社 1995 年版.

[185] 相丽均:《杭州的城市民主之路》,《浙江人大》,2009(2).

[186] 项继权:《参与式治理:臣民政治的终结》,《社区》,2007(5).

[187] 萧功秦:《中国大转型》,北京:新星出版社 2008 年版.

[188] 谢庆奎:《基层民主政治建设的拓展——论温岭市的"民主恳谈"》,《浙江社会科学》,2003(1).

[189] 谢庆奎:《政府学概论》,北京:中国社会科学出版社 2005 年版.

[190] 徐湘林：《从政治发展理论到政策过程理论——中国政治改革研究的中层理论建构探讨》，《中国社会科学》，2004(3).

[191] 徐勇，高秉雄：《地方政府学》，北京：高等教育出版社 2005 年版.

[192] 徐勇，徐增阳：《流动中的乡村治理》，北京：中国社会科学出版社 2003 年版.

[193] 徐勇：《GOVERNANCE：治理的阐释》，《政治学研究》，1997(1).

[194] 徐勇：《乡村治理与中国政治》，北京：中国社会科学出版社 2003 年版.

[195] 徐勇：《治理转型与竞争——合作主义》，《开放时代》，2001(7).

[196] 许峰：《巴西阿雷格里市参与式预算的基本原则》，《国外理论动态》，2006(6).

[197] 许远旺：《选举后的村务管理：从"村官主政"到民众参与式治理——湖北永安村务公开与民主管理实践的调查与思考》，《理论与改革》，2007(1).

[198] 薛刚凌：《行政体制改革研究》，北京：北京大学出版社 2006 年版.

[199] 燕继荣：《协商民主的价值和意义》，《科学社会主义》，2006(1).

[200] 杨冠琼：《政府治理创新体系》，北京：经济管理出版社 2000 年版.

[201] 杨光斌：《公民参与和当下中国的治道变革》，《社会科学研究》，2009(1).

[202] 杨光斌：《制度变迁与国家治理：中国政治发展研究》，北京：人民出版社 2006 年版.

[203] 杨光斌：《制度的形式与国家的兴衰——比较政治发展的理论与经验研究》，北京：北京大学出版社 2005 年版.

[204] 杨光斌：《中国政府与政治导论》，北京：中国人民大学出版社 2003 年版.

[205] 杨红伟：《参与式治理与地方治道变革》，《光明日报》，2007 年 7 月 4 日.

[206] 杨宏山：《府际关系论》，北京：中国社会科学出版社 2005 年版.

[207] 杨小云：《新中国国家结构形式研究》，北京：中国社会科学出版社 2004 年版.

[208] 杨雪东：《近 30 年来中国地方政府的改革与变化：治理的视角》，《社会科学》，2008(12).

[209] 杨雪冬：《"治理"的九种用法》，《经济社会体制比较》，2005(3).

[210] 杨雪冬：《论治理的制度基础》，《天津社会科学》，2002(3).

[211] 杨雪冬:《治理主体多元:地方治理向复合治理结构转变》,《学习时报》,2009 年 6 月 1 日.

[212] 易重华:《中国地方政府转型》,北京:中国社会科学出版社 2008 年版.

[213] 尹迪信,唐华彬,尹洁:《芦车坝小流域参与式治理的探索和思考》,《中国水土保持》,2006(7).

[214] 尹迪信,余道云,陆裕珍等:《贵州省坡耕地参与式治理项目中农民的主动参与问题》,《贵州农业科学》,2003(5).

[215] 尹冬华:《从管理到治理:中国地方治理现状》,北京:中央编译出版社 2006 年版.

[216] 应瑞国:《案例学习研究——设计与方法》,广州:中山大学出版社 2003 年版.

[217] 余潇枫,陈劲:《浙江模式与地方政府创新》,杭州:浙江大学出版社 2007 年版.

[218] 余逊达,赵永茂:《参与式地方治理研究》,杭州:浙江大学出版社 2009 年版.

[219] 余逊达:《民主治理是最广泛的民主实践》,《浙江社会科学》,2003(1).

[220] 俞可平:《民主是个好东西》,北京:社会科学文献出版社 2006 年版.

[221] 俞可平:《增量民主与善治》,北京:社会科学文献出版社 2005 年版.

[222] 俞可平:《政治与政治学》,北京:社会科学文献出版社 2003 年版.

[223] 俞可平:《治理与善治》,北京:社会科学文献出版社 2000 年版.

[224] 俞可平:《中国地方政府创新(2002)》,北京:社会科学文献出版社 2002 年版.

[225] 俞可平:《中国公民社会的兴起与治理变迁》,北京:社会科学文献出版社 2002 年版.

[226] 俞可平:《中国治理变迁 30 年》,北京:社会科学文献出版社 2008 年版.

[227] 俞可平:《中国治理评估框架》,《经济社会体制比较》,2008(6).

[228] 郁建兴,刘大志:《治理理论的现代性与后现代性》,《浙江大学学报(人文社会科学版)》,2003(2).

[229] 郁建兴:《民间商会与地方政府:基于浙江省温州市的研究》,北京:经济

科学出版社 2006 年版.

[230] 郁建兴等：《治理与国家建构的张力》，《马克思主义与现实》，2008(2).

[231] 詹姆斯·N. 罗西瑙：《没有政府的治理》，南昌：江西人民出版社 2001 年版.

[232] 詹真荣：《杭州"和谐创业"模式与苏南模式和温州模式的差异》，《社会科学战线》，2005(5).

[233] 张成福：《变革时代的中国政府改革与创新》，《中国人民大学学报》，2008(9).

[234] 张成福：《重建公共行政的公共理论》，《中国人民大学学报》，2007(7).

[235] 张建：《从管理走向治理：当代中国行政范式转换问题研究》，《浙江社会科学》，2006(4).

[236] 张紧跟：《当代中国地方政府横向关系协调》，北京：中国社会科学出版社 2007 年版.

[237] 张康之：《论参与治理、社会自治与合作治理》，《行政论坛》，2008(6).

[238] 张鸣：《社区的视野——散论〈参与式治理：中国社区建设实证研究〉》，《武汉大学学报(人文社会科学版)》，2006(6).

[239] 张昕：《转型中国的治理与发展》，北京：中国人民大学出版社 2007 年版.

[240] 张志红：《当代中国政府间纵向关系研究》，天津：天津人民出版社 2005 年版.

[241] 章敬平：《浙江发生了什么：转轨时期的民主生活》，上海：东方出版中心 2006 年版.

[242] 赵光勇，陈邓海：《国内"参与式治理"研究综述》，《中国劳动关系学院学报》，2009(4).

[243] 赵光勇，陈邓海：《梁启超公民教育的当代意义》，《新视野》，2009(4).

[244] 赵丽江，陆海燕：《参与式预算：当今实现善治的有效工具——欧洲国家参与式预算的经验与启示》，《中国行政管理》，2008(10).

[245] 赵秀梅：《中国 NGO 对政府的策略：一个初步考察》，《开放时代》，2004(6).

[246] 郑谦，庞松，韩钢：《当代中国政治体制发展概要》，北京：中共党史资料出版社 1988 年版.

[247] 周黎安:《转型中的地方政府:官员激励和治理》,上海:上海人民出版社2008年版.

[248] 周志忍:《当代国外行政改革比较研究》,北京:国家行政学院出版社1999年版.

[249] 周志忍:《当代西方行政改革与管理模式转换》,《北京大学学报(哲学社会科学版)》,1995(4).

[250] 朱光磊:《当代中国政府过程》,天津:天津人民出版社1997年版.

二、外文部分

[1] Andrea Cornwall. *Engaging Citizens: Lessons From Brazil's Experiences with Participatory Governance*. InfoChange News & Features, December 2006.

[2] Anne Mette Kjaer. *Governance*. Cambridge: Polity Press, 2004.

[3] Archon Fung and Eric Olin Wright. *Deeping Democracy: Institutional Innovations in Empowered Participatory Governance*. New York: Verso, 2003.

[4] Arnstein, Sherry R. *A Ladder of Citizen Participation*. JAIP, 35(4), 1969.

[5] Arthur Benz and Yannis Papadopoulos. *Governance and Democracy*. London: Routledge, 2006.

[6] Baiocchi and Gianpaolo. Emergent Public Spheres: Talking Politics in Participatory Governance. *American Sociological Review*, 68(1), 2003.

[7] Beate Kohler-Koch. *Does Participatory Governance Hold Its Promises?* CONNEX Final Conference Efficient and Democratic Governance in a Multi-Level Europe, Mannheim, March 6—8, 2008.

[8] Benjamin Barber. *Strong Democracy*. Berkeley: University of California, 1984.

[9] Bickerstaff, K. and Walker, G. Participatory Local Governance and Transport Planning. *Environment and Planning*, 33(3), 2001.

[10] Budge, I. *The New Challenge of Direct Democracy*. Cambridge: Polity Press, 1996.

[11] Carole Pateman. *Participation and Democratic Theory*. Cambridge: Cambridge University Press, 1970.

［12］ Centre forPolicy Studies. *Civil Society and Poverty Reduction in Southern Africa*. Johannesburg:July 2002.

［13］ Commission onGlobal Governance. *Our Global Neighbourhood*. Oxford: Oxford University Press,1995.

［14］ Department of Economic and Social Affairs. *Participatory Governance and the Millennium Development Goals (MDGs)*. New York:2008.

［15］ Dahl, R. A Democratic Dilemma: System Effectiveness versus Citizen Participation. *Political Science Quarterly*,109(1),1994.

［16］ Donald, F. *Transformation of Governance*. Baltimore: The Johns Hopkins University Press,2002.

［17］ Etienne Yemek. *Workshop Report on Strategies for Promoting Participatory Governance*. CIVICUS,Glasgow,Scotland,2007.

［18］ Fischer Frank. *Citizens, Experts and the Environment*. The Politics of Local Knowledge. Durham,London,2000.

［19］ Frissen,P. *Politics,Governance and Technology :A Postmodern Narrative on the Virtual State*. UK:Edward Elgar Publishing Litimited,1999.

［20］ Fung, A. and Erik Olin Wright. Deepening Democracy: Innovations in Empowered Participatory Governance. *Politics and Society*,29(1),2001.

［21］ Gene Rowe and Lynn J. Frewer. Public-Participation Exercises: A Research Agenda. *Science, Technology & Human Values*,29(4),2004.

［22］ Gianpaolo Baiocchi. Emergent Public Spheres: Talking Politics in Participatory Governance. *American Sociological Review*,68(1),2003.

［23］ Goran Hyden. Governance and the Study of Politics,in Michael Bratton and Goran Hyden eds. *Goverance and Politics in Africa*. Boulder: Lynne Rienner Publishers,1999.

［24］ Grote,J. and Bernard Gbikpi. *Participatory Governance: Political and Societal Implications*. Opladen:Leske und Budrich,2002.

［25］ George Frederickson and Kevin B. Smith. *The Public Administration Theory Primer*. Cambrige:Westview Press,2003.

[26] Hartmut Schneider. Participatory Governance for Poverty Reduction. *Journal of International Development*, 11(4), 1999.

[27] Hubert Heinelt. *Participatory Governance in Multi-Level Context*. Opladen: Leske und Budrich, 2002.

[28] Hubert Heinelt and Randall Smith. *Sustainability, Innovation and Participatory Governance: A Cross-National Study of the EU Eco-Management and Audit Scheme*. Burlington: VT Ashgate, 2003.

[29] International Institute for Labor Studies Workshop. *Participatory Governance: A New Regulatory Framework?* IILS, Geneva, December 9—10, 2005.

[30] International Institute for Labors Studies. *Decent Work Programme Participatory Governance and Citizen Action in Post-Apartheid South Africa*. by Steven Friedman, Visiting Professor of Politics, Rhodes University, 2004.

[31] Jan Koiman. Governance and Governability: Using Complexity, Dynamics and Diversity. in Jan Koiman eds. *Modern Governance: New Government-Society Interactions*. London: SAGE Publication, 1993.

[32] Jane Mansbridge. On the Idea That Participation Makes Better Citizens. in S. L. Elkin and K. E. Soltan eds. *Citizen, Competence and Democratic Institutions*. University Park: Pennsylvania State University, 1999.

[33] Joseph P. Viteritti. Urban Governance and the Idea of a Service Community. *Proceedings of the Academy of Political Science*, 37(2), 1989.

[34] Keith G. Provan and Patrick Kenis. Modes of Network Governance: Structure, Management and Effectiveness. *Journal of Public Administration Research and Theory*, 18(2), 2007.

[35] Konstantinos Papadakis. *Socially Sustainable Development and Participatory Governance: Legal and Political Aspects*. International Institute for Labor Studies, IILS Publications, Geneva, 2006.

[36] Lucian W. Pye. *Aspects of Political Development: An Analytic Study*.

Boston：Little Brown & Company，1966.

［37］Lynn laurence Jr. and Carolyn Heinrich. *Improving Governance：A New Logic for Empirical Research*. Washing D. C. ：Gorgetown University Press，2001.

［38］Marchi，J. and Olsen，J. *Democratic Governance*. New York：The Free Press，1995.

［39］Mikkelsen，B. *Methods for Development Work and Research：A Guide for Practioners*. New Delhi：Sage Publications，1995.

［40］Moser，C. The Problem of Evaluating Community Participation in Urban Development. in Moser，C. eds. *On Evaluating Community Participation in Urban Development Projects*，Development Planning Unit，Working paper，1983.

［41］Nye，J. and Donahua，J. *Governance in a Globalizing World*. Washington，D. C. ：Brookings Institution Press，2000.

［42］Nye，J. ，Zelikow，P. and King，D. *Why People Don't Trust Government*. Cambridge：Harvard University Press，1997.

［43］Patricia W. Ingraham and Laurence E. Lynn. *The Art of Governance*. Washington：Georgetown University，2004.

［44］Putnam，R. *Making Democracy Work：Civic Traditions in Modern Italy*. New Jersey：Princeton University Press，1993.

［45］R. A. W. Rhodes. *Understanding Governance：Policy Networks，Governance，Reflexivity and Accountability*. Buckingham：Open University Press，1997.

［46］Rinus van Klinken. Operationalising Local Governance in Kilimanjaro. *Development in Practice*，13(1)，2003.

［47］Rosenbloom，D. and Goldman，D. *Public Administration：Understanding Management，Politics and Law in the Public Sector*. New York：Random House，1986.

［48］Sherry Arnstein. A Ladder of Citizen Participation. *Journal of American Planning Association*，35(4)，1969.

［49］Simey，M. *Democracy Rediscovered：A Study in Police Accountability*. London：Pluto Publishing Ltd. ，1988.

［50］Steven Friedman. *Participatory Governance and Citizen Action in Post-Apartheid South Africa*. International Institute for Labor Studies，Discussion paper，2006.

［51］Swindell，D. *Government Reinvention and Citizenship：A Role for Neighborhood Councils*. A Paper Presented at the Annual Meeting of the American Political Science Association，2000.

［52］Tony Bovaird and Elke Loffler. *Public Management and Governance*. London：Routledge，2009.

［53］UNDP. Third Human Development Report：*Participatory Governance for Human Development*. United Nations，New York，2005.

［54］UNDP. *Participatory Governance and the Millennium Development Goals（MDGs）*. United Nations，New York，2008.

［55］Walter J.M. Kickert，Erik-Hans Klijn and Joop F. M. Koppenjan. *Managing Complex Networks：Strategies for the Public Sector*. London：Sage Publications，1997.

［56］World Bank. *World Development Report* 1997. Washington，D. C. ，1997.

［57］World Development Report. *The State in a Changing World*. The World Bank，Wahington，D. C. ，1997.

［58］Zheng Yongnian. *De Facto Federalism in China*. Shanghai：World Scientific，2006.

索　引

后　记

　　本书的主体部分是我的博士论文。在博士论文答辩时，评委老师提出了很多中肯的意见，我也根据各位专家的意见进行了修改。但由于个人学术素养有限，论文还有提高改进的空间。在毕业后的这几年内，本人也一直在关注相关论题，并以参与式治理为选题，申报了国家社科基金项目，以深化和拓广对该问题的思考和研究。在书稿修改编撰过程中，我对博士论文的部分架构做了小幅调整，同时在论述上和内容上也做了一些修订。

　　博士毕业两年多了，回首博士求学生涯，感触颇多，缺憾不少。一个缺憾便是荒废了很多时间。幸运的是，碰到了一个好导师。在陈剩勇教授手把手的指导下，终于完成了博士论文，并成书纳入陈剩勇教授主编的"中国地方政府创新与治理转型的浙江经验研究丛书"系列。在这里，首先要特别感谢的是我的导师。陈教授从论文选题、研究框架、提纲设计到遣词造句、标点符号，都给了我不厌其烦、苦口婆心的指点、评论和建议。我要衷心感谢先生多年来的教诲，以及在学习与生活上对我的关心！当然，由于本人的愚钝，论文离导师的要求还存在一定距离。

　　在博士求学期间，高力克教授、毛丹教授的课程给我留下了深刻的印象，他们犀利和深邃的学术思想对我论文观点的形成帮助很大。毛丹教授对西方政治学经典和传统的理解，启迪了我对政治问题研究的深入思考。高力克教授在中国政治思想史研究上的功力，激发起了我对中国现实问题的兴趣。他们对我的指导潜移默化地成为了我博士论文的底色。

　　高力克教授、陈剩勇教授、毛丹教授、郎友兴教授、张国清教授是我博士学位论文答辩委员会的委员老师，他们对论文提出了很多富有启发性和建设性的评论和建议，为论文及该书稿的修改和完善提供了大量真知灼见。在此一并向他们致谢。

　　感谢杭州市政策研究室的赵红峰处长、杭州市人民政府城市管理办公室的仲玉芳副主任、何再青先生，浙江省人大常委会的王宏旭先生，他们为我提供了很多重要的资料。

　　还要感谢我的师兄师弟师妹们，他们是马斌、钟冬生、吴兴智、徐珣、李力东、高益青、王涛、李继刚、杨逢银、王立月、王永胜、马群、武贤芳、于兰兰，他们为我的论文提供了各种各样的帮助。

　　尤其要提及的是我攻读博士学位期间的同窗好友：张领、张丙宣、彭兵、刘彦朝、徐木兴、曹彦鹏，他们对我的论文提出了很多中肯的批评和意见，同学之间频繁的思想交流，成为我进行相关研究的信心和动力。还要感谢何高卫、何晓亮、赵峰、陈先进、雷增虎、韩刚、张辉、陆庆祥、刘亚轩等朋友们多年来对我的鼎力支持、鼓励和帮助；当然，这个名单还可以一直开下去。

　　本书能够出版，要感谢杭州师范大学出版基金的资助，感谢杭州师范大学人文振兴计划社会学培育平台项目的资助，还要感谢杭州师范大学政治经济学院领导和同事们的鼓励和支持。

　　最后要感谢的还有我的家人。因为求学的缘故，无暇照顾家庭，几年来，家庭的重担落在了妻子身上，母亲也从老家过来帮我带小孩，父亲则一个人呆在老家。为了我的学业，家人付出了太多太多。我的儿子小天天，搞不明白学校是个什么地方，总是哭着不让爸爸去学校。我想说的是：儿子，爸爸以后会多陪陪你！

　　由于本人水平有限，书中难免会出现错误与疏漏，还请学界前辈和同仁及各位读者批评指正！

赵光勇

2012 年 10 月于临安

图书在版编目(CIP)数据

政府改革:制度创新与参与式治理:地方政府治道
变革的杭州经验研究/赵光勇著. —杭州:浙江大学
出版社,2013.4
(中国地方政府创新与治理转型的浙江经验研究丛书
/陈剩勇主编)
ISBN 978-7-308-11301-4

Ⅰ.①政… Ⅱ.①赵… Ⅲ.①地方政府—体制改革—
经验—研究—杭州市 Ⅳ.①D675.51

中国版本图书馆 CIP 数据核字(2013)第 054250 号

政府改革:制度创新与参与式治理
——地方政府治道变革的杭州经验研究

赵光勇 著

责任编辑	宋旭华	
文字编辑	姜井勇	
封面设计	吴慧莉	
出版发行	浙江大学出版社	
	(杭州市天目山路 148 号 邮政编码 310007)	
	(网址:http://www.zjupress.com)	
排 版	杭州金旭广告有限公司	
印 刷	杭州杭新印务有限公司	
开 本	710mm×1000mm 1/16	
印 张	16	
字 数	253 千	
版 印 次	2013 年 4 月第 1 版 2013 年 4 月第 1 次印刷	
书 号	ISBN 978-7-308-11301-4	
定 价	45.00 元